지방선거와 지방정부

2014년 제6회 전국동시지방선거를 중심으로

지방선거와 지방정부

2014년 제6회 전국동시지방선거를 중심으로

인 쇄: 2015년 6월 23일
발 행: 2015년 6월 27일

엮은이: 이현우·남봉우
발행인: 부성옥

발행처: 도서출판 오름
등록번호: 제2-1548호 (1993. 5. 11)
주 소: 서울시 중구 퇴계로 180-8 서일빌딩 4층
전 화: (02) 585-9122, 9123 / 팩 스: (02) 584-7952

E-mail: oruem9123@naver.com
URL: http://www.oruem.co.kr

ISBN   978-89-7778-440-6   93340

* 잘못된 책은 교환해 드립니다.
* 값은 뒤표지에 있습니다.

이 도서의 국립중앙도서관 출판예정도서목록(CIP)은 서지정보유통지원시스템
홈페이지(http://seoji.nl.go.kr)와 국가자료공동목록시스템(http://www.nl.go.kr/
kolisnet)에서 이용하실 수 있습니다. (CIP제어번호: CIP2015016802)

이 책은 2014~2015년 정부(교육부)의 재원으로 한국연구재단의 한국사회과학연구(SSK)
사업의 지원을 받아 수행된 연구입니다(NRF-2013S1A3A2055205).

지방선거와 지방정부

2014년 제6회 전국동시지방선거를 중심으로

이현우·남봉우 엮음

Local Election
and Local Government

The 6th Concurrent Local Election in 2014

Edited by

LEE Hyeon Woo · NAM Bong Woo

ORUEM Publishing House
Seoul, Korea
2015

서 문

이 책은 학계와 언론계, 여론조사업계의 오랜 협력 사업의 한 결과물이다. 2007년 3월, 내일신문사 정치부와 서강대학교 현대정치연구소 연구팀이 조사기획을 하고 한국리서치 여론조사부가 조사를 시행한 첫 협력 사업이 추진되었다. 그 후 매년 작게는 3건, 많게는 6건에 이르는 기획조사가 진행되었다. 기획조사가 정례화되면서 언론계와 학계의 관심사가 점점 더 심도 깊게 교류될 수 있었고, 내일신문사 정치부 기자들과 서강대학교 현대정치연구소 연구자들은 조사 의뢰자와 대행자의 관계가 아닌 공동의 관심과 고민을 함께 하는 한 팀으로 거듭날 수 있었다. 조사업체인 한국리서치는 변화하는 조사기법의 타당성과 적실성에 관한 정보를 제공했고, 조사팀은 조사기법까지 고려한 구조화된 설문을 발전시킬 수 있었다.

2010년부터 서강대학교 현대정치연구소는 교육부의 재원으로 한국연구재단 한국사회과학연구(SSK)사업의 지원을 받아 '좋은 정부' 연구를 수행하게 되었고, 중앙정부 및 지방정부의 정책과정과 정책내용에 대한 심층적인 조사와 분석을 진행해 오고 있다. SSK 좋은 정부 연구단은 내일신문사와의 공동 기획조사를 통해 연구관심을 풍부히 하고 더 나은 연구방향을 설정하는 데 큰 도움을 얻었다. 언론이 가지는 현실적 관심과 정보가 학문적 관심에 더해져, 보다 현실에 적합한 정책적 고민과 해석을 얻는 기회가 되었기 때문이다. 예컨대 2011년과 2014년 수행된 '자영업자 조사'는 정부의 자영업자 정책에 대한 정책수요자 및 일반국민들의 평가인식을 분석할 수 있는 기회가 되었으며, SSK 좋은 정부 연구단의 근로빈곤층 정책 연구에 소중한 정보를 제공해 주었다. 또한 이런 고민의 교류는 내일신문사의 성과로 이어지기도 했다. 내일신문사는 2010, 2011, 2014년 3회에 걸쳐 한국조사연구학회의 신문부문 한국조사보도상을 수상했는데, 수상대상이 된 보도는 모두 서강대 현대정치연구소 연구팀과 내일신문 정치부의 공동기획조사의 산물이었다.

이와 같은 수년에 걸친 협력사업의 연장에서 2014년 지방선거 패널조사가 기획될 수 있었고, 이 책은 그 성과를 기반으로 만들어진 것이다. 이 자리를 빌어 그동안 언론과 학계의 안정적인 협력이 가능하도록 배려해주신 장명국 내일신문사 대표님께 감사를 드린다. 또 매번 조사기획팀의 까다로운 요구에 시달리면서도 한결같이 현실적 조언과 협력을 아끼지 않았던 한국리서치 여론조사3부 박종선 부장님께도 감사의 마음을 전한다.

2014년 지방선거 패널조사 기획단계에서 초점을 맞춘 것은, 유권자의 입장에서 지방선거가 지방정부를 새롭게 구성하는 정치과정으로서 얼마나 유의미하게, 효과적으로 작동하고 있는가에 관한 보다 심층적인 분석을 시도해 보자는 것이었다. 패널조사 기법은 선거 전과 후 유권자의 투표의향이나 지지의향 변화를 추적해낼 수 있는 유효한 방법이다. 그러나 금번 기획조사에서는 단지 변화추이를 추적하는 것을 넘어 왜 그런 변화가 나타났는지,

유권자의 판단에 영향을 미치는 제도적·정책적·정치적 원인이 무엇인지까지를 분석대상에 포함함으로써 패널조사의 지평을 넓히고자 했다. 이런 의도는 지방정부 효능감, 현직자 평가인식, 지방정부 정책영역별 중요도 평가와 경쟁후보들의 정책우선순위 인식 등의 문항으로 구체화되었다.

기존 선거 사후조사나 패널조사들과 다소 다른 시도들은 흥미로운 발견들로 이어졌다. 기존 지방선거 사후 분석에서는 중앙정치 효과나 이벤트 효과가 유권자의 투표 결정을 설명하는 핵심요인들로 지목되어 왔다. '정부심판론'이나 '야당 견제론' 등이 중앙정치 효과를 나타내는 담론이라면, '세월호 효과', '앵그리 맘 효과' 등은 선거 직전에 발생해서 선거캠페인기간까지 영향을 미치는 사건의 영향력을 추론하는 담론들이다. 두 가지 차원의 변인들은 모두 지방정부 차원 이슈가 아니라 전국단위 이슈이며, 추론컨대 이 가설들에 따르면 한국의 지방선거에서 지방정부의 정책 등은 유의한 변수가 될 수 없거나 영향력이 미미한 반면 중앙정치 이슈나 사건이 더 결정적이라는 결론에 이를 수 있다.

과연 그러할까? 조사기획팀은 기획단계에서부터 이러한 기존 가설에 의문을 가졌다. 그리고 조사 결과는 조사기획팀의 의문에 일정한 답을 제공해주었다. 예컨대 2014년 지방선거 수도권 유권자 투표 결정에서 '세월호 효과'나 '앵그리 맘 효과' 등 이벤트 효과는 언론 등에서 주목받았던 것만큼의 결정적 영향력을 미쳤다고 보기 어려운 반면, 지방정부 정책 인식은 투표 결정에 유의한 영향을 미치는 것으로 확인이 되었다. 이런 결과는 중앙정치 효과나 이벤트 효과가 실제 설명력보다 더 주목을 받아온 반면, 지방정부 구성과정으로서 지방선거의 의미는 충분한 주목을 받지 못했다는 것을 의미한다. 최소한 수도권 유권자들은 지방정부 정책에 대한 선호를 지방선거 투표 결정에 중요한 기준으로 삼고 있었다.

물론 본 조사와 분석의 한계 또한 명확하다. 수도권 유권자만 대상으로 1번의 지방선거를 분석했기 때문이다. 조사팀의 입장에서 수도권 유권자로 대상을 한정한 것은 주어진 자원의 한계 속에서 심층조사를 진행하기 위한 불가피한 선택이었다. 하지만 이러한 한계에도 불구하고 본 조사 결과는 지방선거 분석에서 지방정치 이슈나 정책이 최소한 지금보다는 더 중요하게 고려될 필요가 있다는 함의를 전달한다. 또한 각 지방정부의 핵심현안이나 정책의제에 따라 중앙정치와 지방정치, 중앙정부와 지방정부의 정책이 미치는 영향력도 다양하게 존재할 수 있는 가능성을 던져준다. 향후 다양한 후속연구들을 통해 이런 가능성들이 탐색되는 데 이 책이 작은 단초가 될 수 있기를 바란다.

이 책은 총 세 부분으로 구성되어 있다. 제1부는 2014년 지방선거에 대한 맥락적 이해와 이슈, 정책효과를 탐색하는 5개의 장으로 구성되어 있으며, 제2부는 패널조사 자체에 관련된 3개의 장을 담고 있다. 그리고 마지막 부분은 서울, 인천, 경기 각각 2회에 걸친 패널조사 결과를 제공하는 부록으로 구성된다. 제1부의 제1장 "6·4 지방선거의 배경과 맥락"은 2014년 지방선거를 즈음한 정치흐름과 정당공천 등의 요인에 관한 맥락적 정보를 제공하고 있으며, 제2장 "한국 지방선거의 변화와 지속성"은 역대 지방선거의 통시적 흐름 속에서 2014년 지방선거를 조망하는 분석적 정보를 제공하고 있다. 제3장과 제4장은 2014년 지방선거를 설명했던 유력 가설들인 '세월호 효과'와 '앵그리 맘 효과'를 분석하고 있으며, 제5장은 지방정부 주택정책 선호가 투표 결정에 미친 영향을 분석한다. 제2부는 이 책의 산·학 협력적 성격을 잘 드러내준다. 제6장은 금번 패널조사의 방법 소개와 타당성에 대한 경험적 검증을 다루고 있으며 한국리서치의 조사담당자가 직접 작성하였다. 제7장은 내일신문과 서강대 현대정치연구소의 반복된 조사과정에서 확인된 주택자산 변수효과를 집합자료와 다양한 설문조사 자료를 통해 검증하고 있으며, 내일신문사 정치부 기자와 서강대 현대정치연구소 연구자의 공동 작업으로 수행되었다. 제8장은 1~2차 패널조사 결과 가운데 특징적 요소들을 추출하여 패널조사만이 제공할 수 있는 정보들을 분석하였다.

이 책은 시간의 한계, 인력의 한계로 2014년 지방선거 패널조사 결과가 제공하는 다양한 흥미로운 정보들을 모두 담아내고 있지는 못하다. 대신 서강대학교 현대정치연구소와 SSK 좋은 정부 연구단은 내일신문사의 동의를 얻어 본 조사 결과를 교차표 형태로 홈페이지를 통해 제공하고 있으며, 일정 기한이 지나면 원 자료도 공개를 할 예정이다. 다양한 관심을 가진 연구자나 언론인들의 공동 작업으로 더 풍부한 분석들이 나올 수 있기를 바란다.

2015년 6월
필진을 대표하여
이현우·남봉우

차 례

제2부
2014년 지방선거와 선거조사

제1장

6·4 지방선거의 배경과 맥락

이지호 | 서강대학교
남봉우 | 내일신문

Ⅰ. 들어가는 말

이번 6·4 지방선거는 세월호 참사라는 국가적 재난이 처음과 끝을 관통한 선거였다. 그동안 한국의 선거에서는 크고 작은 사건들이 발생해 선거 구도에 적잖은 영향을 미쳐왔다. 1987년 대선 직전의 KAL기 폭파사건, 1997년 대선 당시의 휴전선 총격사건, 2000년 총선 직전의 남북정상회담 발표, 2004년 총선 직전의 대통령 탄핵, 2010년 지방선거 직전의 천안함 폭침사건 등이 그것이다. 이들은 때로는 보수세력을 자극했고, 때로는 진보세력을 응집시켰다.

이번 세월호 참사는 사건의 크기, 지배성, 이슈의 확산 등에서 역대 선거에 영향을 미친 다른 어떤 사건보다도 파장이 컸다. 국민들은 자식같은 아이들이 죽어가는 모습을 TV를 통해 생중계로 보며 가슴을 쳤다. 학생들을 팽개친 채 자기들만 먼저 탈출한 선장과 선원들의 무책임 행동과 사고 수습

과정에서 드러난 정부의 무능, 대형 참사 뒤에 놓여있는 기관과 업체 간의 부패구조를 보면서 분노했다.

그런 만큼 세월호 사건이 유권자의 투표 선택에 커다란 영향을 미쳤을 것이라는 데 이견을 다는 사람들은 없었다. 그러나 막상 뚜껑을 열어보니 세월호 참사의 영향은 생각만큼 크지 않은 것으로 드러났다.

이번 선거는 야당의 패배라고 볼 수 있다. 정부와 여당에게 책임을 묻게 되어 있는, 더구나 정부의 무능함이 분명하게 드러난 대형 참사가 일어났음에도 불구하고 야당이 이기지 못했기 때문이다.

6·4 지방선거의 기본구도는 '박근혜 정권 안정론 대 세월호 심판론'이라고 할 수 있다. 새누리당은 인물을 내세웠고, 조직 선거를 기본으로 하면서 '정권 안정론'을 폈다. 이에 맞서 새정치민주연합은 현직 프리미엄을 적극 활용했고, 세월호 민심에 기대 '정권 심판론'을 내세웠다.

세월호 참사 이전에 박근혜 대통령의 지지율은 60%대를 오가는 고공행진을 하고 있었고 야당은 좀처럼 세를 모으지 못해 여당의 낙승이 예상되었다. 세월호 참사 후 선거 승부는 정부·여당에 불리하게 돌아가는 듯했고 막판에는 야당이 승리할 것이라는 기대가 커졌다.

선거결과는 각 선거별로 다르게 나타났다. 광역단체장선거에서는 여야의 승패가 균형 잡힌 듯했으나, 기초단체장선거에서는 여당이 이겼다. 교육감선거에서는 진보 성향 후보가 압도적으로 많이 당선됐다. 선거결과만 놓고 보면 딱히 세월호 참사의 영향을 찾기 힘들다. 광역단체장선거에서 야당 출신 단체장들의 경쟁력은 세월호 참사 이전에도 예측되었던 바다. 진보후보가 압승한 교육감선거결과도 보수 진영의 분열이 가장 큰 원인이었다.

이번 지방선거에서 우리가 주목해야 할 것은 대구와 부산 유권자들의 선택이다. 새정치연합 김부겸 후보와 무소속 오거돈 후보가 승부에서는 졌지만, 새누리당 후보와 버금가는 접전을 펼쳤다. 이 지역 선거결과는 한국정치에 지역 갈등이 약화되고 있음을 상징적으로 보여준다. 또 하나 주목해야 할 점은 인물 부재가 지속되어 온 한국정치에서 새로운 지도자 그룹이 부각되면서 세대교체를 본격화했다는 점이다. 서울 박원순, 경기 남경필, 충남

안희정, 제주 원희룡 당선자는 단지 지방선거 승리자일 뿐 아니라 유력한 차세대 정치인으로 기대를 받고 있다.

II. 선거환경

1. 세월호 이전의 선거환경

이 장에서는 세월호 참사가 발생하기 이전 이번 6·4 지방선거를 둘러싼 선거환경에 대해서 살펴보고자 한다. 이번 선거에서 세월호 영향이 예상처럼 크지 않았던 만큼 참사 이전의 환경적 요인을 파악하는 일이 선거과정과 결과를 설명하는 데 중요하기 때문이다. 환경적 요인은 정치적·사회경제적, 그리고 유권자 지형으로 나누어 살펴볼 것이다.

1) 정치적 환경

(1) 박근혜 대통령의 높은 국정지지율
이번 제6회 6·4 지방선거는 박근혜 정부가 출범한 지 1년 6개월 만에 치러져 대통령에 대한 국민의 지지 여부가 중요한 변수가 될 수밖에 없었다. 정부 출범 이후 박근혜 대통령의 지지도는 60%를 넘나드는 고공행진을 지속하고 있었다.

내일신문과 디오피니언의 정례조사에 따르면(〈그림 1-1〉 참조), 박근혜 대통령의 국정운영에 대한 긍정적인 평가는 2014년 초부터 세월호 참사 직전까지 60% 안팎을 오갔다. 세월호 참사가 발생한 4월 16일 이후 대통령의 지지도는 급락하여 4월 30일 조사에서는 긍정 평가와 부정 평가가 교차하는 상황으로까지 떨어졌다.

〈그림 1-1〉 박근혜 대통령 지지율 추이

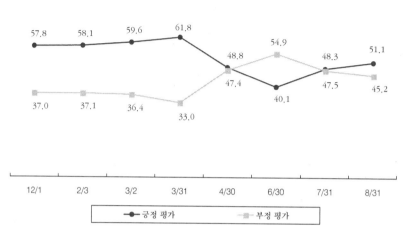

출처: 내일신문-디오피니언 정례조사

　지방선거가 끝나고 유병언 일가족에 대한 추적 수사와 세월호 참사 책임 문제가 이슈로 되었던 6월 말 조사에서는 부정 평가가 55%로 긍정 평가보다 15%p를 웃돌았다. 그러나 세월호 참사의 영향이 진정국면에 접어들면서 7월 말 조사에서는 긍정 평가와 부정 평가가 다시 교차했고 8월 이후에는 긍정 평가가 50%대를 회복됐다.

　박근혜 대통령의 높은 국정 지지율은 이전의 두 대통령, 즉 노무현·이명박 대통령의 국정 지지율과 큰 차이를 보여준다(〈그림 1-2〉 참조). 앞의 두 대통령의 국정 지지도는 출범 직후를 제외하고는 낮은 상태로 지속됐다.

　탈권위의 파격적인 통치스타일로 정치개혁을 강조했지만 여론 관리를 등한시하며 언론과 갈등을 빚었던 노무현 대통령 지지율은 1년차 3분기부터 20%대로 급락했다. 이 지지율은 집권기간 내내 이어졌다.

　이명박 대통령 지지율은 집권 직후 불거진 미국산 쇠고기 파동과 촛불시위 영향으로 20% 초반까지 떨어졌다가 1년차 4분기부터 30%대를 유지했다.

　국정 지지도가 낮았던 앞의 두 대통령의 공통점은 모두 좌로든 우로든

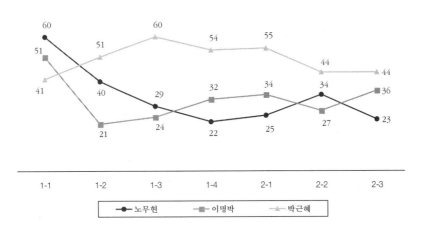

〈그림 1-2〉 국정 지지 긍정 평가 추이

출처: 갤럽 데일리 오피니언 자료(분기별 통합자료)

이념성이 강했고, 절대 지지층이 소수라는 점이다. 이에 비해 박근혜 대통령의 지지 기반은 상대적으로 강고하면서도 안정적이었다. 더구나 야당의 존재감 부재는 박 대통령 지지도 고공행진을 떠받치는 중요한 요소가 됐다. 정부여당은 박 대통령의 높은 지지도를 6·4 지방선거의 가장 중요한 무기로 활용하고자 했다. 청와대는 공공연하게 '대통령의 힘(지지도)으로 선거를 치른다'고 공언해왔고, 실제 청와대 비서실장과 새누리당 사무총장의 핫라인을 기본축으로 한 긴밀한 네트워크 속에 선거를 준비해왔다.

사실 박근혜 정부는 6·4 지방선거가 5년 임기의 변곡점이 된다고 보고 당선 직후부터 선거 승리를 위한 포석을 깔아왔다. 대통령직 인수위원회 시기부터 6·4 지방선거를 염두에 둔 장기 국정 계획을 세운 것이다. 예를 들면 2013년 4월 편성된 19조 원 규모(기금 포함)의 슈퍼 추가경정예산도 지방선거를 염두에 둔 포석의 일환이었다. 인수위 때 마련된 이 계획의 배경에는 '2013년 초 돈을 풀어야 연말 연초 국민경제에 온기가 돌고, 그렇게 돼야 다음 해 지방선거에 도움이 될 것'이라는 계산이 깔려 있었다.

높은 대통령 지지도와 경제 살리기라는 2가지 무기면 지방선거의 첫 관문
은 무사히 넘을 수 있다고 판단한 것이다.

(2) 야당의 존재감 부재

반면 야당은 박근혜 정부 출범 이후 철저히 유권자로부터 외면받고 있었
다. 2014년 초 민주당은 안철수 신당보다도 낮은 10% 초반대의 지지율을
보였다. 민주당은 2014년 3월 안철수당과의 통합에도 불구하고 지방선거까
지 20%대의 지지율을 벗어나지 못했다(〈그림 1-3〉 참조).

민주당은 박근혜 정부 출범 이후 1년 내내 국정원 대선개입사건에 매달렸
으나 국민들의 반응은 냉담했다. 국정원 대선개입의혹의 이슈화는 '국정원
개입이 없었다면 야당이 이겼을 것'이라는 일부 야당 정치인들의 발언으로
이어졌다. 하지만 이는 야당 스스로 '대선불복 프레임'에 갇히는 형국이 되
었다. 한마디로 당시 민주당은 민심과 동떨어진 정치투쟁으로 동력을 상실
하고 있었다.

〈그림 1-3〉 여야 정당 지지도 추이

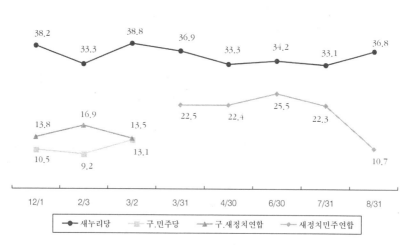

출처: 내일신문-디오피니언 정례조사자료

설상가상으로 지방선거에 대비해 민주당이 기획한 안철수 신당과의 통합 또한 국민들에게 감동을 주지 못했다. 안철수 신당이 독자적으로 지방선거에 나설 경우, 선거 패배는 불 보듯 뻔했다. 민주당 입장에서는 어떤 식으로건 안철수 독자신당을 막아야 했다. 안철수 진영도 선거 패배 책임론 부담에서 자유롭지 못했고, 장기적으로는 야당진영과 함께 갈 수밖에 없다는 당위감도 적잖은 유혹이었다. 양자의 이해가 맞아떨어지면서 두 당은 전격적으로 통합했다.

그러나 지지자들을 설득하는 과정도, 새로운 정치에 대한 공감도 없었던 정치공학적 통합은 애초 국민의 관심을 끄는 데 한계가 있었다. 특히 하룻밤 사이에 지도부끼리의 담합으로 이뤄진 '야반도주식' 통합은 안철수 지지자들에게 상처만 남겼다. 결국 야당통합은 민주당의 낡은 이미지를 탈색시키지도, 안철수의 표의 확장성을 살리지도 못했다.

통합 이후에도 새정치연합은 여전히 국민들의 관심과 동떨어진 정치적 이슈에만 집중했다. 안철수 진영이 통합의 명분으로 내세운 정치개혁과 정당개혁은 기초선거 정당공천제 폐지 논란으로 이어졌다. 새정치연합은 지루하고 실익 없는 정당공천제 논란으로 통합의 시너지를 올릴 기회를 놓치고 있었다.

안철수 진영의 합류가 민주당의 색깔을 희석시켜 그나마 야당에 도움이 됐다는 긍정적 평가도 있지만, 야권이 분열되어 대패하는 결과를 막은 것 외에 크게 플러스 효과를 얻지 못했다는 것이 냉정한 평가일 것이다.

(3) 현직 프리미엄이 있는 단체장의 다수가 야당

사실 야당의 경우 정당보다 단체장의 존재감이 오히려 돋보였다. 2010년 제5회 지방선거에서 민주당은 호남지역 이외에도 서울, 인천, 강원, 충남 등지를 석권했고, 이들 야당 소속 단체장들은 2014년 제6회 지방선거에서도 현직 프리미엄 효과를 누릴 수 있었다(〈표 1-1〉 참조). 그런 점 때문에 지방선거 초반 서울, 인천, 강원, 충남 등은 승리 가능성이 높은 것으로 예측되기도 했다.

기초선거의 경우 야당의 현직 프리미엄은 대선공약이자 야권통합의 명분

〈표 1-1〉 제5회 지방선거 결과

	광역단체장	광역의원	기초단체장	기초의원
한나라당	6	288	82	1,247
민주당	7	360	92	1,025
자유선진당	1	41	13	117
민주노동당		24	3	115
진보신당		3		22
국민참여당		5		24
국민중심연합			1	2
미래연합		1	1	11
친박연합		3		19
무소속	2	36	36	305
합계	16	761	228	2,888

출처: 중앙선관위(http://info.nec.go.kr)

이었던 '정당공천제 폐지'와 정면충돌했다. 정당공천제 폐지 당론은 현역 기초단체장과 지역구 국회의원들의 강한 반발에 부딪혔으며, 결국 당원투표를 통해 공천제를 유지하게 되었다.

2) 사회경제적 환경

세월호 참사 전까지 두드러진 사회적 이완은 없었다. 이것은 여당에게 나쁘지 않은 조건이었다. 물론 경제상황은 지속적으로 악화되고 있었다. 2008년 글로벌 금융위기 이래 내수 부진이 지속됐고, 수출환경은 MB 정부 때보다 나빠졌다. 가계부채는 위험 수위를 넘나들었다. 이런 가운데 박근혜 정부의 현오석 경제팀은 무능하다는 평가를 받고 있었다.

그러나 이러한 경제적 어려움에도 불구하고 여론은 '여당 실정을 심판하자'는 쪽보다 '경제위기 탈출을 위한 안정적 국정운영'에 무게를 실어주고 있었다. 경제회복에 대한 기대심리, 또는 경제를 살려야 한다는 절박감이 대통령의 높은 지지율을 떠받치고 있었던 것이다.

이러한 상황에서 야당은 경제나 민생에 대한 설득력 있는 대안도 내놓지 못했다. 국민에게 야당은 나라 경제를 이끌 수 있는 대안세력으로 보이지 않았다.

3) 유권자 환경의 변화

최근 선거에서 눈여겨봐야 할 요소 중 하나는 유권자 지형의 변화이다. 이 특징은 이번 지방선거에서도 다시 확인됐다. 고령층 인구의 증가와 이로 인한 투표연령의 고령화로 요약되는 이 변화는 보수정당에 유리한 선거 지형이 만들어지고 있음을 의미한다.

6·4 지방선거의 선거인 구성은 20대 16.0%, 30대 19.1%, 40대 21.6%, 50대 19.7%, 60대 이상 21.9%로 나타났다. 특히 50대 이상의 유권자가 41.6%를 차지해 2010년 지방선거 당시의 36.6%보다 약 5.0%p 증가했다 (〈표 1-2〉).

투표인의 구성도 마찬가지다. 〈표 1-2〉에서 알 수 있듯이, 이번 제6회 지방선거에서 30대 이하의 투표인 비율은 선거인 구성보다 적은 데 반해(투표인 30.9%, 선거인 36.8%) 50대 이상은 선거인 구성보다 크다(투표인 48.9%, 선거인 41.6%). 특히 60대 이상 연령층의 선거인 대비 투표자 참여는 다른 연령층에 비해 두드러졌다. 이런 현상은 제5회 지방선거에서도 나타났지만 제6회 지방선거에서는 더욱 확연해졌다.

선거헤게모니도 이미 40대에서 50대로 넘어가고 있었다. 선거인 수는 40대가 가장 많지만(21.6%), 투표자 수는 50대가 가장 높았다(21.8%).

이는 2010년 제5회 지방선거에서 40대가 선거인 수에서도 투표인 수에서도 가장 높은 비율을 차지한 것과 비교된다. 유권자 구성의 중심이 40대 초중반에서 40대 후반과 50대 초반으로 옮겨감으로써 정당들이 이들 세대의 정치 성향 및 정책 태도에 관심을 기울여야 하는 환경이 도래한 것이다.

<표 1-2> 연령대별 선거인 수/투표자 수 비율(제5~6회 지방선거)

(단위: %)

구분		19세	20대	30대	40대	50대	60대 이상
선거인	제6회	1.7	16.0	19.1	21.6	19.7	21.9
	제5회	1.7	17.9	21.4	22.4	17.2	19.4
투표인	제6회	1.6	13.5	15.8	20.1	21.8	27.1
	제5회	1.5	13.4	17.7	22.5	20.2	24.7

출처: 중앙선관위, 『제5회 전국동시지방선거 투표율 분석』, 『제6회 전국동시지방선거 투표율 분석』

　이런 유권자 지형변화는 특히 야당이 민감하게 고려했어야 할 사안이었지만, 야당의 정책이나 구호는 아직 유권자 중심이 40대 초중반이었던 과거에 머물고 있었다.

　이상에서 볼 수 있듯이 세월호 참사 전까지의 선거환경은 기본적으로 야당에게 불리하게 조성되어 있었다. 야당이 기대할 수 있는 유일한 승리의 변수는 박근혜 정부에 대한 유권자의 견제심리였다. 2012년 총선과 2012년 대선에서 여당에게 승리를 안겨준 만큼 이번 지방선거에서는 유권자의 견제심리가 작동할 가능성이 있었고 야당도 이를 기대했다. 그러나 야당은 '정부 견제론'의 수위를 유지하지 못하고 세월호 국면에서 '정권 심판론'을 덥석 물었다.

2. 세월호 참사

　각 당이 지방선거를 앞두고 당내 경선을 막 시작하고 있던 2014년 4월 16일, 온 국민을 충격에 빠뜨린 여객선 세월호의 침몰 사건이 발생했다. 경기도 안산시 단원고 2학년 학생 325명을 포함한 승객 476여 명을 태우고 제주로 향하던 여객선이 진도 부근 맹골수도에서 침몰했다.

국민들을 더욱 충격에 빠뜨린 것은 304명의 사망·실종자 중 250명이 수학여행을 가던 고등학교 학생이었다는 사실이었다. 국민들은 매일 TV를 통해 골든타임을 놓치고 죽어간 아이들의 주검과 마주했고, 단 한 명의 생존 스토리도 없는 상황 앞에서 답답함과 무력감에 휩싸여 있었다. 국민들은 사고 수습과정에서 갈피를 못잡는 정부의 무능함에 분노를 터뜨렸다. 청와대 홈페이지에는 '당신이 대통령이어선 안 되는 이유' 등의 글들이 실명으로 올라왔다. 국민의 분노는 청와대, 정부, 정치권, 언론을 가리지 않았다. 그런 가운데 노란 추모리본이 전국을 휩쓸면서 수십만 명의 조문객이 전국의 합동분향소를 찾았다.

세월호 참사는 '관피아' '해피아' 등 관료주의의 병폐와 그것에 의존한 박근혜 정부 시스템의 총체적 부실을 그대로 드러내보였다.

1) 정치권의 대응

세월호 사건이 발생한 이후 약 2주 동안 모든 정당은 6·4 지방선거 내부 경선을 일시 중단했다. 청와대와 여당은 최대한 몸을 낮추고 대국민 사과와 정권 안정을 호소하는 전략을 취했다. 박근혜 대통령은 4월 18일 팽목항을 방문해 실종자 가족들을 위로했다. 4월 27일 정홍원 국무총리가 사의를 표명했다. 5월 19일 대통령은 대국민 담화를 발표, 대국민 사과와 국가 개조를 약속했다. 그러나 참사 초기 사태의 심각성을 제대로 인지하지 못한 청와대의 안이한 대응에 국민은 분노하고 있었다. 박 대통령이 담화 중 희생자 이름을 부르며 눈물을 흘린 장면은 일부 지지층의 마음을 자극했지만 국민의 분노를 누그러뜨리기에는 역부족이었다.

야당은 세월호 발생 직후 국민적 참사를 정치에 이용한다는 비판을 우려하여 조심스러운 자세를 취했다. 당 대표가 '야당도 세월호 참사의 책임에서 자유롭지 않다'라고 밝히고 희생자 가족들을 조용히 위로하는 등 자세를 낮췄다. 그러나 본 선거에 접어들면서 야당은 국민들의 분노에 기대 '정부 견제론'에서 '정권 심판론'으로 방향을 틀었다. 하지만 세월호 참사에 대한 국민의 실망과 분노는 특별히 청와대와 정부여당만을 타깃으로 한 것이 아니었다. 여기에 대통령의 국정수행 지지도가 여전히 50% 안팎을 유지하는 상황에서 정권 심판론은 국민의 정서와도 괴리가 있었다. 더구나 야당은 '세월호 참사를 너무 정치적으로 이용한다'라는 비판을 받고 있었다.

한편 정부는 세월호 참사 책임을 청해진 해운의 실제 소유주인 유병언 일가로 돌리기 위해 총력을 기울였다. 검찰과 경찰 군인까지 동원된 유병언 일가 추격전은 5월부터 선거운동기간 내내 언론의 조명을 받았다.

2) 지방선거 영향

세월호 참사의 영향은 당장 대통령 국정 지지도에 반영됐다. 리얼미터 조사에 따르면 박 대통령이 팽목항을 처음 다녀간 4월 18일, 국정 지지도는 71%에 달했으나, 20일에는 67%, 22일에는 56%로 떨어졌다.

이러한 상황은 대통령 지지도에 의지해 지방선거를 치르려 했던 새누리당의 전략에 비상이 걸렸음을 의미했다. 그러나 별다른 뾰족한 방안을 찾지 못한 가운데 여당 후보의 지지율도 동반 하락하는 추세를 보였다. 세월호 이전에 새누리당의 우세를 점쳤던 경기도지사와 부산시장선거도 박빙추세로 흘러가고 있었다.

세월호 참사의 영향으로 나타난 이번 지방선거의 특징 중 하나는 '조용한 선거'라는 점이다. 지방선거의 경우 일반적으로 후보들의 인지도가 높지 않은 편이었지만, 세월호 참사가 선거 국면을 관통하면서 후보를 알릴 기회가 더욱 줄어들었다. 이러한 선거환경이 현직 단체장과 인지도 높은 인물에게 유리하게 작용했다.

이번 지방선거의 또 하나의 특징은 정책경쟁이 없었다는 점이다. 세월호 참사 후 각 정당과 후보들은 경쟁적으로 국민 안전대책을 들고 나왔지만 유권자의 선택에 영향을 줄 정도는 되지 못했다. 경기도지사선거에서 초반에 무상버스라는 교통 이슈가 반짝했으나 야권에게 '공짜만 좋아한다'는 달갑지 않은 흔적만 남기고 사라졌다.

세월호 참사가 대통령의 국정 지지도를 떨어뜨리고 선거 분위기를 바꿨지만 그것이 선거결과로까지 이어지지는 않았다. 세월호 참사가 여당 후보의 지지율 하락 혹은 야당 후보의 지지율 상승에 어느 정도 영향을 미쳤지만 승부를 뒤바꾸지는 못했다는 얘기다. 일부 야당 현직 광역단체장 후보들의 승리는 이미 예측되고 있었다. 대전과 충북 등 박빙지역의 승부도 세월호 참사 효과가 없지는 않았으나 이 또한 여당 지지 기반 분열이나 '안희정 대망론'같은 다른 지역적 요소와 결합된 것이다. 오히려 세월호 참사의 앞마당격인 인천광역시와 경기도에서의 여당 후보 승리는 '사실상 야당 패배'를 확인해주는 신호였다.

III. 선거과정

1. 각 당의 선거전략

1) 새누리당

새누리당의 6·4 지방선거 전략기조는 한 마디로 '박근혜 대통령에 의한 박 대통령을 위한 선거'라고 할 수 있다. 여권은 박 대통령의 높은 국정 지지도에 의존해 선거를 치르려고 했고, 또한 선거 승리를 통해 박 대통령의 국정 장악력을 좀 더 강화하려고 했다.

청와대와 여당은 '박근혜'라는 든든한 기반 위에 경쟁력 있는 인물을 공천해 인물우위 구도의 선거를 기획했다. 서울시장 후보에 정몽준과 김황식, 경기도지사 후보에 남경필, 그리고 제주도지사선거에 원희룡 등 중량감 있는 정치인 혹은 개혁적 이미지의 인물을 내세워 야당의 견제론을 무력화시킨다는 복안이었다.

이러한 전략기조는 세월호 참사 이후에도 유지됐다. 세월호 참사 영향으로 박 대통령 지지도가 흔들리면서 인물우위 기조는 더욱 강화됐다. 선거 종반 야당이 '세월호 심판론'을 들고 나오자 새누리당은 '박근혜의 눈물' 혹은 '도와주세요'와 같은 '박근혜 마케팅'을 새로운 무기로 내세웠다. 야당의 '심판론'에 식상한, 또는 경제회복을 기대한 유권자에게 새누리당의 이 전략 기조는 나름 호소력이 있었다.

2) 새정치민주연합

선거가 본격화하기 전 야당은 민주당과 안철수의 신당 합당이라는 진용 정비에 힘을 쏟았다. 그러나 합당은 사실상 민주당으로 안철수 세력이 흡수 된 모양새여서 컨벤션 효과를 기대하기 어려웠다.

합당 후 새정치연합은 기초선거 '정당무공천' 문제로 지루한 내부논쟁을 이어갔다. 결국 당원투표로 정당공천 유지가 결정됐지만 기초단체장과 기초 의원의 공천이 늦어져 후보를 홍보하는 시점을 놓쳤다. 공천과정에서 안철 수 진영은 일부 지역을 전략 공천했으나 당내 갈등을 더욱 확산시켰다. 이 로 인해 안철수 대표의 당내 위상은 크게 흔들렸고 그의 지지 확장성도 무 력화됐다.

당 지도부는 선거 후반으로 접어들면서 세월호 민심에만 의존하는 전략 을 구사했다. 그러나 '세월호 심판'구호는 이미 '정권을 심판하기 위해 마음 을 다진' 자기 진영 유권자들은 자극했지만, 마음을 정하지 못한 유권자를 견인할 힘을 갖지는 못했다.

2. 공천 과정

새누리당은 선거 초기부터 기초선거의 정당공천제를 유지하기로 결정했 다. 대신 새누리당은 지방선거에 상향식 공천제를 전면적으로 도입했다. 새 누리당의 상향식 공천 전면 실시는 기초선거 무공천이라는 대선 공약 파기 에 대한 출구 전략이며, 안철수 신당의 세 불리기를 제어하기 위한 효과적인 수단이기도 했다. 이에 따라 새누리당은 대부분의 지역에서 국민참여선거인 단을 구성했고, 국민참여 50%, 당원참여 50%를 합산해 지방선거의 후보들을 선출했다.

새정치연합은 새누리당보다 공천이 늦어지면서 준비부족으로 인한 혼란이 뒤따랐다. 기초선거 무공천 논란이 지루하게 전개되면서 경선 기간이 짧아졌고 경선을 통한 후보의 인지도 제고도 어렵게 되었다. 새정치연합은 국민의 관심과 거리가 먼 기초단체장 무공천 논란으로 초기 선거 프레임을 선점하지 못한 가운데 현직 단체장이 있는 지역은 단수 후보로, 나머지 지역에서는 대부분 여론조사로 공천을 마무리했다.

이번 지방선거의 공천과정을 보면, 새누리당이 새정치연합보다 더 제도화되었음을 알 수 있다. 또한 세월호 참사로 여야 모두 공천이 지연됐지만 '인물론' 위주의 여당 전략이 좀 더 위력을 발휘했다.

1) 광역단체장 후보 공천

새누리당은 전라도지역을 제외하고 거의 모든 지역에서 경선을 치렀다(〈표 1-3〉 참조). 경선과정에서는 친박과 비박의 계파 경쟁이 치열했으나 결과가 당내 균열로까지 이어지지는 않았다.

새정치연합은 현직 단체장을 단수후보로 공천했고, 대구, 광주 등 몇몇 지역 후보는 전략 공천했다. 이 중 '새정치연합 후보 = 당선'이라고 할 수 있는 광주광역시 후보에 안철수 진영의 윤장현 후보를 전략 공천하면서 당의 기존 지역조직과 마찰을 빚었다.

지지세가 약한 영남지역의 경우 새정치연합 후보들은 당내 경선을 치른 후 다시 당외 후보 단일화를 진행해 부산에서는 오거돈 무소속 후보, 울산에서는 조승수 정의당 후보에게 후보 자리를 양보했다.

2) 기초단체장 후보 공천

새누리당 기초단체장 후보 공천은 대부분 경선원칙을 고수했다. 더구나 세월호 참사 분위기에 눌려 특별한 잡음은 나지 않았다. 세월호 참사로 일정이 늦춰져 공천의 시기가 촉박해서 대부분의 지역에서 후보에게 각서를 받고 여론조사로 공천을 진행했다.

〈표 1-3〉 광역단체장선거에 나온 양 당의 예비후보 현황

지역	새누리당 예비후보	새정치연합 예비후보
서울	정몽준, 김황식, 이혜훈	박원순
부산	서병수, 권철현, 박민식	김영춘, 이해성 → 오거돈
대구	권영진, 서상기, 이재만, 조원진	김부겸
인천	유정복, 안상수	송영길
대전	박성효, 노병찬, 이재선	권선택
광주	이정재	윤장현
울산	강길부, 김기현	이상범 → 조승수
세종	유한식, 최민호	이춘희
경기	남경필, 정병국	김진표, 원혜영, 김상곤
강원	정창수, 최흥집, 이광준	최문순
충북	서규홍, 안재헌, 윤진식, 이기용	이시종
충남	홍문표, 이명수, 정진석	안희정
전북	박철곤	강봉균, 유성엽, 송하진
전남	배종덕, 이중효	이낙연, 주승용
경북	권오을, 박승호, 김관용	오중기
경남	홍준표, 박완수	김경수, 정영훈
제주	원희룡, 김경택, 김방훈, 양원찬	신구범, 고희범, 김우남

출처: 중앙선관위(http://info.nec.go.kr)

　새정치연합도 수도권에서 현직 기초단체장이 많아 공천에 큰 논란이 일지는 않았다. 하지만 물갈이 요구가 강한 호남지역의 경우에도 현직 단체장을 공천해 무소속 약진의 배경이 되었다.
　일부 지역에서는 구 민주계와 안철수계와의 갈등으로 잡음이 일었다. 예를 들어 경기도 안산의 경우 세월호 참사의 중심지였지만, 상주(喪主)격인 현역 시장을 배제하고 김한길계의 제종길 전 의원을 공천했다. 이는 지지층의 이탈로 이어졌고, 안산이 평균 이하의 투표율을 기록하는 데 일조한다.

3) 교육감 후보

교육감 후보는 정당 공천이 아니므로 개인이 추천 절차를 밟아 예비후보로 등록하는 방식으로 진행됐다. 이번 6·4 교육감선거는 지난 교육감선거와 달리 보수 진영에서는 후보가 난립한 반면, 진보 진영은 대체로 단일화를 이뤄냈다. 이러한 후보 구도는 교육감선거결과로 그대로 이어졌다.

3. 선거운동

1) 중앙의 주요 활동

박근혜 대통령은 공식 선거운동이 시작되기 직전인 5월 19일에 세월호 참사와 관련한 대국민 담화를 발표하고 국가 개조를 약속했다. 해양경찰청 해체 등 정부 조직 개편 방안을 제시했고, 국회에 세월호 진상조사위원회 구성하고 특별법 제정을 주문했다. 담화의 끝에 보인 대통령의 눈물은 지지층을 자극했다.

담화 이후 대통령의 지지율은 48%로 담화 전보다 2% 소폭 상승했다(갤럽 데일리 오피니언 제116호). 인천과 경기 등의 새누리당 후보의 지지율도 동반 상승했다.

청와대는 5월 22일 개혁적 보수의 이미지를 가지고 있는 '안대회 국무총리' 카드를 꺼냈다. 민심이반을 막기 위한 고심의 카드였다. 그러나 안 후보자는 '전관예우' 등으로 여론의 비판을 받으면서 28일 사퇴했다. 당혹한 여권은 이후 '도와주세요'라는 읍소카드를 꺼내들었다. 결과적으로 안대회 후보자 사퇴와 읍소카드는 전통적 여권 지지층을 다시 응집시키는 기재로 작용한다.

선거운동이 시작되면서 새누리당 지도부는 경기와 충청에 총력을 기울인다. 경기도 김진표 새정치연합 후보의 지지가 높아지자 수원에서 최고위원회를 개최했고, '안희정 효과'로 충청지역의 민심이 흔들리자 선거 첫날부터 유세를 대전에서 시작하는 이벤트를 벌인다.

새정치연합은 대통령의 대국민 담화 이후 본격적인 선거운동에 돌입하면서 '정권 심판론'을 전면에 제기했다. 5월 20일 문희상 의원의 내각 총사퇴, 문재인 의원의 '국정기조와 철학의 전면 쇄신' 발언을 필두로 강성 발언들이 쏟아져 나왔다. 새정치연합이 '정권 심판론'으로 기조를 전환한 것은 세월호 참사 후 상승한 지지율을 지켜야 한다는 긴박감이 작용한 듯하다. 물론 그 전제에는 '세월호 민심은 무조건 박 대통령과 여당에게 비판적이다'라는 섣부른 계산이 깔려 있었다.

새정치연합은 선거운동의 초기부터 수도권에 화력을 집중했다. 선거전 내내 우세를 보인 서울과 함께 인천과 경기를 얻으면 6·4 지방선거는 새정치연합의 승리라고 말할 수 있었기 때문이다. 특히 친노세력을 대표하는 문재인 최고위원과 김대중을 상징하는 박지원 최고위원이 수도권 지원유세에 적극적이었다.

선거운동기간 동안 새정치연합이 직면한 문제는 광주시장 선거였다. 안철수 대표는 열세로 드러난 윤장현 후보를 돕기 위해 광주에서 많은 시간을 보내면서 오히려 야당의 동력을 상실하게 만드는 측면도 있었다. 선거 후 복기과정에서 '안철수 대표가 선거기간 내내 팽목항을 지켰으면 어땠을까'라는 의견이 나온 것도 이 때문이다.

2) 지역의 선거운동

6·4 지방선거에서 선거운동의 특징은 '조용한 선거'였다. 세월호 참사 때문이었다. 전국이 초상집 분위기인데 요란하게 선거운동을 할 수 없었던 것이다. 이러한 선거환경에서 새로운 방식의 선거운동이 만들어지기도 했다. 서울 박원순 후보의 선거운동방식이 그랬다. 그는 유세차 선거운동을 하지 않고, 배낭을 메고 도보로 유권자를 만났다. 그의 선거운동은 유권자에게 신선하게 다가왔다. 박원순 후보는 중앙당의 지원유세도 최소화하면서 시민

운동가 출신으로서의 이미지를 강화했다. 여야를 막론하고 기존 정치권이
불신을 받고 있는 가운데 박 후보의 소박한 유세는 오히려 공감을 받았다.
사실 박원순 후보는 이번 6·4 지방선거의 최대 수혜자 중 한 명이라고 할
수 있다. 선거 후 그는 확실한 차기 대선주자 반열에 올라섰다.

이에 반해 열세에 몰린 새누리당 정몽준 후보는 네거티브 선거운동으로
일관했다. 학교급식 식재료 농약검출 의혹, 박원순 후보 부인이 선거운동에
나서지 않는 문제 등에 대한 의혹을 제기했다. 그러나 이러한 네거티브 캠
페인에 상처를 입은 쪽은 오히려 정몽준 후보였다. 게다가 세월호 참사 관
련, 아들이 SNS에 올린 '미개한 국민'표현은 선거기간 내내 정 후보의 발목
을 잡았다.

경기도는 선거운동지역이 100만 인구의 도시와 농촌이 섞여 있는 데다,
유권자들의 정치성향이 다양하고 선호가 까다로운 지역이다. 새누리당은 김
문수 지사의 빈자리에 혁신 이미지의 4선 정치인 남경필 카드를 빼들었다.
새정치연합은 경선을 통해 상대적으로 보수적 성향인 김진표 후보를 공천했
다. 애초 두 후보의 지지도 간극이 컸지만 선거 막판으로 갈수록 박빙 양상
이 됐다. 보수적 성향의 유권자가 많은 경기도지역에서 보수적 이미지의 김
진표 후보가 어울리는 측면이 있었고, 세월호 참사도 영향을 미쳤다.

이번 지방선거에서 경기도지사선거는 전국에서 거의 유일하게 정책이 쟁
점화된 선거였다. 김진표 후보가 제기한 보육교사의 공무원화, 전월세 대책
등은 30~40대를 겨냥한 참신한 정책이었으나 여당의 '포퓰리즘 프레임 공
세'에 갇혀 공약의 효과를 제대로 발휘하지 못했다. 더구나 김진표 후보의
'전직 관료' 즉 '관피아' 이미지는 남경필 후보의 '젊은' 이미지를 뛰어넘지
못했다. 선거 후반 중앙당의 '심판론'을 적극 수용하면서, 선거는 진영대결
양상으로 변질돼 버렸다.

인천에서는 시 부채와 아시안 게임 등이 지역 쟁점으로 제기됐지만 지역
공약들이 크게 부상하지는 않았다. 그렇지만 '힘있는 후보'를 내세운 새누리
당의 유정복 후보의 캠페인이 조금씩 유권자를 파고들었고, 한편에서는 현
역 시장인 송영길 후보의 안이한 선거운동 및 측근비리 등이 야당에게 악재

로 작용했다.

대전시장선거에서 새누리당 박성효 후보는 선거 초반에 새정치연합의 권선택 후보를 더블 스코어로 앞서고 있었다. 그러나 서울 등 수도권의 야당 우세 또는 박빙대결이 대전에도 영향을 미쳤다. 대전은 기본적으로 수도권 선거지형과 직결되어 있기 때문이다. 여기에 새누리당이 자유선진당 출신을 기초단체장 공천에서 배제한 데다, 박 후보와 염홍철 현 시장과의 갈등이 부각되면서 역전극이 벌어진다. 세종은 젊은 공무원들이 대거 입주하면서 선거 지형 자체가 야당에게 유리하게 바뀐 상태였다.

충청지역에서는 충남도지사인 안희정 후보의 '충청도 대표론'이 힘을 얻으면서, 충북과 대전 및 세종지역 새정치연합 후보에게까지 영향을 미쳤다. 새누리당은 '지방정부 심판론'을 제기하며 안 후보를 공격했으나 차세대를 겨냥한 '충청도 대표론'에는 역부족이었다. 그러나 광역단체장선거와는 달리 기초선거에서 새누리당이 우세를 유지하고 있었다.

대구지역은 새정치연합 김부겸 후보의 재도전이 세간의 주목을 받았다. 부산시장선거에서 새정치연합은 경선을 통해 김영춘 후보를 공천했다. 김 후보는 바로 무소속 오거돈 후보에게 후보자리를 양보했다. 오 후보는 새누리당 절대 강세지역인 부산에서 여당 서병수 후보와 초박빙의 선거전을 치르면서 전국적인 관심을 끌었다. 부산과 대구지역에서 새정치연합의 후보와 무소속 후보의 선전은 지역주의가 상당히 약화되고 있음을 보여주는 일대 사건이었다.

3) 교육감선거

교육감선거는 전국적으로 '단일 진보 후보와 복수 보수 후보' 구도로 치러졌다. 진보 후보들은 대부분 단일화를 이뤄냈으나 보수 후보는 난립하는 양상을 보였다. 게다가 정당 공천을 하지 않는 교육감선거는 기본적으로 누가 어떤 성향인지 잘 모르는 '깜깜이 선거'였다. 그런 만큼 선거 초반에는 인지도가 높은 후보가 앞선 것으로 나타났다.

서울은 문용린 전 교육감과 고승덕 후보가 맞대결하는 양상이었다. 진보 후보인 조희연 후보의 인지도는 낮았다. 그러나 고승덕 후보 딸의 인터뷰 동영상이 유포된 이후 고 후보 지지율이 추락하면서, 보수진영의 두 후보가 물고 무는 싸움을 하는 사이에 조 후보가 어부지리를 얻어가고 있었다.

경기교육감선거도 보수 후보가 난립한 가운데 진보 성향의 이재정 후보가 당선될 것으로 예상되고 있었다.

이외에도 인천, 충남, 경남은 보수 성향의 비리교육감 퇴출 여론이 진보 후보에게 힘을 보탰다.

4) 사전투표

6·4 지방선거에서는 최초로 전국 단위의 사전투표가 실시됐다. 5월 30일과 31일, 양일 간 실시된 사전투표에는 전국 선거인 4,129만 6,228명 중 474만 4,241명이 참여(투표율 11.5%)했다. 20대 이하 젊은 층의 참여율이 16.0%로 높았고, 다음으로는 60대(12.2%)가 차지했다. 30대는 9.4%, 40대는 10.0%였으며, 50대는 11.5%였다. 성연령별 사전투표율은 20대 전반의 남자가 28.6%로 가장 높았고, 30대 후반 여자가 8.5%로 가장 낮았다. 20대 전반 남자의 사전투표율이 높았던 것은 군복무자때문이었다.

〈표 1-4〉에서 알 수 있듯이, 사전투표자들 중에서 '사전투표제도가 없었으면 투표하지 않았을 것'이라고 응답한 유권자가 3.5%로 나타났다. 사전투표가 그 정도의 투표율 상승을 가져왔다고 추정할 수 있다.

〈표 1-4〉 사전투표 효과

사전투표	사전투표제 없었으면	빈도	퍼센트
했음	그래도 했을 것	182	12.1
	하지 않았을 것	52	3.5
하지 않았음		1,266	84.4
합계		1,500	100.0

출처: 내일신문-현대정치연구소 6·4 지방선거 패널데이터

처음 실시된 사전투표에서는 일부 제도보완의 필요성도 제기됐다. 사전투표일 이후에 사퇴한 후보를 선택한 무효표 등이 그것이다. 사퇴한 후보의 란에 기표하면 무효표로 처리되는 규칙에 따른 것인데, 부산시장선거 등 일부 초박빙 지역의 선거에서는 이러한 무효표가 선거결과를 바꿀 수도 있었기 때문이다.

IV. 선거결과와 평가

1. 선거결과

이번 6·4 지방선거는 양대 정당에 표가 집중된 선거였다. 2010년 제5회 지방선거와는 달리 이번 지방선거에서 보수진영은 새누리당으로 통합되었다. 자유선진당이나 친박연대와 같은 보수정당이 새누리당으로 흡수된 것이

〈표 1-5〉 제6회 지방선거의 결과

	광역단체장	광역의원	기초단체장	기초의원
새누리당	9	416	117	1,413
새정치민주연합	8	349	80	1,157
통합진보당		3		34
노동당		1		6
정의당				11
무소속		20	29	277
합계	17	789	226	2,898

출처: 중앙선관위(http://info.nec.go.kr)

다. 진보진영은 5회 지방선거에 나왔던 민주노동당과 진보신당 및 국민참여당이 통합진보당, 정의당 및 노동당으로 이합집산되었다. 그러나 진보 성향 유권자의 지지는 새정치연합으로 집중되었다. 세월호 참사로 인한 정권 견

〈표 1-6〉 2014년 교육감선거 당선자 현황(2010년 선거와의 비교)

시도명	제5회 지방선거		제6회 지방선거	
	진보	보수	진보	보수
서울	○		○	
부산		○	○	
대구		○		○
인천		○	○	
광주	○		○	
대전		○		○
울산		○		○
세종			○	
경기	○		○	
강원	○		○	
충북		○	○	
충남		○	○	
전북	○		○	
전남	○		○	
경북		○		○
경남		○	○	
제주		○	○	
합계	6	10	13	4

출처: 중앙선관위(http://info.nec.go.kr)

제심리가 군소 진보정당의 설 땅이 없게 만든 것이다.

광역단체장 17개 선거구에서 새누리당은 9곳, 새정치민주연합은 8곳에서 승리해 균형을 이뤘다. 그러나 기초단체장 226개 선거구에서 새누리당은 117개 지역에서 이긴 데 반해 새정치연합은 80개 지역만 차지, 여당의 승리로 끝났다. 광역의회와 기초의회 선거에서도 새누리당은 각각 416석(52.7%)와 1413석(48.8%)을 얻어, 각각 349석(44.2%)와 1157석(39.9%)을 얻은 새정치연합을 눌렀다.

〈표 1-6〉이 보여주는 것처럼, 제6회 지방선거의 교육감선거 결과는 제5회의 그것과 완전히 판이한 양상을 보여준다. 제5회 당시에는 진보 성향 6명, 보수 성향 10명이 당선되었으나, 이번 선거에서는 보수 성향 4명, 진보 성향 13명으로 역전됐다.

지역별로 보면 수도권은 물론이고 제5회 당시 보수 성향 교육감 후보가 당선되었던 충청과 부산·경남, 제주지역에서까지 진보 성향의 교육감 후보가 당선되었다.

2. 선거평가

지표상으로 보면 광역단체장선거에서는 균형을 이루고, 기초단체장과 지방의회선거에서는 새누리당이 승리했다. 선거 초반 새누리당의 낙승이 예상된 것에 비추면, 일견 새정치연합의 선전으로 받아들일 수 있다. 혹자는 야당이 참패했을 선거를 세월호 참사가 이 정도의 성적을 내게 만들었다고 말한다.

그러나 통상 국가적 재난이 발생하면 현 정부와 여당에게 책임을 묻게 되어 있다는 점을 고려하면 명백한 야당의 패배로 보는 게 타당하다. 세월호 참사라는 엄청난 상황에서도 여당은 광역단체장 균형, 기초단체장 승리를 일궈냈기 때문이다.

사실 광역단체장선거에서는 세월호 참사가 아니라도 야당이 어느 정도 선전했을 것이라는 추측이 가능하다. 서울과 충남, 강원, 인천의 경우 민주당 출신 시도지사가 현직이었고, 이들은 현직 프리미엄을 활용할 수 있었기 때문이다. 오히려 인천 송영길 시장의 낙선은 '새정치연합이 패배한 선거'임을 확인시켜주는 지표라고 할 수 있다. 경기도지사선거나 부산시장선거에서 야당 후보가 선전한 것은 물론 세월호 참사 영향도 있지만, 1 대 1의 선거구도의 산물이라고 할 수도 있다. 새정치연합이 대전·세종·충남·충북 등 충청 4개 지역 광역단체장을 석권한 것은 세월호 영향 외에도 현직 프리미엄, 충청권 대표론, 여권 분열 등이 복합적으로 작용한 결과였다.

사실 야당은 선거결과를 '선전했다'고 오독하면서 7.30 재보선에서 참패를 맛봐야 했다.

세월호 참사의 영향이 좀 더 강하게 미친 선거는 교육감선거라고 할 수 있다. 자녀들의 교육과 안전 문제에 대한 우려가 교육감선거에 특별하게 작용했을 것이다. 한편 제5회 지방선거 이후 진보 교육감 지역에서 실시되었던 무상급식의 경험이 이를 실시하지 않았던 보수 교육감 지역 유권자들에게 영향을 주었을 수도 있다.

그러나 교육감선거의 결과를 놓고 유권자의 진보화가 진행되고 있는 것으로 해석하는 것은 과도하다. 무엇보다도 6·4 지방선거에서 진보 성향 교육감 후보가 대거 당선된 것은 보수진영의 분열이 가장 큰 원인이었다.

〈표 1-7〉 1위 교육감 후보와 2~3위 교육감 후보 득표율 비교

지역	1위 교육감 후보		2~3위 교육감 후보	
	이름(성향)	득표율	이름(성향)	득표율
서울	조희연(진보)	39.8%	문용린(보수)+고승덕(보수)	54.9%
경기	이재정(진보)	36.5%	조전혁(보수)+김광래(보수)	37.4%
인천	이청연(진보)	31.8%	김영태(보수)+안경수(보수)	40.7%
대전	설동호(보수)	31.4%	최한성(진보)+한승동(진보)	31.1%

출처: 중앙선관위(http://info.nec.go.kr)

〈표 1-7〉에 따르면, 서울의 조희연 교육감의 득표율은 경쟁했던 두 보수 후보 문용린 후보와 고승덕 후보의 득표율을 합한 것에 훨씬 못 미친다. 인천에서도 비슷한 결과가 나타났다. 대전 교육감에 당선된 보수 후보 득표율은 경쟁하는 두 진보 후보의 그것을 합친 것과 거의 같다.

V. 나가는 말: 6·4 지방선거에서 나타난 유의미한 지점들

이번 6·4 지방선거에서 우선 눈여겨봐야 할 지점은 '일사불란한 여당과 오합지졸 야당의 대결'이다. 새누리당은 대통령과 당 지도부의 리더십이 통합되어 있었다. 방침이 정해지면 통일적으로 정돈하는 모습이었다. 반면 새정치연합은 리더십의 부재로 오합지졸, 중구난방의 상황을 연출했다. '자영업자 연합'이라는 문재인 최고위원의 지적처럼 새정치연합의 모습은 각자의 이익을 위해 자기주장만 내세우는 자영업자들의 집합체와 비슷했다.

새정치연합의 절대적 리더십 부재와 이로 인한 통일성 부재는 이후 정치 일정에서도 비슷한 문제를 야기할 가능성이 높다. 7·30 재보선 및 세월호 특별법 정국에서 새정치연합이 보여준 난맥상은 사실 지방선거 과정에서 모두 노출됐던 것들이다. 이 문제가 해결되지 않으면 새정치연합은 2016년 총선과 2017년 대선에서도 큰 위기를 맞을 수 있다.

두 번째로 주목해야 할 지점은 유권자의 중심이 40대에서 50대로 이동하고 있다는 사실이다. 노령화로 선거인 및 투표자의 연령층은 점점 더 올라가고 있다. 이번 지방선거에서의 유권자 구성을 보았을 때(II-1-3 참조) 다음 총선이나 대선에서는 선거인 수와 투표자 수가 모두 50대에서 가장 많을 게 분명하다. 선거헤게모니도 확실하게 50대로 이전될 전망이다. 따라서 유권자의 중심인 50대에 대한 전략을 어떻게 수립하느냐가 향후 선거에서 관건이 될 것이다.

50대는 기본적으로 보수지향적이지만 변화에 대한 갈망도 크다. 이른바 민주화 세례를 받았던 386세대가 본격적으로 50대에 진입하고 있기 때문이다. 자식과 부모 부양에 책임을 지고 있는 이들은 일상적으로는 안정을 희구하지만, 세월호 참사나 수입쇠고기 촛불시위처럼 사회적으로 커다란 사건이 발생하면 진보적인 태도를 보인다. 상황에 따른 이들의 의식과 태도의 변화를 면밀히 추적할 필요가 있다.

세 번째는 이번 선거가 서울과 경기 수도권지역이 '야도(野都)'임을 재확인했다는 사실이다. 유권자 수의 거의 반을 차지하는 있는 서울과 경기지역의 '야도'는 각 당의 향후 선거 전략과 관련해 의미 있게 봐야 할 부분이다. 지난 2012년 대선에 야당 문재인 후보는 서울에서는 3.2%p 앞섰고, 경기도에는 1.3%p로 근소하게 밀렸다. 새정치연합은 서울지역 기초단체장선거에서 '20 대 5', 경기도에서도 '16 대 13'으로 승리했다. 6·4 지방선거에서 선전한 여당이 고민해야 할 지점이 여기 있다. 수도권 유권자를 잡지 못하면 큰 선거에서 승리를 장담하기 어렵기 때문이다.

네 번째로는 인물 부재의 한국정치의 새로운 인물군이 대거 등장했다는 점이다. 이번 지방선거에서는 박원순, 남경필, 안희정, 원희룡, 권영진 등 차세대 리더십 후보들이 등장해 한국정치의 세대교체를 예고하고 있다. 이들은 참신하고 개혁적이었고 이념적으로는 합리적 보수, 합리적 진보 성향이다. 지방선거 후 이들은 협치 또는 연정실험으로 한국정치의 새로운 모델을 만들어 가고 있다. 향후 정치지형도 이들에 의해 새롭게 정돈될 가능성이 있다.

마지막으로 의미를 두어야 할 점은 지역 갈등의 희석화 현상이다. 6·4 지방선거에서 가장 눈에 띄는 일은 대구시장선거에서 새정치연합 김부겸 후보의 40.33% 득표와 부산시장선거에서의 오거돈 무소속 후보가 얻은 49.34% 득표이다. '깃발만 꽂으면 당선된다'는 새누리당 아성에 균열이 가고 있음을 보여주고 있는 것이다. 이어서 7.30 전남 순천·곡성 보궐선거에서도 새누리당 이정현 후보가 당선되었다. 새정치연합의 성역인 호남에서도 이변이 일어난 것이다.

　이러한 모습들은 한국정치에서 지역 갈등으로 인한 정당정렬이 서서히 무너지고 있음을 보여준다. 이제 한국의 정당들은 새로운 동원 전략에 고민을 해야 할 시점이 됐다는 의미이기도 하다.

제2장

한국 지방선거의 변화와 지속성

황아란 | 부산대학교

I. 서론

본 연구는 집합자료를 통해 나타나는 지방선거 결과의 변화와 지속성을 분석하는 데 중점을 둔다. 민주화 이후 도입된 한국의 지방자치제는 1991년 지방의원선거를 시작으로 1995년부터 단체장과 지방의원을 선출하는 전국 동시지방선거가 주기적으로 여섯 차례 실시되어 오면서 안정적인 제도화 과정에 들어섰다. 지난 20년 동안 지방선거 결과에서 나타나는 공통적인 특징과 변화의 경향성은 한국의 지방자치가 중앙정치와 지방정치의 영역 속에서 어떻게 자리매김하여 제도화되어 왔는가를 살필 수 있다는 점에서 중요하다. 지방자치가 분권을 통한 한국 민주주의의 공고화와 풀뿌리 민주주의 실현에 중요한 의의를 지닌다는 점은 규범적으로 널리 인정되는 사실이지만, 실천적인 측면에서 어떻게 제도화되고 있는가는 지속적인 검토와 노력을 요하는 연구 영역이다. 지방자치 발전에 가장 중요한 요소는 지역주민의 관심과 참여이며, 그 첫 단계는 지방선거에 의한 지방자치단체의 기관 구성이라 할 수 있다. 지방선거 결과는 지방자치에 대한 지역주민의 관심과 참여를 반영하는 것으로, 그에 대한 경험적 분석은 한국 지방자치의 현주소를 살피는 데 중요한 시사점을 제공해 줄 수 있을 것이다.

특히 최근의 2014년 6·4 지방선거는 과거와 다른 몇 가지 중요한 차이를 지닌다는 점에서 흥미로운 분석대상이라 할 수 있다. 대통령의 임기 초반에 실시된 2014년 지방선거는 세월호 참사라는 초대형 사건의 여파로 침울한 사회분위기 속에 조용히 치러져 선거 열기가 낮았지만, 투표 참여를 높이려는 제도적인 노력으로 사전투표제가 도입된 첫 선거이기도 하였다. 본 연구는 2014년 선거의 이러한 특수성이 선거결과에 미친 영향을 중심으로 분석하되, 이를 지난 지방선거 결과에 비추어 봄으로써 한국 지방선거의 특징과 변화의 경향성을 밝히는 데 목적을 두고자 한다.

본 연구의 주요 분석내용은 크게 투표 참여와 선택으로 나누어, 전자는 선거경쟁률과 투표율, 그리고 후자는 당선자의 정당분포와 인구경제학적 특징을 중심으로 구성하고자 한다. 먼저 투표 참여에 대한 분석은 각급 선거의 경쟁률을 비교한 후 투표율의 도농 간, 지역 간 차이를 분석하여 이번 지방선거 환경의 조건을 살필 것이다. 한편 투표 선택에 대한 분석은 첫째, 당선자의 정당분포를 통하여 지방선거가 지닌 중간평가의 성격, 즉 여권 심판론의 영향을 분석한 후 지역별 광역 및 기초단체 기관 구성의 정당분포를 통하여 지역주의의 영향을 논의할 것이다. 이러한 분석들은 주로 지방선거에 반영된 중앙정치의 정당 영향을 살펴보기 위한 것이라면, 둘째 당선인의 연령, 학력, 재산, 성, 경력 등 인구경제학적 특징은 지방정치의 영역에서 지방정부의 대표성을 가늠하는 데 중요한 분석이라 할 수 있다. 본문에서 논의하겠지만 2014년 지방선거는 여성과 현직의 증가가 주목되는 변화라 할 수 있는데, 각급 선거의 비교를 통하여 여성의 정치적 대표성과 현직 효과의 차이를 살피는 것은 지방선거의 특징을 살피는 데 중요하다 할 것이다.

본 연구의 주요 분석대상은 1995년부터 2014년까지 6차례 전국 동시지방선거의 광역 및 기초단체의 장과 지역구 지방의원선거이며, 분석자료는 중앙선거관리위원회에서 제공한 역대 지방선거결과의 집합자료이다. 분석의 기본 틀은 동시지방선거의 제도적 특성을 감안해 투표율을 제외한 모든 분석에서 각급 선거 간 비교를 통하여 공통점과 차이점을 파악하는 한편 통시적인 비교로써 지방선거 결과에서 나타난 변화와 지속성의 특징을 밝히고자 한다.

II. 선행연구 검토

1. 한국 지방선거제도의 특징과 변화

지금까지 지방선거는 매 선거마다 새로운 제도의 실험장이었다 할 만큼 중요한 많은 변화가 있었다. 대표적인 예로 2002년 1인2표제의 광역의원 비례대표 선출과 50% 여성 할당제 도입을 비롯하여 2006년 기초의원선거의 중선거구제 개편 및 정당공천제 허용, 비례대표선출의 홀수 순번 여성할당제 확대, 2010년 지역구 공천의 여성할당 의무제 도입과 교육자치선거의 동시실시, 그리고 2014년 사전투표제의 도입 등을 들 수 있다(〈표 2-1〉). 기존의 지방선거 연구들은 지방선거제도 변화의 성과나 정치적 효과를 분석하는 데 많은 관심을 기울여 왔으며, 이를 통해 지방선거의 특징과 변화를 밝히는 데 큰 기여를 하였다. 다음은 지방선거의 동시실시제와 정당공천제, 여성할당제, 중선거구제 등을 중심으로 지방선거의 제도효과에 대한 선행연구들을 검토하고자 한다.

우선 전국 동시실시의 지방선거제도는 투표 참여뿐 아니라 투표 선택에도 매우 중요한 영향을 미치는 제도적 요인이라 할 수 있다. 각급 지방선거의 동시실시가 지닌 장점은 선거관리의 효율성을 높일 뿐 아니라 투표율 제고에도 중요한 효과를 지닌다는 것이다. 동시실시제도가 선거구제를 포함

<표 2-1> 지방선거제도의 주요 변화

	지방선거 제도변화	비고
제1회 지방선거 (1995년)	동시실시제, 광역의회 비례대표제(10%)	
제2회 지방선거 (1998년)	선거주기 조정(한시적) 기탁금 반환요건 강화, 선거공영제 확대	의원정수 감축 (광역 259명, 기초 283명)
제3회 지방선거 (2002년)	광역의원선거 1인2표제 비례대표의석 50% 여성할당제	
제4회 지방선거 (2006년)	기초의원선거 중선거구제 및 정당공천제 지방의원 비례대표 홀수순번 여성할당제 기탁금 반환 및 선거비용보전 요건 완화	의원정수 감축(기초 597명) 의원유급제 도입
제5회 지방선거 (2010년)	지역구 의원의 여성공천 의무제 기초의원후보 기호배정의 정당 자율화	교육자치 동시선거제
제6회 지방선거 (2014년)	사전투표제	

한 다른 어떤 제도보다 투표율을 높이는 가장 효과적인 방법이란 것은 널리
알려진 사실이며(Hajnal and Lewis 2003), 한국의 지방선거에서도 각급 선
거의 동시실시가 유권자의 투표 참여를 높이는 데 부가적인 효과를 지닌다
는 것이 규명된 바 있다(황아란 2011).

그러나 동시실시로 인한 비자발적인 동원투표의 가능성은 투표 선택에
영향을 미치는 동시선거제도의 맹점이라 할 것이다. 미국 하원의원 동시선
거에서 후광효과(coattail effect)로 불리는 대통령 소속정당의 지지 상승효
과(Campbell et al. 1960; Calvert and Ferejohn 1983; Campbell 1986)를
비롯하여 한국 동시지방선거에서의 정당일괄 투표현상(이현우 1999; 이현
우·황아란 1999)이나 기초의원선거에서의 기호편중 현상(정준표 2007; 황
아란 2010a) 등은 동시실시의 후보인지 혼란에 따른 제도적 동원의 결과라
하겠다. 사실 한국의 지방선거가 중앙정치의 영향을 많이 받는 특징은 전국

동시실시의 선거로 인해 중앙당 차원의 선거경쟁이 벌어지기 때문인데, 짧은 선거기간 동안 정당이 지방차원에서 각급 선거의 다양한 지역 이슈를 다루기 어려울 뿐더러 정권 심판론이나 안정론 등 전국적인 이슈를 제기하는 것이 효율적인 지지 동원을 위한 선거 전략이 되기 때문이다(황아란 2006).

한편 지방선거의 정당공천제는 지금까지 줄곧 찬반 논란이 뜨거운 쟁점이라 하겠는데, 2006년 기초의원선거의 정당공천 확대로써 제도개편이 이루어진 후에도 여전히 첨예한 대립으로 맞섰다. 그러다가 2012년 대선의 공천폐지 공약이 2014년 지방선거를 앞두고 철회되어 논란을 빚기도 하였다. 지방선거의 정당참여는 지방자치의 자율성을 제약하고 지역주의 일당독점을 강화시키는 주요 요인으로 지목되지만(정영태 1999; 조성대 2003; 이상묵 2007; 송광운 2008), 다른 한편으로 후보인지의 편의성을 높이고 선거관심을 제고시킬 수 있는 정보제공 효과에도 주목할 필요가 있다(가상준 2009; 황아란 2010a). 즉 인지적 정보의 요약도구로써 정당은 유권자의 합리적 선택을 돕는 기준이 될 뿐 아니라(Popkin 1994; Aldrich 1995; Fiorina 1981) 후보인지의 정보비용을 낮춤으로써 투표 참여를 높일 수 있기 때문이다(Karnig and Walter 1977; Welch 1978; Schaffner et al. 2001). 실제 많은 연구들이 2006년 기초의원선거의 정당공천 허용이 지방 정치엘리트 충원에 미친 효과와 선거과정에 미친 영향에 중점을 두고, 선거경쟁률과 투표율의 상승, 무투표 당선의 감소와 무소속 당선의 하락, 여성의원의 증가와 정치인 출신의 급증 등의 변화를 분석하였다(김용철 2006; 안청시·이승민 2006; 박재욱 2007; 이상묵 2008; 황아란 2010a; 전용주 외 2011).

특히 지방의회에서 여성의 정치적 대표성 제고는 선거제도 비교연구에서도 널리 알려진 정당공천의 여성할당제에 기인한 바가 가장 큰 것이라 하겠다(Rule and Zimmerman 1992; Lijphart 1994; Norris 1996: 2000; Smith and Fox 2001). 한국 지방선거에서 여성할당제는 지금까지 계속 확대, 강화되는 특징을 보여 왔으며, 그에 따라 여성 당선자의 숫자도 늘어나는 추세를 보여 왔다. 즉 2002년 광역의원 비례대표의 50% 여성할당제를 비롯하여

2006년 기초의원 비례대표제의 도입과 2010년 지역구 여성후보 의무공천제 도입[1] 및 기초의원 기호배정의 정당 자율성 부여 등은 여성의 당선을 높이는 데 직접적인 영향을 미쳤다(김원홍 외 2002; 황아란·서복경 2011). 특히 지역구 후보에 대한 여성의무공천제의 적극적 조치는 10%의 제한적인 비례대표 의석에 여성 할당제가 지닌 한계를 벗어나 여성의원의 숫자를 획기적으로 늘릴 수 있는 계기가 될 것이란 점에서 기대가 컸다.

끝으로 기초의원선거의 단기비양식 중선거구제는 2006년 지방의원 유급제와 정당공천제 도입과 병행하여 실시됨으로써 많은 연구관심을 모았다. 그러나 소선거구제의 광역의원선거와 비교해 기초의회선거에서 상대적으로 여성이나 무소속, 군소정당 등 소수파의 진입이 높고 정당독점이 완화되는 현상을 보인 것이 중선거구제의 효과인지, 주민과의 근접성이 높은 기초선거이기 때문인지에 대해서는 논란이 존재한다(고선규 2006; 이상묵 2007; 황아란 2007; 이준한 2011). 특히 여성의 당선이 도시에서 그리고 무소속의 당선은 농촌에서 높았던 도시화 효과가 중선거구제 효과를 압도하였던 점은 한국정당체계의 양당제적 경향과 도시화, 그리고 지역주의의 영향이 중선거구제 도입의 기대효과를 무력화시켰다는 주장에 주의를 기울일 필요가 있다(황아란 2007: 2010a). 하지만 앞서 논의한 2010년 지역구 여성후보의 의무공천이 광역보다 기초의원선거에 편중되었던 점에 주목한다면, 소수파 진입이 소선거구제보다 중선거구제에서 용이하다는 점을 고려한 정당의 공천전략일 수 있다.

2. 한국 지방선거의 특징적 현상과 변화의 경향성

지금까지 지방선거의 투표 참여에서 나타나는 주요 특징은 도시화 수준

---

1) 여성후보 의무공천제는 정당이 지역구 광역 및 기초 의원선거에 정수의 1/2 이상을 공천할 경우, 국회의원선거구 마다 1명 이상 여성을 추천하도록 규정하고 있다(공직선거법 제47조 5항, 제52조 2항).

에 따른 투표율의 도저촌고(都低村高) 현상과 투표율의 상승추세를 들 수 있다. 투표율의 도저촌고 현상은 과거 오랫동안 한국 선거의 두드러진 특징이었는데,[2] 민주화 이후 전국선거에서는 거의 사라진 반면, 지방선거에서는 여전히 뚜렷한 차이를 보여 왔다. 이는 한국사회가 민주화되고 급속한 도시화 과정을 거치면서 자율적인 정치문화를 형성하게 되어 농촌의 동원투표가 감소하고 도시의 자발적인 투표가 증가해 도농 간 차이가 줄어들었기 때문일 수 있다(김욱 1999). 다만 전국선거에 비해 중요도나 비중이 떨어지는 지방선거에서는 자발적인 투표보다 동원투표가 상대적으로 중요한 요인일 수 있으며, 그 점에서 농촌은 지역주민 간 동질성이 높고 공동체에 대한 유대감이 강하며 후보자와의 근접성이 높기 때문에 투표 참여에 대한 심리적 동원압력이 크게 작용하여 도농 간 현저한 투표율 차이를 나타내는 것일 수 있다.

그러나 주시할 점은 농촌의 투표율은 안정적인 수준으로, 도시에서의 변화가 최근 지방선거 투표율 상승의 주된 요인이며, 그로 인해 도저촌고 현상도 둔화되는 추세를 보인다는 것이다(황아란 2010b: 2011). 즉 2006년과 2010년 지방선거의 투표율 상승은 각각 정당공천제 확대에 따른 정보제공 효과와 치열해진 선거경쟁이 선거관심이 낮았던 도시 투표율을 크게 증가시킨 데 기인한 것으로 농촌의 투표율은 별 변화가 없었다. 또 주목할 점은 지방선거 투표율이 국회의원선거보다 높아져, 지방선거가 전국선거보다 더 이상 낮은 관심의 대상이 아님을 보여준 것이다.[3]

한편 지방선거 결과에서 나타나는 중앙정치의 강한 영향은 정권 심판론 이슈와 지역주의 정당 지지에서 잘 드러나는데(황아란 2006: 2013), 지방선거의 통제기능이 중앙정치 차원에서 작동된다는 것은 지방자치의 자율성을 침해하는 심각한 문제라 할 것이다. 규범적으로 지방선거는 지방적인 행사

---

2) 투표율의 도저촌고 현상에 대한 설명은 크게 근대화 가설(Kim 1980; 윤천주 1994)과 공동체 가설((Kim and Koh 1972; 길승흠 외 1987)로 나뉜다.
3) 2010년 지방선거 투표율(54.5%)은 2006년 18대 총선(46.1%)이나 2012년 19대 총선(54.2%)보다 높았다.

이지만 현실적으로는 중앙정치의 심판대로서 중간평가의 성격이 강한 것이
사실이다. 이는 지방의 행·재정적 권한이 아직 중앙에 비해 상대적으로 미
흡할 뿐 아니라 앞서 논의한 전국 동시실시의 지방선거가 지닌 제도적인
효과, 즉 구조화된 정당 경쟁의 선거과정에서 정부여당의 심판 또는 견제의
중앙정치 이슈가 전국적인 유권자의 지지 동원을 위한 효과적인 쟁점이기
때문이다. 정부·여당에 대한 중간평가로써 지방선거가 중앙정치의 영향을
많이 받는다는 사실은 한나라당이 야당이었던 2002년과 2006년과 비교해
여당이었던 2010년 지방선거에서 점유율이 급락한 것에서 잘 드러나는데
(황아란 2010b), 1998년 지방선거를 제외하고 모두 대통령의 임기 중·후반
기에 실시되었던 점은 대통령의 인기와 연동된 선거주기 효과가 부정적인
중간평가의 주요 요인임을 확인시켜 준다.
　지역주의 정당 지지가 지방선거에 미친 영향은 일당독점적인 지방정부의
기관 구성이 일반적인 현상이며, 여기에 정권 심판론의 영향이 더해져 일당
지배의 기관 구성이 전국적인 경향을 보여 왔다(황아란 2010b). 특히 지역
주의와 정권 심판론에 기인한 기관 구성의 정당 편향성은 기초단체보다 광
역단체에서 강한 것이 특징이며, 지방선거의 당락을 결정짓는 가장 중요한
변수로서 후보의 소속정당이 기초보다 광역선거에서 더 큰 영향을 미친 것
으로 나타난다(황아란 2013).
　끝으로 최근 지역주의 약화와 함께 부상하고 있는 현직 효과는 지방정치
차원에서 단기적인 후보요인의 중요성을 드러낸다는 점에서 주시할 필요가
있다(황아란 2013). 현직 효과는 현직후보가 지닌 직·간접적인 이점, 즉 공
직에 부여된 다양한 혜택으로 높은 인지도와 대중적 명성을 누릴 뿐 아니라
(Mayhew 1974; Fiorina 1977: 1989; Cain et al. 1987; Ansolabehere et
al. 2000), 그러한 강점이 잠재적인 도전후보에게 두려움을 주어 경쟁력 있
는 후보를 배제시킴으로써 높은 경쟁력을 보인다는 것이다(Jacobson 1989;
Banks and Kieweit 1989; Cox and Katz 1996; Gordon et al. 2007;
Ashworth and Bueno de Mesquita 2008). 한국 지방선거에서 현직 효과는
단체장선거가 지방의원선거보다 강한 것이 특징인데, 동시실시의 지방선거

에서 인지도와 지명도가 높은 단체장선거에 유권자의 관심이 쏠리는 것과 인지도가 월등한 현직후보가 당선경쟁에 유리한 것은 당연하다 하겠다(황아란 2012; 2013). 이는 또 정권 심판론이나 지역주의 등 중앙정치의 정당 영향이 상대적으로 적은 조건에서 현직의 후보 요인이 강한 영향을 지닐 수 있다는 점을 고려할 때, 인지도가 특히 낮은 광역의원의 높은 현직 교체율은 지방의회 구성의 안정성과 전문성을 저해하는 우려할만한 수준의 결과를 낳았던 것을 볼 수 있다(황아란 2012).

III. 지방선거결과의 변화와 지속성

1. 선거 경쟁률과 투표 참여율

2014년 지방선거에서는 전체 3,467명의 광역 및 기초 단체의 장과 지역구 지방의원 선출에 총 7,847의 후보가 출마하여 2.3:1의 경쟁률을 보였다(〈표 2-2〉). 이는 2010년의 선거 경쟁률(2.4:1)보다 약간 하락한 것으로, 역대 지방선거의 경쟁률 중 가장 낮았던 1998년과 동일 수준이다(〈표 2-3〉 참조). 특히 선출정수가 많은 광역 및 기초 지역구 지방의원선거의 경쟁률은 1998년 (각각 2.5:1, 2.2:1)보다 더 낮은 역대 최저의 경쟁률을 나타내었다.

이러한 경쟁률의 변화는 지방선거에서 경쟁하는 정당과 밀접한 관련이 있는 것으로, 이는 정당이 선거과정을 구조화시키는 주요 요인이고 지방선거에서 정당경쟁이 당연한 현실임을 보여준다. 즉 1998년 선거의 경쟁률 하락은 DJP연대로 국민회의와 자민련의 연합공천에 기인한 것이며, 자민련이 독자 공천한 2002년에 이어 2006년 선거 경쟁률의 증가는 열린우리당의 창당으로 정당공천 후보 수가 증가한 데 따른 것이다. 또 민주당으로 통합된 2010년에 이어 2014년 선거경쟁률이 하락한 것은 군소정당들이 줄어든

〈표 2-2〉 지방선거 경쟁률

	2014년					2010년				
	선출 정수	후보 수	경쟁률	무투표	선거 경합성*	선출 정수	후보 수	경쟁률	무투표	선거 경합성*
전체	3,467	7,847	2.3	101		3,436	8,390	2.4	68	
광역단체장	17	57	3.4	0	20.8	16	55	3.4	0	22.9
기초단체장	226	694	3.1	4	16.5	228	749	3.3	8	14.6
지역구 광역의원	705	1,719	2.4	53	16.6	680	1,764	2.6	44	14.1
지역구 기초의원	2,519	5,377	2.1	66	7.5	2,512	5,822	2.3	16	5.7

* 선거 경합성은 1위와 2위의 득표율 차이(무투표 제외)

것에서 이유를 찾을 수 있다. 즉 2010년 자유선진당을 비롯한 보수파 군소
정당들이 새누리당으로 흡수되어 정당후보가 크게 줄었기 때문으로, 전체
군소정당의 후보 비율이 2010년 16.4%(1,372명)에서 2014년 8.6%(673명)
으로 급감하였던 것이 선거경쟁률 하락의 주된 요인이라 할 것이다.

2014년 선거경쟁의 감소는 〈표 2-2〉의 무투표 당선증가에서도 잘 나타난
다. 기초단체장 4명(1.8%), 지역구 광역의원 53명(7.5%), 지역구 기초의원
66명(2.6%)으로, 2010년의 기초단체장 8명(3.5%), 광역의원 44명(6.5%),

〈표 2-3〉 역대 지방선거 경쟁률(1995년~2006년)

	1995년	1998년	2002년	2006년
전체	2.7	2.3	2.5	3.2
광역단체장	3.7	2.5	3.4	4.1
기초단체장	4.1	2.9	3.2	3.6
지역구 광역의원	2.8	2.5	2.5	3.1
지역구 기초의원	2.6	2.2	2.4	3.2

기초의원 16명(0.6%)과 비교하여 특히 지방의원선거에서 무투표 당선이 증가된 것을 볼 수 있다. 이는 또 사례 수가 적은 광역단체장선거를 제외할 때 모든 선거에서의 1위, 2위 간 당선경합 역시 덜 치열했던 것을 확인할 수 있는데, 2010년과 비교하여 평균 2.0%p가량 줄어든 것으로 나타난다.

그러나 지방선거의 경쟁률에서 나타나는 공통적인 특징으로 단체장선거의 경쟁률이 지방의원선거보다 높은 점은 2014년 선거에서도 동일하게 발견된다. 2010년과 2014년 지방선거의 경우 모두 단체장선거의 경쟁률이 3:1을 넘는 데 비하여 지방의원선거의 경쟁률은 2:1을 넘는 수준이며, 각급 간에는 광역선거의 경쟁률이 기초선거보다 높은 일반적인 경향도 확인할 수 있다. 다만 1995년과 1998년에는 광역보다 기초단체장선거의 경쟁률이 높았으며, 기초의원선거의 경쟁률이 광역의원보다 높았던 것은 2006년 사례가 유일하다.

<표 2-4> 지방선거 투표율

	구분	2014년	2010년
분류	전국	56.8%	54.5%
도시유형	자치구	56.3(68)	51.7(69)
	일반시	57.3(75)	57.0(73)
	군	70.6(79)	69.4(86)
	통계량	$F = 151.7$ $p < .001$	$F = 179.3$ $p < .001$
지역	수도권	56.2(66)	53.7(66)
	영호남	64.4(107)	62.6(111)
	기타[1]	63.3(49)	62.8(51)
	통계량	$F = 23.4$ $p < .001$	$F = 24.2$ $p < .001$

괄호는 기초단체 수이며, 기초단체장선거 무투표 사례는 제외됨
1) 기타 지역은 충청, 강원을 뜻하며, 기초단체가 없는 제주는 제외됨

<table>
<thead>
<tr><th colspan="6" align="center">〈표 2-5〉 역대 지방선거의 투표율(1995년~2006년)</th></tr>
</thead>
</table>

	구분	1995	1998	2002년	2006년
분류	전국	68.4	52.7	48.9%	51.4%
도시유형	자치구	63.0(65)	47.3(69)	44.3(69)	49.0(69)
	일반시	69.5(67)	58.5(72)	53.4(74)	54.4(75)
	군	75.0(98)	71.6(91)	71.1(89)	70.5(86)
	통계량(F)	130.4***	239.2***	270.0***	239.3***
지역	수도권	64.5(66)	50.8(66)	47.6(66)	49.8(66)
	영호남	71.9(111)	63.6(113)	61.1(113)	62.7(113)
	기타[1]	73.0(53)	65.0(53)	62.2(53)	61.7(51)
	통계량(F)	42.2***	35.7***	31.43***	38.6***

*** $p < .001$ (괄호)는 기초 자치단체 수
1) 기타 지역은 충청, 강원, 제주 (단, 2006년은 제주 제외)

한편 2014년 지방선거는 경쟁률의 감소에도 불구하고 투표율의 증가세가
이어졌다는 점이 주목되는 특징이다(〈표 2-4〉, 〈표 2-5〉). 역대 지방선거의
투표율은 2002년(48.9%)까지 하락하다 2006년(51.4%)부터 상승하여 2010
년(54.5%), 그리고 2014년(56.8%)에도 2.3%p 오르면서 꾸준히 높아져 온
것을 볼 수 있다. 이는 세월호 참사의 여파가 지방선거의 관심이나 열기를
낮추는 데 중요한 영향을 미쳤을 것이라는 예상과는 상반된 결과로, 2014년
의 투표율의 상승은 사전투표제 도입의 제도적 효과를 반영하는 것일 수
있다. 사전투표제는 미리 투표한다는 것 외에도 주민등록지가 아닌 다른 곳
에서도 투표를 할 수 있도록 편의성을 높인 것인데, 도시유형과 지역별로
투표율을 살펴보면 바쁜 도시인이 많은 자치구와 수도권에서 투표율의 상승
이 큰 것으로 나타난다.
　먼저 2014년 지방선거의 기초단체 도시유형별 평균 투표율을 살펴보면,

모든 유형에서 상승한 것으로 나타난 가운데 특히 자치구의 투표율(56.3%)이 2010년(51.7%)보다 크게 오른 것을 볼 수 있다. 그에 비하여 일반시(57.3%)와 군(70.6%)의 투표율은 2010년(각각 57.0%, 69.4%)과 거의 동일한 수준이다. 한편 지역별 평균 투표율의 경우도 모든 지역에서 상승한 것을 볼 수 있는데, 특히 수도권의 투표율(56.2%)이 2010년(53.7%)보다 2.5%p 높아진 데 비하여 영·호남(64.4%)은 1.8%p, 그리고 강원, 충청 등 기타 지역의 투표율(63.3%)은 0.5%p만 상승한 것으로 나타난다.

그러나 이러한 도시유형별, 지역별 투표율 상승의 차이가 사전투표제의 효과에 기인한 것이라 주장하는 데에는 주의가 요청된다. 사전투표율은 11.5%로 남자(13.8%)가 여자(9.2%)보다 높고, 20대(20.2%)가 다른 연령대보다 유독 높았는데, 주시할 점은 투표율이 높은 곳에서 사전투표율도 높았다는 사실이다(중앙선거관리위원회 2014, 35-37). 즉 광역시의 사전투표율(10.6%)이 도(12.2%)보다 낮고, 중소도시(11.2%)나 읍(13.2%)이 면지역(15.2%)보다 낮았으며, 도 가운데 경기의 사전투표율(10.3%)이 가장 낮았다. 따라서 자치구와 수도권의 투표율 상승을 사전투표율로 설명하기는 곤란하다. 그러나 사전투표율이 낮다하더라도 사전투표제가 이들 지역의 투표율 상승에 중요한 영향을 준 것일 수는 있다. 이는 사전투표제가 없었다면 투표를 하지 않았을 사람들이 자치구와 수도권에 상대적으로 더 많아서 투표율 상승에 차별적인 효과를 미친 것일 수 있기 때문이다. 다시 말해 다른 지역은 사전투표제가 없었어도 투표할 사람이 사전투표를 한 경우가 많아서 사전투표율이 높을 뿐 투표율을 높이는 데는 큰 영향을 미치지 않았을 수 있다는 것이다.

한편 투표율 변화에서 특히 주목할 점은 지방선거의 도농 간 투표율에서 나타나는 도저촌고 현상이 2014선거에도 동일하게 발견되는 특징이라는 점이다. 이는 또 도시의 투표율 상승이 도저촌고의 둔화 현상에 주된 요인이라는 공통점도 확인시켜 준다. 자치구의 투표율 상승은 2006년 4.7%p, 2010년 2.7%p, 2014년 4.6%p인 반면, 군은 그동안 70% 내외로 별 변화가 없는 안정적인 수준을 유지하여 도농 간 투표율 차이가 점점 줄어들고 있는 모습을 보여 왔다. 즉 군의 투표율은 2002년(71.1%), 2006년(70.5%), 2010년(69.4%)의 감소세를 보이다 2014년(70.6%) 약간 증가한 것이다. 특히 수도권의 투표율 상승세(2.5%p)가 2006년 2.2%p, 2010년 3.9%p에 연이어지는 것이 매우 고무적인 현상인데, 이러한 변화들의 공통점은 투표율이 낮은 곳에서의 상승이란 점에서 중요하다. 이러한 상승은 민선 지방정부의 대표성을 높일 뿐 아니라 특히 급속히 도시화되는 한국사회에서 지방정치 과정의 참여가 풀뿌리 자치의 효능감을 높이는 동력이 될 수 있기 때문이다.

2. 당선자 정당분포: 군소정당의 몰락과 정권 심판론의 약화

지방선거 결과에서 나타난 당선자 정당분포의 변화는 새누리당 증가와 군소정당의 몰락이 눈에 띄는 특징이다(〈표 2-6〉). 전체적으로 새누리당 49%, 새정치민주연합 40%, 군소정당 1%, 무소속 9%의 분포를 보인다. 이를 2010년 지방선거(한나라당 42%, 민주당 38%, 군소정당 10%, 무소속 11%)와 비

〈그림 2-1〉 2014년 지방선거의 정당구도 변화

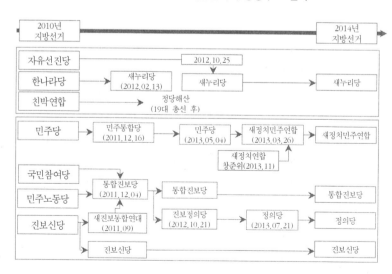

〈표 2-6〉 각급 지방선거의 당선자 정당분포

	2014년				2010년			
	새누리당	새정치 민주연합	군소 정당	무소속	한나라당	민주당	군소 정당	무소속
전체	1,706명 (49.2%)	1,387 (40.0)	48 (1.4)	326 (9.4)	1,427 (41.5%)	1,298 (37.8)	332 (9.7)	379 (11.0)
광역단체장	8 (47.1)	9 (52.9)	–	–	6 (37.5)	7 (43.8)	1 (6.3)	2 (12.5)
기초단체장	117 (51.8)	80 (35.4)	–	29 (12.8)	82 (36.0)	92 (40.4)	18 (7.9)	36 (15.8)
광역의원(지)	375 (53.2)	309 (43.8)	1 (0.1)	20 (2.8)	252 (37.1)	328 (48.2)	64 (9.4)	36 (5.3)
기초의원(지)	1,206 (47.9)	989 (39.3)	47 (1.9)	277 (11.0)	1,087 (43.3)	871 (34.7)	249 (9.9)	305 (12.1)

주) 군소정당은 2014년 통합진보당(31명), 정의당(10명), 노동당(7명)이며, 2010년 자유선진당(147
명), 민주노동당(111명), 진보신당(25명), 국민참여당(20명), 친박연합(13명), 미래연합(12명),
국민중심연합(3명), 창조한국당(1명)임

교하면, 군소정당이 급감한 대신 양대 정당, 특히 새누리당의 점유율이 크게
늘어난 것을 볼 수 있다. 이는 기존의 자유선진당을 비롯한 보수 성향의 군
소정당들이 새누리당으로 통합되어 결집할 수 있었던 반면, 진보 성향의 군
소정당은 민주노동당의 분당을 비롯한 극심한 이합집산으로 거의 몰락의 결
과를 낳았던 것이라 할 수 있다(〈그림 2-1〉).

그런데 새정치민주연합에 대비되는 새누리당의 선전은 세월호 참사에 따
른 정부 불신이 지방선거에 부정적인 영향을 미칠 것이라는 예상을 뒤집은
것이며, 또 지방선거의 일반적인 특징으로 지적된 중간평가의 여권 심판론
과도 매우 상반된 결과라는 점에서 주목된다(〈표 2-7〉 참조). 역대 지방선
거에서 야당의 점유율이 여당보다 낮았던 사례는 1998년과 2010년으로, 전
자는 김대중 정권 출범 초기에 DJP연대로 치러졌던 선거여서 여당이 오히

〈표 2-7〉 역대 지방선거의 여당 및 제1 야당 당선자 분포 (1995년~2006년)

구분	1995년			1998년			2002년			2006년		
	민자당 (민주)		N	새정치국민회의 (한)		N	민주당 (한)		N	열린우리당 (한)		N
전체	32.2	39.3	1,120	41.8	35.1		19.7	(67.9)	857	17.5	(61.1)	3,414
광역단체장	33.3	(26.7)	15	37.5	(37.5)	16	25.0	(68.8)	16	6.3	(75.0)	16
기초단체장	30.4	(36.5)	230	36.2	(31.9)	232	19.0	(60.3)	232	8.3	(67.4)	230
광역의원	32.7	(40.2)	875	44.0	36.4	616	19.9	(70.8)	609	5.0	(79.2)	655
기초의원	n.a.			n.a.			n.a.			26.1	(55.8)	2,513

(괄호)는 제1야당으로 (민주)는 민주당, (한)은 한나라당을 뜻하며, N은 선출정수

려 이전 정권에 대한 심판론을 제기하였고, 후자는 한나라당이 2006년에 비해 점유율이 크게 떨어졌다는 점에서 부정적 심판론의 영향을 확인할 수 있다.

2014년 지방선거에서 새누리당은 한나라당이 여당이었던 2010년 선거와 비교해 모든 지방선거에서 당선자가 증가하여 광역단체장 8명, 기초단체장 117명, 지역구 광역의원 375명, 지역구 기초의원 1,206명으로, 광역단체장을 제외한 각급 선거에서 새누리당의 승리라 할 수 있다. 여권 심판론의 약화가 2014년 지방선거에서 두드러진 변화인 점은 새정치민주연합의 지지가 그리 높지 않았던 점에서도 확인된다. 즉 광역단체장 9명, 기초단체장 80명, 지역구 광역의원 309명, 지역구 기초의원 989명으로, 2010년 선거보다 광역단체장과 기초의원이 약간 늘었지만, 기초단체장과 지역구 광역의원은 오히려 감소하여 새누리당 점유율보다 각각 16%p, 9%p 낮은 것을 볼수 있다. 이는 특히 2010년 민주당이 지역구 기초의원을 제외한 각급 선거에서 한나라당보다 점유율이 높았던 점과 대조되는 것이기도 하다.

이러한 변화는 크게 세 가지 요인의 복합된 결과로 해석될 수 있다. 첫째,

앞서 지적한 군소정당의 몰락 등 정당구도의 변화가 양당 경쟁체제의 강화된 선거환경을 조성하였지만 새정치민주연합이 내부 분열로 정치적 신뢰를 잃게 되어 지지를 확장하지 못하였기 때문이다. 이는 특히 양당의 대선 공약사항이었던 기초단체의 정당공천 배제를 새누리당이 파기한 것에 대해 총공세를 펼쳤던 새정치민주연합 또한 뒤늦게 이를 철회하면서 국민의 신뢰를 크게 잃었을 뿐 아니라 그로 인해 선거 준비가 미흡할 수밖에 없었다. 새누리당은 일찍부터 공천방식을 결정하고 준비한 반면, 새정치민주연합은 선거에 임박하여 후보공천 방식의 결정을 비롯해 전략 공천을 둘러싸고 계파 간 갈등이 심했던 것이다.

둘째, 박근혜 정부의 임기 초반에 치러진 지방선거의 주기효과를 들 수 있다. 역대 대통령의 직무수행평가에서 공통점은 임기가 지날수록 하향추세의 지지도를 나타낸다는 점인데(한국갤럽 2014), 대통령 임기 중·후반에 실시되었던 과거 지방선거는 대통령의 낮은 인기와 더불어 정권심판의 성격이 강한 특징을 보였다. 다만 김대중 정부 초기에 실시되었던 1998년 지방선거는 첫 여야 정권교체로 새로이 출범한 정부에 대한 기대감과 대통령의 높은 인기로 선전하였던 것이라 할 수 있다. 그 점에서 이번 지방선거의 정권 심판론 약화는 박근혜 대통령의 인기가 세월호 사건 이후 크게 떨어지기는 하였지만 임기 중·후반기에 치러졌던 역대 지방선거의 대통령 인기와 비교해서는 여전히 높은 수준인 45% 내외였던 점을 주시할 필요가 있다.

셋째, 세월호 참사의 강한 여파가 사회전반의 책임론으로 확산된 가운데 야당에게 일방적으로 유리한 선거구도를 가져오지 않았던 것을 들 수 있다. 국가의 안전관리와 위기대처 능력의 부족에 일차적인 책임을 정부와 여당에 묻는 것은 당연하지만 그렇다고 야당의 지지가 반사적으로 확대된 것은 아니었기 때문이다. 세월호 사건 이후 야당도 여당과 함께 지지가 감소하는 경향을 보였던 것은 유권자들이 정부·여당에만 사태의 책임을 두는 것이 아니라 야당을 포함한 정치권 전체의 무능함을 탓하는 실망으로 이어져 야당의 반사이익이 낮았던 것이라 할 수 있다(이현우 2014).

한편 지금까지 각급 선거의 당선자 소속정당에서 나타나는 양대 정당의 비율이 광역선거에서 매우 높고 기초선거에서 상대적으로 낮은 경향은 이번 지방선거에서도 확인할 수 있다(〈표 2-7〉 참조). 특히 양당제 구도가 강화된 2014년 지방선거에서 새누리당과 새정치민주연합은 광역단체장 100%, 광역의원의 97%를 차지한 데 비하여, 기초 단체장과 의원은 각각 87%로 차이를 보였다. 2010년의 경우도 양대 정당의 비율은 광역선거(단체장 81%, 의원 85%)가 기초선거(단체장 76%, 의원 78%)보다 높았다. 이러한 차이는 특히 기초에서 상대적으로 무소속의 비율이 높기 때문인데, 2014년 기초단체장의 13%, 기초의원의 11%가 무소속으로, 이는 2010년에 비해 각각 3%p, 1%p 감소한 것에 불과하다. 이러한 특징은 중앙정치의 영향이 강한 광역단체선거의 경우 주요 정당 간 선거경쟁이 중심이 되는 데 비하여, 상대적으로 주민과 근접한 기초단체 선거에서는 후보 인지도에 근거한 무소속의 당선도 유리할 수 있는 선거환경의 차이에 기인한 것이라 할 수 있다.

3. 기관 구성의 지역별 정당구도: 일당지배와 지역주의의 강화

지방자치단체의 기관 구성에 대한 〈표 2-8〉의 지역별 정당구도를 살펴보면, 전체적으로 일당지배적인 기관 구성이 강화된 특징을 발견할 수 있다.

우선 수도권은 경기를 제외한 서울과 인천에서 광역과 기초단체 모두 일당지배적인 구도를 나타낸다. 이는 특히 2010년과 비교해 권력구도의 큰 변동을 보여주는 것이다. 즉 광역과 기초단체에서 2010년 한나라당과 민주당의 양당 견제구도를 보였던 서울과 인천은, 전자의 경우 모두 새정치민주연합의 지배적인 구도로, 후자는 모두 새누리당의 지배적인 구도로 바뀐 반면, 경기는 동일하게 양당 견제구도가 유지되었다.

한편 영·호남의 지역주의는 다시 강화된 것이 특징이라 하겠다. 새누리당은 부산, 대구, 울산에서 광역단체의 장과 지역구 의원을 완전히 석권하였으며, 기초단체 역시 단체장을 비롯해 지방의회에서 일당독점적인 구도를 나타내었다. 경북과 경남도 모두 지난 선거보다 새누리당의 지배적인 구도

〈표 2-8〉 기관 구성의 지역별 정당구도

	2014년				2010년			
	광역단체		기초단체		광역단체		기초단체	
	단체장 소속정당	의회 다수의석	단체장 다수정당	의회 다수의석	단체장 소속정당	의회 다수의석	단체장 다수정당	의회 다수의석
서울	민주연합	민(75.0%)	민(80.0)	민(52.2)	한나라당	민(77.1)	민(84.0)	한(50.0)
인천	새누리당	새(67.7)	새(60.0)	새(52.5)	민주당	민(70.0)	민(60.0)	한(47.4)
경기	새누리당	민(62.1)	민(54.8)	새(48.9)	한나라당	민(63.4)	민(61.3)	한(48.8)
부산	새누리당	새(100.0)	새(93.8)	새(58.2)	한나라당	한(88.1)	한(81.3)	한(58.9)
대구	새누리당	새(100.0)	새(100.0)	새(75.5)	한나라당	한(96.2)	한(75.0)	한(68.6)
울산	새누리당	새(100.0)	새(100.0)	새(69.8)	한나라당	한(57.9)	한(60.0)	한(58.1)
경북	새누리당	새(88.9)	새(87.0)	새(74.9)	한나라당	한(84.6)	한(69.6)	한(65.6)
경남	새누리당	새(94.0)	새(77.8)	새(67.1)	무소속	한(71.4)	한(61.1)	한(60.2)
광주	민주연합	민(100.0)	민(100.0)	민(79.7)	민주당	민(94.7)	민(80.0)	민(74.6)
전북	민주연합	민(94.1)	민(50.0)	민(68.8)	민주당	민(97.1)	민(92.9)	민(68.8)
전남	민주연합	민(92.3)	민(63.6)	민(73.5)	민주당	민(88.2)	민(68.2)	민(69.2)
대전	민주연합	민(73.7)	민(80.0)	민(51.9)	자유 선진당	자(79.0)	자(60.0)	자(41.8)
세종	민주연합	민(61.5)	n.a.		n.a.		n.a.	
충북	민주연합	새(67.9)	새(54.6)	새(57.9)	민주당	민(71.4)	민(41.7)	민(39.5)
충남	민주연합	새(77.8)	새(60.0)	새(58.3)	민주당	자(52.8)	자(43.8)	자(39.5)
강원	민주연합	새(52.6)	새(83.3)	새(58.9)	민주당	한(52.6)	한(55.6)	한(61.6)
제주	새누리당	새(44.8)	n.a.		무소속	민(55.2)	n.a.	

주1) 2014년 새: 새누리당, 민주연합 / 민: 새정치민주연합. 2010년 한: 한나라당, 민: 민주당,
　　 자: 자유선진당
주2) 의회 다수의석은 지역구의원으로 비례대표 의석은 제외됨

〈표 2-9〉 역대 지방선거의 지역별 정당구도(1995년, 1998년)

	1995년				1998년			
	광역단체		기초단체		광역단체		기초단체	
	단체장 소속정당	의회 다수의석	단체장 다수정당	의회 다수의석	단체장 소속정당	의회 다수의석	단체장 다수정당	의회 다수의석
1 서울	민주당	민(91.7%)	민(92.0)		국민회의	국(83.0)	국(76.0)	
2 인천	민자당	민(56.3)	민자(50.0)[1]		자민련	국(76.9)	국(90.0)	
3 경기	민자당	민(46.3)	민자(41.9)[2]		국민회의	국(69.3)	국(64.5)	
4 부산	민자당	민자(90.9)	민자(87.5)		한나라당	한(97.9)	한(68.8)	
5 대구	무소속	무(59.5)	무(62.5)		한나라당	한(100.0)	한(87.5)	
6 울산	n.a.	n.a.	n.a.		한나라당	한(64.3)	한(60.0)	
7 경북	민자당	민자(59.5)	무(60.9)		한나라당	한(81.5)	한(60.9)	
8 경남	민자당	민자(61.2)	무(52.4)	n.a.	한나라당	한(89.1)	한(70.0)	n.a.
9 광주	민주당	민(100.0)	민(100.0)		국민회의	국(100.0)	국(100.0)	
10 전북	민주당	민(94.2)	민(92.9)		국민회의	국(94.1)	국(64.3)	
11 전남	민주당	민(91.2)	민(91.7)		국민회의	국(84.0)	국(68.2)	
12 대전	자민련	자(100.0)	자(80.0)		자민련	자(100.0)	자(80.0)	
13 충북	자민련	민자(33.3)	민자(36.4)[3]		자민련	자(70.8)	자(54.6)	
14 충남	자민련	자(89.1)	자(100.0)		자민련	자(93.8)	자(73.3)	
15 강원	자민련	민자(51.9)	민자(50.0)[4]		한나라당	한(50.0)	한(72.2)	
16 제주	무소속	무(47.1)	민자(75.0)		국민회의	국(57.1)	국(50.0)[5]	

(다수의석은 비례대표 제외, n.a.는 해당 자료 없음을 뜻함.)
주) 민: 민주당, 민자: 민자당, 자: 자민련, 무: 무소속, 한: 한나라당, 국민회의 / 국: 새정치국민회의
1) 민주당(50.0%); 2) 민주당(35.5%); 3) 무소속(27.3%); 4) 무소속(38.9%); 5) 한나라당(25.0%)

〈표 2-10〉 역대 지방선거의 지역별 정당구도(2002년, 2006년)

	2002년				2006년			
	광역단체		기초단체		광역단체		기초단체	
	단체장 소속정당	의회 다수의석	단체장 다수정당	의회 다수의석	단체장 소속정당	의회 다수의석	단체장 다수정당	의회 다수의석
1서울	한나라당	한(89.1%)	한(88.0)		한나라당	한(100.0)	한(100.0)	한(63.7)
2인천	한나라당	한(88.5)	한(80.0)		한나라당	한(100.0)	한(90.0)	한(62.9)
3경기	한나라당	한(89.4)	한(77.4)		한나라당	한(100.0)	한(87.1)	한(67.3)
4부산	한나라당	한(100.0)	한(81.3)		한나라당	한(100.0)	한(93.8)	한(86.7)
5대구	한나라당	한(100.0)	한(100.0)		한나라당	한(100.0)	한(100.0)	한(97.1)
6울산	한나라당	한(81.3)	한(60.0)		한나라당	한(81.3)	한(80.0)	한(58.1)
7경북	한나라당	한(92.2)	한(91.3)		한나라당	한(94.0)	한(82.6)	한(74.1)
8경남	한나라당	한(97.8)	한(80.0)		한나라당	한(91.7)	한(70.0)	한(74.8)
9광주	민주당	민(100.0)	민(80.0)	n.a.	민주당	민(100.0)	민(100.0)	민(57.6)
10전북	민주당	민(84.4)	민(64.3)		열린 우리당	열(58.8)	민(35.7)²⁾	열(49.1)
11전남	민주당	민(95.7)	민(72.7)		민주당	민(93.5)	민(45.5)³⁾	민(64.0)
12대전	한나라당	한(50.0)¹⁾	자(100.0)		한나라당	한(100.0)	한(100.0)	한(54.6)
13충북	한나라당	한(79.2)	한(45.5)		한나라당	한(89.3)	한(41.7)⁴⁾	한(53.5)
14충남	자민련	자(59.4)	자(46.7)		한나라당	한(55.9)	국(43.8)⁵⁾	한(43.4)
15강원	한나라당	한(79.5)	한(83.3)		한나라당	한(94.4)	한(100.0)	한(63.0)
16제주	민주당	한(56.3)	무(50.0)		무소속	한(65.5)	n.a.	

(다수의석은 비례대표 제외, n.a.는 해당 자료 없음을 뜻함.)
주) 한: 한나라당, 민: 민주당, 자: 자민련, 열: 열린우리당, 국: 국민중심당, 무: 무소속
1) 자민련(50.0%); 2) 무소속(35.7%); 3) 무소속(31.8%); 4) 열린우리당(33.3%);
5) 한나라당(37.5%)

가 훨씬 더 강화된 양상을 발견할 수 있다. 호남지역 역시 광주는 새정치민주연합이 광역단체를 완전히 석권하였을 뿐 아니라 기초단체장도 모두 장악하면서 일당독점적인 구도가 2010년보다 한층 강화된 모습을 보였다. 그에 비해 전남은 과거와 유사한 수준의 일당독점적인 구도가 유지되었고, 전북은 광역단체에서만 일당독점적인 양상을 보인 데 반해 기초단체는 새정치민주연합의 단체장이 50%로 크게 줄고 무소속이 증가한 변화를 나타냈다.

충청권에서도 대전과 세종은 새정치민주연합의 지배적인 구도를 보이며, 충북과 충남은 광역단체장을 제외한 모든 선거에서 새누리당이 다수를 차지하였다. 이는 2010년과 비교해 특히 자유선진당이 장악하였던 대전은 새정치민주연합이 대체한 반면, 민주당이 지배적이었던 충북에서는 광역단체장을 제외한 각급 선거에서 새누리당이 지배하는 지방정치의 권력 변동을 보여주는 것이다. 그에 비해 충남은 광역과 기초단체 모두 2010년과 유사한 정당구도로 광역단체장만 새정치민주연합이 당선되고 나머지는 새누리당이 다수를 차지한 모습을 보였는데, 과거 자유선진당의 점유율보다 새누리당이 더 늘어난 것을 볼 수 있다.

끝으로 강원은 2010년 선거와 동일한 양당견제 구도로서 광역단체는 새정치민주연합의 도지사와 새누리당 지배의 의회구성으로, 그리고 기초단체는 새누리당 지배구도의 양상을 보인 반면, 제주도는 새누리당이 단체장과 의회의 다수의석을 차지하는 변화를 보였다.

그러나 이러한 변화에도 불구하고 지방정부 구성의 일당지배적 현상이 역대 지방선거의 공통적인 특징이라는 점에 주목해야 할 것이다(〈표 2-9〉, 〈표 2-10〉 참조). 1995년, 1998년 지방선거는 3당 분할의 지역주의 정당독점이 강한 특징을 나타냈으며, 2002년, 2006년 지방선거는 부정적인 정권심판론의 영향이 강하게 미쳐 극히 일부 지역을 제외한 모든 시도가 하나의 정당에 의해 지배되는 양상을 보였다. 다만 2010년 지방선거에서 일당지배의 정당구도가 완화되었던 경향 역시 부정적 정권 심판론에 따른 한나라당의 점유율 약화에서 비롯된 것이라 할 수 있다.

4. 당선자의 인구경제학적 특성: 여성과 현직의 증가

⟨표 2-11⟩은 선거유형별 당선자의 연령, 학력, 재산, 성, 현직의 경력 등 인구경제학적 배경을 보여준다. 먼저 연령은 단체장의 평균 연령(광역 58.2세, 기초 58.6세)이 지역구 지방의원(광역 52.9세, 기초 53.3세)보다 많은 공통된 특징을 발견할 수 있다. 그런데 이는 지난 2010년 선거와 비교하여 각급 선거에서 모두 연령이 증가한 변화를 나타내며, 광역 및 기초 단체장은 60대가 크게 늘고, 지역구 광역 및 기초 의원은 특히 50대가 많이 증가한 것을 볼 수 있다.

학력은 광역단체장이 가장 높고, 다음으로 기초단체장, 지역구 광역의원, 지역구 기초의원의 순이며, 단체장이 지역구 지방의원보다 높은 공통된 특

⟨표 2-11⟩ 지방선거 당선자의 인구경제학적 특성

구분		2014년				2010년			
		광역 단체장	기초 단체장	광역 의원	기초 의원	광역 단체장	기초 단체장	광역 의원	기초 의원
연령	평균(세)	58.2	58.6	52.9	53.3	57.7	56.3	50.8	51.2
	30대 이하(%)	–	–	2.4	3.5	–	–	4.6	5.4
	40대	11.8	8.0	29.2	24.6	25.0	17.1	41.5	35.1
	50대	52.9	46.9	52.1	53.9	25.0	50.0	41.5	45.4
	60대 이상	35.3	45.1	16.3	18.0	50.0	32.9	12.5	14.1
학력	초졸(%)	–	0.9	1.1	3.5	–	0.4	1.5	5.6
	중졸	–	1.3	0.3	2.9	–	1.8	1.3	4.4
	고졸 / 전문대졸	–	8.9	14.3	35.3	–	12.7	22.5	41.2
	대졸	47.1	40.3	49.8	40.6	50.0	37.3	45.4	36.4
	석사 이상	52.9	48.7	34.5	17.7	50.0	47.8	29.3	12.4
재산	평균(백만 원)	2,016	1,200	996	643	1,388	1,241	841	655
성별	여성(%)	–	4.0	8.2	14.7	–	2.6	8.1	10.9
경력	현직(%)	17.7	50.9	39.4	42.9	50.0	36.0	24.3	36.1

징을 발견할 수 있다. 대졸 이상의 학력 분포는 각각 100%, 89%, 84%, 58%
로 지난 2010년과 비교해 각급 지방선거 당선자의 학력이 모두 높아진 변화
를 보여준다. 특히 지방의원의 학력이 크게 상승한 것을 볼 수 있는데, 2010
년 대졸 이상의 분포는 광역의원 75%, 기초의원 49%로 각각 9%p 증가된
것이다. 평균 재산 신고액도 광역단체장(20억 1천6백만)이 가장 많고, 다음
으로 기초단체장(12억), 지역구 광역의원(9억 9천6백만), 지역구 기초의원
(6억 4천3백만)순으로 차이를 보이는 것이 공통적인 특징이다. 다만 2010년
당선자와 비교하여 광역단체의 장과 의원의 재산 신고액은 크게 증가(각각
6억 3천만, 1억 6천만)한 반면, 기초단체의 장과 의원은 다소 감소한 변화
(각각 4천만, 1천만)를 나타낸다.

한편 성별 분포에서 여성 당선자 비율은 광역단체장의 경우 한 명도 없으
며, 기초단체장(4%, 9명), 지역구 광역의원(8.2%, 58명), 지역구 기초의원
(14.7%, 369명)의 순을 나타낸다. 단체장보다 지방의원에서 여성이 많은 것
은 지금까지 지방선거의 공통된 현상이라 할 수 있지만, 여성의 정치적 대표
성이 특히 지역구 기초의원에서 눈에 띄게 증가(3.8%p)한 점은 우선 수적으
로도 매우 많은 여성의원(369명)의 탄생이란 점 외에도 처음으로 기초의원
비례대표의 여성 당선자 숫자(363명)보다 많았다는 점에서 주목할 필요가
있다. 지역구와 비례대표를 합한 2014년 기초의회 여성의원은 총 732명으로
전체 기초의원 정수(2,898명)의 25.3%를 차지하여 2010년의 21.7%(626/
2,888)보다 3.6%p 증가한 것이었다.

반면에 광역의회 여성의원의 비율은 2010년 14.8%(113명)에서 2014년
14.3%(113명)로 오히려 감소하였는데, 여성의원이 지역구에서 3명 늘었으
나 비례대표에서 3명 줄어 전체 여성의 숫자는 같지만 광역의원의 정수 증
가(28명)에도 불구하고 여성의원이 늘지 않았기 때문이다. 광역과 기초의
여성의원 비율은 선거구제 차이에 기인한 것일 수도 있지만 2010년부터 도
입된 지역구 여성의무할당제의 정당 공천 전략으로도 해석될 수 있다. 즉
정당은 당선가능성을 높이기 위한 전략으로 한 선거구에서 여러 명을 선출
하는 기초의원선거에 여성후보 공천을 선호할 것이란 점인데,[4] 양대 정당

여성후보의 당선율을 살펴보면 광역의원선거(51%)보다 기초의원선거(68%)에서 더 높았던 것으로 나타난다. 이는 또 지역구 여성의무할당제가 지방선거에서 많은 후보를 공천하는 대정당에게 적용되는 제도라는 점을 고려할 때 2014년의 양당제적 선거경쟁의 정당구도 강화는 여성후보의 공천을 늘어나게 만든 구조적 요인이라 할 것이다.[5]

끝으로 현직을 중심으로 살핀 당선자의 경력은 사례 수가 적은 광역단체장(17.7%, 3명)을 제외할 때, 현직 기초단체장의 비율(50.9%, 115명)이 가장 높고, 지역구 기초의원(42.9%, 1,080명)이 지역구 광역의원(39.4%, 278명)보다 높은 것으로 나타난다. 주시할 점은 지난 2010년 지방선거와 비교하여 광역단체장을 제외한 모든 선거에서 현직 비율이 급증한 변화이다. 특히 기초단체장과 지역구 광역의원의 현직 비율은 각각 15%p 높아진 것이 주목된다. 기초단체장의 현직 비율은 역대 선거를 통해 처음으로 과반수를 넘겼으며, 지역구 광역의원은 아직 40%를 밑도는 수준으로 교체율이 여전히 높지만 예전보다 의정의 연속성이 크게 늘어나는 변화를 보인 것이다. 현직 점유율의 이러한 변화는 출마율과 당선율이 연동되어 증가한 현직 효과라는 점에서 중요한데, 삼선 출마제한을 고려한 2014년 기초단체장의 출마율(73%)은 2010년보다 10%p 증가한 데 비하여, 지역구 광역의원의 출마율(54%)과 기초의원의 출마율(63%)은 2010년보다 각각 5%p, 2%p 증가한 것이었다. 또 현직의 당선율은 기초단체장(74%)과 지역구 광역의원(75%)은 2010년보다 각각 15%p, 24%p 증가한 것이며, 지역구 기초의원(68%)도 9%p 상승한 점에서 현직 효과의 상승을 확인시켜 준다.

선거유형별 당선자의 인구경제학적 배경에서 나타나는 이러한 특징과 변화를 역대 지방선거의 당선자 분포에 비추어 살펴보면 다음과 같다(〈표

---

4) 새누리당과 새정치민주연합은 광역의원선거에 여성후보를 각각 7.7%(46명), 12.5%(67명)를 공천한 반면, 기초의원선거에는 각각 15.0%(278명), 16.3%(221명)를 공천하였다.
5) 2010년 한나라당과 민주당은 광역의원선거에 여성을 각각 7.9%(20명), 7.9%(26명)를 공천하고, 기초의원선거에는 각각 10.6%(115명), 12.9%(112명)를 공천하였다.

2-12〉, 〈표 2-13〉 참조). 첫째, 연령은 단체장이 지방의원보다 많다는 공통점 외에도 단체장은 50대 후반, 지방의원은 50대 초반이 많은 경향을 보이는 가운데 2014년 선거는 특히 기초단체장과 지방의원의 평균 연령이 역대 최고라는 점이 주목된다. 둘째, 학력 역시 단체장이 지방의원보다 높다는 공통점과 함께 2000년대 들어 학력이 상승하는 경향을 보이는 가운데 2014년 선거에서 기초단체장과 지방의원의 학력이 급증한 것을 볼 수 있다. 셋째, 재산은 2006년부터 집계된 자료를 비교할 때 특히 대체로 증가하는 경향을 살필 수 있으며, 2014년 선거에서 특히 광역단체장과 광역의원 당선자의 재산이 상당히 많아진 특징을 확인할 수 있다. 넷째, 여성의 정치적 대표성은 과거 매우 미약한 상태에서 2000년대 들어 점차 증가하는 양상을 보이는 가운데 2010년과 2014년 선거에서 괄목할 만한 변화를 보여주어 정당공

〈표 2-12〉 역대 지방선거의 당선자 분석(1995년, 1998년)

		1995년				1998년			
		광단	기단	광의	기의	광단	기단	광의	기의
연령	평균(세)	55.8	55.4	49.5	49.7	57.8	57.2	50.3	50.4
	30대 이하(%)	-	2.2	14.2	12.0	-	1.7	10.7	9.0
	40대	6.7	13.5	33.1	34.0	-	13.8	33.4	36.3
	50대	80.0	55.7	42.1	43.4	50.0	40.5	43.8	40.9
	60대 이상	13.3	28.7	10.6	10.5	50.0	44.0	12.0	13.9
학력	초졸	-	1.3	4.4	10.7	-	2.6	8.4	17.5
	중졸	-	3.0	5.5	11.1	-	3.9	7.0	14.4
	고졸/전문대졸	6.7	21.3	35.5	47.1	-	23.3	37.3	47.1
	대졸	53.3	51.7	40.8	23.2	62.5	50.4	37.8	18.5
	석사 이상	40.0	22.6	13.8	7.8	37.5	19.8	9.4	2.5
재산	(백만 원)	n.a				n.a			
성별	여성(%)	-	0.4	1.5	1.6	-	-	2.3	1.6
경력	현직	n.a				50.0	65.5	44.6	45.3

n.a: 자료 없음을 뜻함

〈표 2-13〉 역대 지방선거의 당선자 분석(2002년, 2006년)

		2002년				2006년			
		광단	기단	광의	기의	광단	기단	광의	기의
연령	평균(세)	58.9	55.9	50.3	50.7	55.9	56.4	50.3	50.2
	30대 이하(%)	-	1.7	7.6	6.6	-	-	6.9	6.8
	40대	-	16.8	42.0	38.7	12.5	15.7	42.4	42.2
	50대	50.0	47.0	36.5	39.8	56.3	52.2	39.1	39.6
	60대 이상	50.0	34.5	14.0	14.9	31.3	32.2	11.6	11.3
학력	초졸	-	2.2	7.6	16.8	-	1.7	2.4	9.8
	중졸	-	3.5	4.6	12.6	-	2.6	3.8	7.4
	고졸/전문대졸	-	18.1	33.7	48.9	-	15.7	20.6	34.9
	대졸	56.3	40.1	36.8	16.9	25.0	42.6	43.8	37.3
	석사 이상	43.8	36.2	17.4	4.8	75.0	37.4	29.3	10.7
재산	(백만 원)	n.a				1220	1142	842	533
성별	여성(%)	-	0.9	2.3	2.2	-	1.3	4.9	4.4
경력	현직	43.8	34.5	25.9	37.9	25.0	36.1	30.8	37.9

n.a: 자료 없음을 뜻함

천제와 여성할당제 등의 제도적 효과를 나타낸다. 다섯째, 현직의 점유율은 광역단체장의 경우 매우 유동적인 데 비해, 기초단체장은 1998년을 제외하고 35% 내외에서 2014년 50%를 넘는 대기록을 나타낸 것이며, 광역과 기초 지방의원도 1998년을 제외하고는 2014년 가장 높은 점유율(각각 39.4%, 42.9%)을 기록하여 현직 효과의 상승이 주목되는 특징임을 보여준다.

IV. 결론

본 연구는 2014년 제6회 전국 동시지방선거를 중심으로 각급 선거 간 비교와 역대 지방선거 결과와의 통시적 비교로써 지방선거의 특징과 변화의 경향성을 파악하는 데 목적을 두었다. 동시실시의 지방선거에서 공직을 달리하는 각급 선거에 대한 비교는 광역 및 기초단체장선거와 지방의원선거에 미치는 주요 요인들의 영향력을 살필 수 있는 장점을 지니며, 역대 지방선거 결과와의 비교로 각급 선거의 특징과 변화를 분석하는 것은 지방선거에 대한 심층적이고 종합적인 이해를 돕는 데 크게 기여할 수 있다. 이는 또 지방선거에 미치는 중앙정치와 지방정치의 영향이 지방자치의 제도화에 매우 중요한 요인이란 점을 고려할 때 지방선거의 변화와 지속성에 대한 체계적인 분석은 한국의 지방자치를 진단하는 데에도 유용한 시사점을 제공해 줄 수 있다.

먼저 본 연구의 분석결과에서 발견되는 지방선거의 공통적인 경향과 변동의 요인을 정리하면 다음과 같다. 첫째, 경쟁률은 단체장선거가 지방의원선거보다 높고, 광역선거가 기초선거보다 높은 경향을 발견할 수 있으며, 선거경쟁의 정당구도가 역대 선거 간 경쟁률 변동의 주요 요인으로 공천 후보 수에 직접적인 영향을 미친다는 것을 확인할 수 있다. 둘째, 투표율은 도농 간 발견되는 도저촌고 현상이 공통적인 특징으로, 급속히 도시화되고 있는 한국에서 도시의 투표율 변화가 전체 지방선거 투표율의 상승과 하락을 결정하는 주요 요인임을 발견할 수 있다. 셋째, 각급 선거의 당선자 분포에서 양대 정당 비율은 광역이 기초보다 높게 나타나 지방선거에 미치는 중앙정치의 상이한 영향력을 드러내지만, 정부여당에 대한 중간평가의 심판론적 성격은 선거주기 효과를 비롯해 대통령의 인기에 따라 양대 정당 간 점유율의 차이가 달라질 수 있음을 보여준다. 넷째, 기관 구성의 지역별 정당구도에서 나타나는 지역주의 정당 독점이나 일당지배 현상 역시 지방선거의 공통적인 특징이지만 정부여당에 대한 부정적인 심판론에 따라 큰 영향을 받는 것으로 나타난다. 다섯째, 당선자의 인구경제학적 특성은 단체장이 지방의원보다 연령과 학력이 높고 재산이 많은 반면, 여성의 정치적 대표성은 지방의원이 더 높은 경향을 보이며, 최근 들어 여성 기초의원이 광역의원보다 높은 비율을 차지한 것은 여성할당제 등 제도적 효과라 할 수 있다. 현직 효과는 중앙정치의 정당영향이 상대적으로 적은 기초단체의 장과 의원이 광역의원보다 높고 유동성도 적은 경향을 확인할 수 있다.

한편, 역대 지방선거의 이러한 특성을 고려하여 2014년 지방선거의 특징과 변화를 요약하면 다음과 같다. 첫째, 2014년 지방선거의 경쟁률 하락은 구조적인 요인으로 군소정당이 크게 줄어든 양당 경쟁의 정당구도 변화와 사회 환경적 요인으로 세월호 참사가 미친 영향을 고려할 수 있다. 특히 후자는 지방선거에 대한 관심이나 열기가 침울한 사회 분위기에 압도되어 후보들의 출마결정도 꺼려졌던 것일 수 있다. 인지도가 낮은 후보의 경우 자신을 알리기 위한 적극적이고 활발한 선거운동이 요구되지만 그럴 수 있는 선거환경이 아니었으며, 그 때문에 주요 정당들도 공천을 미루다 선거기간에 임박해서야 후보를 결정하는 등 사회적 애도 분위기에 반하지 않으려는 조용한 선거운동이 전개되었던 것이다.

둘째, 낮은 선거열기에도 불구하고 투표율의 상승세가 지속될 수 있었던 것은 사전투표제의 효과일 수 있다. 모든 지역과 도시유형에서 투표율이 오른 가운데 수도권과 특히 자치구에서 차별적인 상승을 나타냈기 때문이다. 이는 사전투표제가 없었더라면 투표를 하지 않았을 바쁜 대도시의 유권자에게 사전투표의 편의성 증진효과가 상대적으로 더 컸음을 시사해 주는 것이다. 유권자의 참여와 관심이 지방자치 발전에 중요한 전제요건임을 감안할 때, 이러한 변화는 특히 그동안 투표율이 낮았던 자치구와 수도권에서의 지속적인 상승으로 도저촌고 현상이 줄어드는 경향을 나타낸다는 점에서 매우 고무적이라 하겠다.

셋째, 양대 정당의 점유율이 기초보다 광역 선거에서 더 높은 특징은 군소정당의 몰락으로 더 확연해진 것이라 할 수 있는데, 주목할 변화는 새누리당의 점유율 증가로 나타난 정권 심판론의 약화이다. 이는 자유선진당 등 보수파 정당들이 새누리당으로 통합한 것에도 박근혜 정부 임기 초반에 치러진 지방선거의 주기효과와 함께 세월호 참사의 강한 여파가 사회전반의 책임론으로 확산되면서 여야 정치권 전체에 대한 실망이 컸기 때문일 수 있다. 여기에 새정치민주연합의 리더십 부족과 계파 갈등으로 인한 미흡한 선거대응이 더해져 양당 구도의 선거경쟁에서 정권 심판론의 반사이익을 얻지 못했던 것이라 할 수 있다.

넷째, 지역주의 정당 독점 현상은 영·호남은 물론 서울, 인천, 대전 등 특히 대도시에서 광역과 기초 단체가 모두 일당지배의 기관 구성이 강화되는 특징을 보였다. 이는 선거열기가 낮은 데다 군소정당의 몰락으로 양당 구도의 선거 경쟁이 강화된 구조적인 변화가 정당 편향적인 투표 선택을 낳게 했으며, 그러한 경향이 특히 선거관심과 후보인지 수준이 도보다 상대적으로 낮은 광역시에서 정당에 의존하는 투표가 더 많았기 때문일 수 있다.

다섯째, 당선자의 인구경제학적 특성으로 연령과 학력, 재산에서 단체장이 지역구 지방의원보다 많은 특징을 보인 것은 공직의 지명도 차이로 해석되는데, 지난 선거와 비교하여 연령과 학력은 각급 선거 모두 증가한 데 비하여 재산의 경우 광역단체 당선자는 늘었지만 기초단체 당선자는 다소 줄어든 변화를 보였다. 보다 주목되는 변화는 여성의 대표성과 현직 효과가 크게 증가된 것으로, 특히 여성 기초 지역구의원의 수가 크게 늘어나 비례대표보다 더 많았다. 이는 여성의무할당제에 의한 정당의 여성후보 공천이 광역보다 기초에서 많이 이루어졌기 때문이기도 한데, 소선거구제보다 중선거구제에서 소수파 진입이 용이한 데 따른 정당공천의 전략으로 해석된다. 한편 현직 효과의 상승은 광역단체장을 제외하고 모두 출마율뿐 아니라 당선율도 높아져 현직이 크게 늘어난 특징을 보였다. 이는 세월호 영향의 낮은 선거열기와 공천 연기 등으로 유권자의 후보인지가 떨어진 선거환경에서 현직이 누리는 인지적 이점이 커졌기 때문일 수 있으며, 특히 기초단체장의 높아진 현직 효과가 이를 확인시켜 준다.

종합하면, 변화의 측면에서 2014년 지방선거는 정권 심판론의 약화에 주목할 수 있으며, 지속성의 측면에서는 투표율의 상승과 도저촌고 현상의 둔화, 그리고 양대 정당 중심의 경쟁구도와 일당지배적인 기관 구성, 현직 효과와 여성의원의 증가세 등을 특징으로 지적할 수 있다. 또 각급의 지방선거에서 광역과 기초 간, 또는 단체장과 지방의원 간 드러나는 특징에 주목한다면, 전자는 정권 심판론이나 지역주의 등 중앙정치의 정당 영향이 기초보다 광역선거에서 더 강한 경향을 보이는 데 비하여, 후자는 지명도와 인지적 이점의 차이로 인해 지방의원보다 단체장의 현직 효과, 즉 후보요인의 영향력이 높은 것을 볼 수 있다.

결론적으로 지방선거는 중앙정치의 큰 영향을 받는 것이 사실이지만 지방의 차원에서 현직의 후보 요인도 매우 중요한 영향력을 미친다고 할 수 있다. 지방선거에서 흥미롭게 나타나는 최근 투표율의 증가추세는 주민들의 자치효능감이 점차 증가되고 있음을 뜻하는 것일 수 있다는 점에서 고무적이며, 현직 효과의 증가는 지방의회의 교체율을 낮춤으로써 의정의 연속성과 전문성을 높이는 데 기여할 수 있다는 점에서 주목할 필요가 있다. 특히 현직 효과의 증가 현상은 이번 지방선거가 지닌 특수성에 기인한 것일 수도 있겠으나 현직의 공직수행에 대한 유권자의 관심과 그에 따른 현직자의 책임성과 반응성이 높아지는 방향으로 지방자치의 제도화가 이루어져 풀뿌리 민주주의의 공고화를 이끌 수 있기를 기대하게 한다.

끝으로 본 연구의 분석은 집합자료를 통해 지방선거 전반의 특징과 변화의 경향성을 파악하는 데 중점을 두었지만, 향후 연구에서는 설문자료를 이용한 미시적인 접근으로 지방선거의 투표행태에 대한 심도 있는 분석이 이루어질 필요가 있다. 또 본 연구에서 다룬 투표 참여와 선택의 다양한 영역의 주제들에 대해서도 앞으로 각각에 대한 세부적인 분석의 보완을 통하여 지방선거에 대한 이해를 높이는 노력이 요청된다 할 것이다. 특히 투표율의 증가와 여성의 정치적 대표성의 증대, 그리고 현직 효과의 제고 등 지방선거의 변화의 경향성에 대한 체계적이고 심층적인 접근의 연구가 진행되길 기대한다.

제3장

2014년 지방선거에
세월호 사건이 미친 영향*

이현우 | 서강대학교

I. 문제제기

　유권자의 투표 결정에 영향을 미치는 요인에 대한 연구는 선거분석의 중심 주제이다. 전통적으로 투표결정요인은 정당소속감, 후보자 평가 그리고 이슈로 크게 분류되는데, 선거이슈에 따른 투표결정은 합리적 선택이론의 기본가정이 된다. 현재 정치환경을 보면 유권자들 중 정당소속감을 갖는 비율이 낮아지고 또한 정당소속감을 가진 경우에도 그 강도가 약화되는 경향을 보이고 있다. 이러한 조건하에서 선거기간 동안 쟁점이 된 이슈가 유권자의 투표결정에 영향을 미칠 가능성은 이전보다 높아졌다. 이 글에서는 2014년 제6회 지방선거의 수도권 광역단체장선거를 대상으로 선거이슈가

---

* 이 글은 『한국정치학회보』(2015, 49집 1호)에 실린 "2014년 지방선거에 세월호 사건이
미친 영향"을 수정·보완한 것이다.

선거결과에 어떠한 영향을 미쳤는지를 경험적으로 살펴본다. 선거기간에 가장 중요한 이슈는 단연코 세월호 사건이었다. 2014년 4월 16일 사망자 294명 실종자 10명의 인명피해를 낸 세월호 침몰사건은 선거기간은 물론이고 그 이후에도 진실규명을 둘러싸고 유가족 및 정치권의 합의가 이루어지지 못한 채 오랫동안 한국정치뿐만 아니라 사회 및 경제상황에도 심각한 영향을 미친 이슈였다.[1]

지방선거는 지방자치를 확립하기 위한 정치과정이기 때문에 지방의 정치경제적 상황이 선거를 결정짓는 중요한 요인이 되어야 하지만, 오랫동안 한국정치에서 국회의원선거뿐 아니라 지방선거 역시 집권여당에 대한 평가의 기회로 인식되어 왔다. 지방선거 때마다 야당은 집권여당에 대한 중간평가를 외쳤고, 여당은 정치안정과 효율적 국정운영을 위해 여당을 지지해 줄 것을 호소하였다. 제도적으로는 한국 지방선거는 광역단체와 기초단체의 장과 의원들을 선출하는 선거지만 내용상으로는 중앙정치의 대리전 양상을 띠어왔다. 따라서 이번 지방선거를 앞두고 세월호 사건은 지방선거에서 유권자의 투표결정과 무관하다고 볼 수는 없다. 이러한 정치구조적 상황 이외에도 세월호 사건의 충격을 감안하면 다른 이슈가 이번 지방선거에 영향을 미칠 여지는 거의 없었다.

이번 선거과정을 보면 세월호 사건의 여파로 인해 선거운동이 매우 위축되어 매번 등장하는 유세차와 선거운동의 흥을 돋우는 로고송도 없었고 세몰이 선거유세도 없었다. 여야는 모두 세월호 사건을 선거운동 전략으로 자칫 잘못 사용하면 엄청난 역공세를 받을 것을 우려하여 위축된 상태에 있었을 따름이다. 그러나 세월호 사건이라는 이슈가 선거운동에 적극 활용되지 못했다는 것이 선거에 영향을 미치지 못했다는 것과는 다른 의미이다. 정당이나 후보자가 선거이슈로 거론하지 않았기 때문에 유권자들이 이 이슈에

---

1) 세월호 사건 1주기에 즈음하여 정부는 보상에 대한 의견을 제시했지만, 희생자 가족들의 전적인 동의를 받지 못한 상태이며, 선체 인양 여부에 대한 결론도 내지 못하였다. 사고 1주년 추도일에 유가족들이 시위 도중 경찰과 충돌하는 등 이 사건에 대한 국민적 공감대가 형성되지 못한 실정이다.

대해 모르거나 입장을 정하지 못한 것은 아니었다. 국민들은 이미 세월호 사건에 대한 분명한 태도를 가졌기 때문에 정치권이 설득할 수 없는 지경이었다는 것이 오히려 더 명확한 인식으로 보아야 할 것이다.

이 글의 출발점은 선거에 영향을 미친다는 주장이 갖는 이중적 의미이다. 일반적으로 선거결과에 중요한 요인이란 유권자의 투표결정에 결정적인 영향을 미친다는 것을 의미한다. 따라서 연구에 관심 있는 변수로 인하여 측정할 수 있는 행태변화가 있을 때 그 영향력의 정도를 알 수 있다. 여기서 측정할 수 있는 행태변화란 이미 투표결정을 한 유권자가 결정을 변경하거나 아직 투표결정을 하지 못한 부동유권자가 그 이슈로 인해 투표결정을 하게 된 경우를 의미한다. 만일 유권자들이 이미 결정한 후보나 정당에 대한 투표결심을 더욱 강화한다면 이론적으로는 이러한 선호강도의 변화 역시 투표결정의 변화로 보아야 할 것이다. 그러나 투표행태에서 변화가 나타나지 않는다는 점에서 그리고 선거결과에 영향을 미치지 못한다는 점에서 대부분의 투표행태 연구에서 제외된다.

이 글에서는 언론에서 선거 이전에는 세월호 사건이 지방선거에 영향을 미칠 것이라고 집중보도하다가, 선거가 끝난 이후에는 세월호가 선거에 미친 영향에 대해서는 함구하고 있는 이유가 언론에서 정확한 개념 정립 없이 선거에서 세월호 사건의 영향력을 예측했기 때문이라고 본다. 올바른 선거 분석을 위해서는 투표결정 요인에 대한 정확한 개념 규정과 분석이 뒷받침되어야 한다. 이러한 문제의식하에서 이 글은 세월호 사건이 유권자들의 투표결정에 어떠한 영향을 미쳤는가를 경험적으로 분석하고자 한다. 글의 구성을 보면 먼저 세월호 사건에 대해 유권자들은 정치권에 대해 어떠한 정서를 가지고 있었는지를 기술한다. 다음으로 정치성향에 따라 유권자들은 이 사건을 어떻게 인식하였으며, 궁극적으로 투표결정에는 어떻게 영향을 미쳤는지를 살펴보도록 한다. 하나의 사건에 대한 유권자들의 인식은 그들이 가지고 있는 정치성향에 따라 다르게 인식될 수 있다는 점이 특히 중요하다. 사건에 대응하는 여야정치권에 대한 유권자들의 판단이 다를 수 있다는 점을 간과해서는 안 된다는 것이 본 연구의 출발점이다.

II. 선거환경: 세월호 사건의 발생과 정치권의 대응

2014년 4월 16일 발생한 세월호 참사는 엄청난 인명피해를 낸 재난사고이다. 여기에 초기 잘못된 생존자 수 발표를 시작으로 끊임없는 정부의 미숙한 대응은 국민들의 국가에 대한 신뢰를 급격히 떨어뜨렸다. 여기에 다양한 매체의 언론이 지속적이고 장기적으로 현장상황을 경쟁적으로 보도를 하고 그중에는 정확치 않는 정보로 국민들을 더욱 혼란에 빠뜨리기도 하였다. 무엇보다 선거기간까지 날마다 생중계되는 현장의 모습으로 인해 국민들의 고통과 분노는 극에 달하고 그 비난은 정치권에 쏟아졌다.

〈그림 3-1〉은 사고 당일부터 5월 중순까지 트위터 내용을 분석한 것이다.[2] 트위터 이용자들이 사용한 단어를 빈도 수 중심으로 분석해 보면 '정부'라는 단어와 '눈물', '분노' 등의 키워드가 가장 많이 언급되었음을 알 수 있다. 또 다른 연구에서 트위터와 블로그 등을 분석한 결과도 유사하였다(〈그림 3-2〉참조).[3] 세월호와 관련되어 많이 언급된 인물은 박근혜 대통령(68만 4천)이며 10위권 안에 야당 정치인은 포함되지 못하였다. 마찬가지로 단체를 보아도 정부(63만 6천), 해경(22만), 청와대(16만) 등이며, 언급된 내용은 주로 정부의 무능과 무책임 등 정치비판적인 것이 주류를 이루었다. 여기서 새정련과 관련된 버즈량은 1만 건도 되지 않았는데, 이는 이 사건과 관련하여 야당의 역할이 거의 없었다는 것을 보여준다. 비록 분석의 대상인 트위터나 블로그 사용자들이 주로 젊은 층이기 때문에 모든 국민의 정서를 보여주는 정보라고 할 수 없지만 전체 국민들의 정서도 이와 크게 다르지는 않았다.[4] 정부의 대응 미숙과 여당의 존재감 상실이 이번 사태를 겪으면서

---

2) 이동규, "세월호 연관 키워드 탐색적 접근: 트위터," 한국지방행정학회(2014.6.13).
3) 유승찬, "세월호 참사와 한국사회, 선 자리와 갈 길," 좋은정책포럼(2014.5.7).
4) 유승찬은 "하루 버즈량이 3만 건 정도이면 모든 언론의 톱뉴스 수준인데 5월 4일까지도 15만 건 이상이 기록되는 것은, 얼마나 국민들에게 관심사인지를 보여주는 것이다."라고 주장하였다.

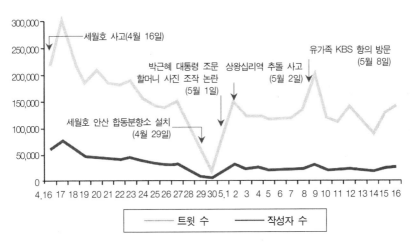

〈그림 3-1〉 트위터 분석(2014.4.16~5.16)

출처: http://news20.busan.com/controller/newsController.jsp?newsId=20140604000148
자료제공: 동아대 이동규 교수

〈그림 3-2〉 세월호 사건 관련 버즈량(언급량) 추이

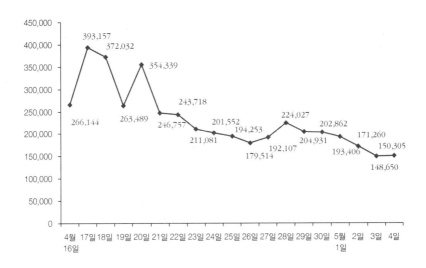

출처: http://blog.daum.net/foodtoday1/7510

〈그림 3-3〉 세월호 사건 전후의 대통령 지지율

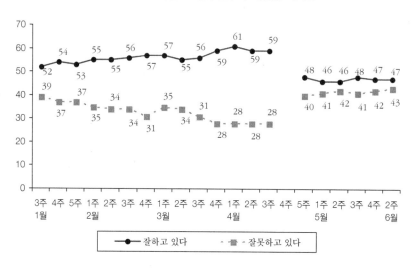

출처: "한국갤럽 데일리 오피니언" 제118호, 2014년 6월 2주(10~12일)

국민들이 갖게 된 정치권을 향한 감정이라 하겠다.

이 사고가 정치권에 미친 파장은 상당하였다. 가장 두드러지게 나타난 것이 대통령의 직무에 대한 국민평가이다. 〈그림 3-3〉에서 보는 바와 같이 사고 직후 대통령 지지도와 여당인 새누리당의 지지도가 급격히 낮아진 것을 확인할 수 있다. 2014년 대통령 지지도 추세는 50% 중반대 이상을 유지하고 있었지만, 세월호 사건 이후 10%p 이상 급격한 지지도 감소가 나타났다. 특히 대통령 직무평가의 긍정적 평가가 감소한 폭만큼이 부정적 평가로 옮겨갔다는 것에 주목한다면 세월호 사건에 대한 대통령의 책임을 묻는 국민들의 정서를 읽을 수 있다.[5]

좀 더 구체적으로 세월호 사건이 대통령 지지도에 영향을 미쳤다는 직접

5) 조사에서 4월 4주차는 빠져 있다. 당시 세월호 정국 속에서 여론조사가 불가능했기 때문에 대부분의 조사 기관들이 이 기간에는 조사를 실시하지 않았다. 이러한 상황인식은 당시 국민들이 얼마나 큰 충격에 빠졌는지를 보여주는 정황자료가 될 수 있다.

〈표 3-1〉 대통령 직무수행 부정적 평가 이유(갤럽조사)

날짜	1위	2위
4월 5주	세월호 사고수습 미흡(35%)	리더십 부족/책임 회피(17%)
5월 1주	세월호 사고수습 미흡(30%)	리더십 부족/책임 회피(15%)
5월 2주	세월호 수습 미흡(30%)	리더십 부족/책임 회피(11%)
5월 3주	세월호 수습 미흡(31%)	리더십 부족/책임 회피(12%)
5월 4주	세월호 수습 미흡(24%)	국정운영 원할치 않음(13%)
6월 2주	인사를 잘 못함(20%)	세월호 수습 미흡(17%)

* 6월 2주 조사에서 리더십 부족/책임 회피는 3%

적 증거는 대통령직무 수행을 판단한 가장 중요한 이유의 빈도 수를 통해서 확인할 수 있다. 〈표 3-1〉에서 보는 바와 같이 세월호 직후부터 급격히 증가한 대통령의 업무를 부정적으로 평가하는 응답자들이 꼽는 가장 큰 이유는 세월호에 대한 부적절한 정부 대응이었다. 뿐만 아니라 2위를 차지한 리더십 부족이나 책임 회피 등도 세월호 사태와 깊은 관련이 있다는 점을 감안할 때 1위와 2위의 이유 모두가 세월호 사건에 대한 정부의 무능함을 비판한 것이다. 이렇게 보면 4월 5주차에 대통령 업무에 대한 부정적 평가를 내린 응답자들 중 절반이 넘는 52%가 정부의 미흡한 대응을 주된 원인으로 꼽는다고 볼 수 있다.

이상의 자료를 통해 세월호에 대처하는 정부의 무능력으로 인해 대통령의 지지도가 감소하였다는 것을 확인하였다. 그렇다면 여당의 지지도 역시 유사한 수준으로 낮아졌을 것으로 예상하게 된다. 〈그림 3-4〉의 정당 지지도 추이를 보면 분명히 세월호 사건 직후부터 여당인 새누리당의 지지율이 그전에 비해 상당히 낮아졌고 그 추세는 5월 말까지 그대로 유지되었다. 한편, 양당제 정당구도 속에서 새누리당의 지지 감소는 야당인 새정치민주연합(새정련)의 지지 상승으로 이어질 가능성을 점치게 된다. 그러나 예상과는 달리 새정련의 지지도는 오히려 오차 범위 내에서 낮아지는 것을 볼

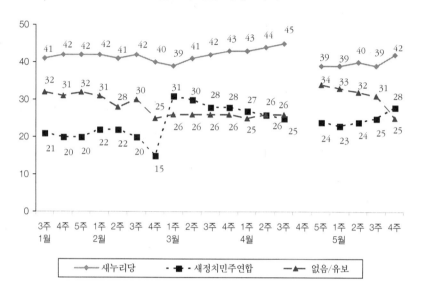

〈그림 3-4〉 정당 지지도 추이

수 있다. 다시 말해서 새누리당의 지지 감소 덕분에 반사적인 새정련의 지지도 상승은 나타나지 않았다고 말할 수 있다. 응답비율이 늘어난 것은 지지정당이 없다는 무당파 집단이었다. 이처럼 두 정당의 지지율 변화 사이에 제로섬(zero-sum) 관계가 나타나지 않으면서 새누리당의 지지 감소가 무당파의 증가로 이어진 것은 국민들이 야당인 새정련을 이번 사건의 대안적 해결자로서 간주하지 않았다는 것을 의미한다.

III. 세월호 사건의 선거영향력 경험 분석

1. 세월호 사건에 대한 정부여당과 야당의 대응 평가

본 연구는 2개의 설문자료를 사용하고 있다. '1차 조사(2014.5.16~20)', '2차 조사(2014.6.5~8)' 자료이다. 조사시점으로 볼 때 1차 조사 역시 세월호 사건이후에 수행되었으므로 세월호 사건의 영향을 통제하여 분석하는 데 한계가 있음을 밝혀둔다. 1차와 2차 조사자료는 각각 선거 전과 선거 후 조사로서 거의 유사한 항목의 설문내용으로 구성되어 있다. 따라서 세월호 사건이 선거기간 동안 어떠한 변화를 가져왔는지를 측정하는 데 자료비교를 통해 유용하게 사용될 수 있다.

세월호 사건이 선거에 영향을 미쳤는지를 분석하는 첫 단계는 설문을 통해 유권자들이 투표를 결정하는 데 있어 실제로 영향을 받았다는 응답비율을 살펴보는 것이다. 다음의 〈표 3-2〉가 그 분포이다. 표에서 보는 바와 같이 '매우 큰 영향을 받았다'는 응답자가 40%에 달하는 등 영향을 받았다고 응답한 유권자가 전체 응답자의 70%가 넘고 있다. 그리고 전혀 영향을 받지 않았다는 응답자는 단지 10% 정도로 나타났다. 그러나 이러한 응답비율을 근거로 지방선거에 세월호 영향력이 크다고 결론짓는 것은 너무 성급한 것이다. 왜냐하면 영향을 받았다는 것이 어떤 의미인지를 분석해 보아야 하기 때문이다. 한편, 선거 후 조사인 2차 조사 결과는 세월호의 영향력이 이전보다 낮아진 것을 보여준다. 영향을 받았다는 비율이 이전의 70.8%에서 54.3%로 낮아졌으며, 전혀 영향이 없었다는 응답도 1차 조사의 10.8%에서 17.8%로 증가하였다.

유권자들이 세월호 사건에 영향을 받았다면 여당과 야당에 대한 평가에 영향을 미쳤을 것이라 생각된다. 여기서 단순히 영향을 받았다는 사실보다 이번 사건이 어떠한 방향으로 영향을 주었는지가 더욱 중요하다. 정부여당의 대응에 긍정적이고 야당에 대해 부정적 평가를 하는 경우와 반대로 정부

<표 3-2> 세월호 사건의 지방선거 영향력(1차 조사)

	응답유목	빈도	비율	누적비율
1차 조사	매우 큰 영향을 미친다	597	39.8	39.8
	약간 영향을 미친다	465	31.0	70.8
	별로 영향을 미치지 않는다	267	17.8	88.6
	전혀 영향을 미치지 않는다	161	10.8	99.3
	모름/무응답	10	0.7	100.0
	합	1,500	100.0	
2차 조사	매우 큰 영향	275	26.5	26.5
	약간 영향	288	27.8	54.3
	별 영향없음	279	26.9	81.2
	전혀 영향없음	184	17.8	99.0
	모름/무응답	10	1.0	100.0
	합	1,037	100.0	

"이번 지방선거에서 선생님의 투표결정에 '세월호 사건'이 얼마나 영향을 미치고 있습니까?(2차 조사, 미쳤습니까?)"

여당에 부정적이면서 야당에 긍정적 평가를 하는 경우를 상정해 볼 수 있다. <표 3-3>은 유권자들의 세월호 사건에 대응하는 여야당에 대한 평가를 교차 표로 분석한 것이다. 여야당 정치권이 모두 잘한다는 긍정적 평가는 3.3% 에 그치고 있다(표의 밑줄 부분). 더 확장하여 여야 어느 한쪽이라도 적절히 대응하고 있다는 응답비율을 따져보아도 24%에 지나지 않는다.6) 결국 국민 4명 중 3명은 여야를 가리지 않고 전체 정치권에 대해 부정적 평가를 하고 있는 셈이다. 여야당을 나누어 분석해 보면 정부 대응에 긍정적 평가는 17.7%이고, 야당에 대한 긍정적 평가는 9.6%이다. 그렇다면 야당보다는 여

6) 정부 잘하고 있음 17.7 + 야당 잘하고 있음 9.6 - 중첩(양당 모두 긍정 평가 3.3) = 24.

〈표 3-3〉 세월호 사고 대응에 관한 정부여당과 야당 평가(%, 1차 조사)

| | | 세월호 사고 이후 야당의 대응 | | | | | 합 |
		매우 잘함	잘하는 편	못하는 편	매우 못함	잘 모름	
세월호 사고 이후 정부의 대처	매우 잘함	0.4	0.2	0.6	0.9	0.6	2.7
	잘하는 편	0.1	2.6	7.2	2.7	2.3	15.0
	못하는 편	0.1	2.0	17.2	3.5	3.1	25.9
	매우 못함	0.1	3.7	20.9	20.2	5.3	50.2
	잘 모름	0.2	0.3	0.9	0.3	4.5	6.1
합		0.9	8.7	46.8	27.7	15.8	100.0

당이 상대적으로 더 긍정적인 평가를 받았다고 할 수 있다. 그런데 이러한 해석은 자칫 오해를 불러일으킬 소지가 있다. 왜냐하면 구조적으로 정부여당에 대한 지지가 야당인 새정련보다 높은 정치상황이 영향을 미쳤을 가능성을 고려하지 않았기 때문이다. 정당 지지도의 차이를 고려한다면 기존의 정당 지지의 특성에 따라 응답자들은 자신이 지지하는 정당을 좀 더 긍정적으로 평가하는 성향을 고려해야 한다. 따라서 평상시 정부여당을 지지하던 유권자들이 정부여당의 세월호 대처에 대한 긍정적 평가가 더 많았을 가능성이 있다. 이러한 해석이 타당하다면 응답자들은 객관적으로 여야당의 세월호 대응을 평가한 것이 아니라, 정당 지지편향성에 영향을 받아 각 정당의 세월호 대응을 평가했을 가능성이 있다.

따라서 정당편향성을 통제한 상태에서 정당들에 대한 평가를 분석해 보아야 한다. 〈표 3-4〉를 보면 예상한 바와 같이 응답자의 정당 지지 성향에 따라 이번 사태에 대한 대응 평가가 다른 것을 볼 수 있다. 새누리당을 지지하는 응답자들은 비록 부정적 평가보다는 작지만 45.3%가 정부여당의 대응을 긍정적으로 생각하며, 야당에 대해서는 단지 8.4%만이 긍정적으로 평가하고 있다. 반면에 새정련 지지자들의 태도는 사뭇 다르다. 정부여당의 대응에 대해 비판적 입장이 절대다수인 94.4%이다. 그렇지만 새정련의 대응

〈표 3-4〉 정당 지지 성향에 따른 정부여당과 야당 대응 평가(%), 1차 조사

지지 정당	정부＼야당	긍정 평가	부정 평가	잘 모름	합
새누리	긍정 평가	4.1	33.8	7.4	45.3
	부정 평가	4.4	39.5	4.1	48.0
	잘 모름	0.0	1.4	5.4	6.8
	합	8.4	74.7	16.9	100.0
새정련	긍정 평가	2.1	1.5	0.0	3.6
	부정 평가	13.8	72.3	8.2	94.4
	잘 모름	0.0	0.5	1.5	2.1
	합	15.9	74.4	9.7	100.0
무당층	긍정 평가	2.8	5.4	1.8	10.0
	부정 평가	5.4	70.1	9.9	85.3
	잘 모름	0.3	0.8	3.5	4.7
	합	8.5	76.3	15.2	100.0

에도 매우 높은 불만을 나타내는데 긍정적 평가가 16% 정도에 그치고 있다. 지지정당이 없는 무당층은 정부와 야당 모두에게 심각한 수준에서 부정적 평가를 하고 있다. 정부에 대한 평가는 새누리당 지지자와 새정련 지지자의 긍정 평가 수준 사이에 있지만(10%), 야당의 비판적 입장에 가깝다. 마찬가지로 야당에 대한 평가 역시도 새누리당의 평가와 거의 같은 수준(8.5%)으로 나타난다. 결국 무당층은 지지정당이 있는 응답자들에 비해 정치권의 대응에 매우 비판적이라는 것을 알 수 있다.

2. 기권자 분석

기권은 다양한 이유에서 발생한다. 유권자가 지불해야 하는 투표비용의 차이에 따라 소수자 집단이나 경제적 하층계층의 투표율이 낮은 현상이 나타나는 등 구조적 요인이 중요하며, 또한 정치효능감(political efficacy)과 같은 개인의 정치정향의 특성이 투표 여부에 영향을 미치기도 한다. 이 글에서는 세월호 사건의 영향과 관련한 투표 여부로 좁혀 논의하도록 한다. 만일 세월호 사건이 유권자의 반응성을 강하게 했다면, 다시 말해서 이 사건의 책임을 묻겠다는 유권자들이 많다면 투표율의 변화를 기대하게 된다. 즉 투표율이 이전보다 높아졌을 가능성이 있다. 이론적으로 이번 사건이 없었으면 기권했을 유권자들이 이 사건에 대한 정치권의 책임을 묻기 위해 투표에 참여했을 가능성이 있는 것이다. 이러한 주장이 타당하다면 투표율의 증가현상이 나타나고 특히 세월호 사건의 피해자가 가장 많은 안산지역의 투표율에 상당한 변화가 있을 것으로 기대하게 된다. 이번 선거의 투표율 계산에서는 제도적 요인으로 사전투표방식의 채택을 고려해야 한다. 선거제도의 변화로 인한 투표율의 증대를 평균 4% 정도로 계산하고 있다.[7] 그렇다

〈표 3-5〉 경기도와 안산지역 투표율 비교(%)

	5회 지선	19대선	6회 지선	5회 비율	대선 비율	6회 비율
경기도 전체	51.8	75.0	53.3	(경기도와 비교한 비율)		
안산상록	46.6	72.3	48.3	0.90	0.96	0.91
안산단원	45.8	72.2	47.8	0.88	0.96	0.90

---

7) 사전투표율은 7.98%였다. 그러나 사전투표한 유권자 중 일부는 사전투표제도가 없었더라도 투표했을 가능성이 있는데, 이를 추정을 통해 제외해 보면 사전투표제도로 인한 투표율 상승은 약 4% 정도이다. 이번 2차 조사에서 투표했다는 응답자 1,037명 가운데 사전투표제도가 없으면 못했을 것이라고 답변한 응답자는 47명으로 사전선거제도의 효과는 4.5%로 집계된다.

면 〈표 3-5〉에서 5회 지방선거와 6회 지방선거의 투표율 변화를 비교하면 세월호로 인한 투표율의 상승이 있었는지를 확인해 볼 수 있다.

비교의 준거틀을 경기도 전체로 했을 때 5회 지방선거에 비해 6회 선거에서 경기도 전체의 투표율에는 1.5%p의 상승이 있었는데, 안산상록이나 안산단원에서도 거의 비슷한 정도의 투표율 증가만 있었을 따름이다. 이를 좀 더 상세히 분석해 보면 그동안 투표율에서 안산지역은 경기도 전체 투표율보다 낮았다. 〈표 3-5〉의 우측에서 보듯이 5회 지선선거에서 안산의 투표율 비율은 경기도 전체의 90%에 약간 못 미치는 수준이었고 대선 때에는 거의 경기도 평균 투표율과 비슷하였다. 이번 지방선거 투표율을 경기도 전체를 기준으로 볼 때 안산지역의 투표비율은 거의 5회 선거 때와 다름없다. 즉 안산지역이 세월호 사건 사상자들이 가장 많았던 지역으로 직접 피해지역임에도 불구하고 이전의 투표율 경향과 특별히 다른 것이 발견되지 않는다. 이러한 결과는 이번 선거에서 세월호 사태로 인하여 투표가 증가한 현상이 없었다는 것을 보여준다. 따라서 최소한 세월호가 새로운 유권자 동원을 하였다고 볼 수는 없다.

오히려 이번 선거기권자들이 세월호 사건으로부터 받은 영향을 보면 예상과는 정반대의 결과가 도출된다. 〈표 3-6〉에 따르면 기권자들의 절반 이상이 기권을 결정하는 데 세월호 사건에 영향을 받았다고 응답하였다. 여기서 이들이 투표결정에 받은 영향이란 내용적으로 기권의 선택이 된다. 세월호 사건으로 인해 국민들이 분노하고, 그 분노를 표출하기 위해 투표 참여를 자극한 것이 아니라, 정치권 전체에 대한 실망으로 인해 기권으로 이어진

〈표 3-6〉 기권자들과 세월호 영향력, 2차 조사

	매우 큰 영향	약간 영향	별 영향 없음	전혀 영향 없음
비율	27.6	24.3	15.7	32.5

"이번 지방선거에 선생님이 기권하기로 결정하는 데 세월호 사건이 얼마나 영향을 미쳤다고 생각하십니까?"

<표 3-7> 투표자와 기권자의 여야당 대응 평가(%)

			여당		
			긍정 평가	부정 평가	합
투표 (n = 883)	야당	긍정 평가	3.5	7.9	11.4
		부정 평가	15.2	73.4	88.6
		합	18.7	81.3	100.0
기권 (n = 69)	야당	긍정 평가	1.4	4.3	5.8
		부정 평가	2.9	91.3	94.2
		합	4.3	95.7	100.0

평가는 1차, 투표 여부는 2차 조사자료

비율이 상당하는 것을 추정해 볼 수 있다.

위의 주장을 뒷받침하기 위해 이번 선거에서 투표자들과 기권자들의 여야당의 사태대응 평가분포를 살펴보았다. <표 3-7>은 투표 여부에 따른 여야당 평가의 분포이다. 투표자들 중 여야당 모두를 부정적으로 평가한 응답자는 73.4%이다. 한 정당이라도 긍정적으로 평가한 비율은 13.1%이며, 여야 모두를 긍정적으로 평가한 비율은 3.5%에 그치고 있다. 그런데 기권자들을 보면 여야 모두를 비판적으로 보는 시각이 무려 91.3%에 이르며, 한 정당이라도 긍정적으로 평가한 응답은 7.2%에 그치고 있다. 그리고 두 정당 모두에 대해 긍정적 평가를 한 비율은 단지 1.4%이다. 이처럼 기권자들이 투표자들에 비해 정치권의 대응에 대한 부정적 평가가 월등히 많은 것은 세월호에 대한 정치권의 대응에 실망한 바가 큰 것이 기권의 원인 중 하나였다는 것을 보여준다. 기권의 원인으로 세월호에 대한 정치권의 무능이 중요한 이유라는 것을 확인할 수 있는 또 다른 경험적 방법이 있다. 기권자들 중 세월호의 영향을 받았다는 응답자들을 선택하여 이들이 정치권에 대해 어떻게 평가하고 있는지를 살펴보는 것이다. 세월호의 영향을 받았다는 기권자 45명 중 단 한 명도 여야 어느 한쪽에도 긍정적 평가를 한 경우가 없었다. 결국 투표자들의 정당대응 평가가 상대적으로 긍정적인데 비해 기권자의 평가는 투표자들보다 부정적이다.

기권자들이 이번 선거의 의미를 해석하는 것이 투표자들과 달랐다. 기권자들은 이번 선거에서 '안정적 국정운영을 위해 여당 지지'가 필요하다는 입장이 20.5%, '정부여당의 독주를 막기 위해 야당을 지지'해야 한다는 의견이 23.6%이며, 위의 두 의견에 모두 동의하지 않는다는 견해가 54.5%였다. 결국 절반 이상의 기권자들이 이번 선거에서 어떤 정당도 지지하고 싶지 않다는 생각을 가진 셈이다. 한편, 투표자들의 경우 여당이나 야당 지지 어떤 것에도 동의하지 않는다는 응답이 22.5%이다. 따라서 세월호 사태가 일부 유권자들에게 투표 참여의 동기로 작용하기보다 선거를 외면하도록 영향을 미쳤다고 볼 수 있다. 요약하면, 이번 지방선거의 투표율이 지난 선거보다 높아진 것은 사전투표제도에 의한 영향이며, 그나마도 투표율 상승예측치 4%에 미치지 못하고 있는 것은 결국 세월호 사건의 부정적 영향력이라고 볼 수 있다.

만일 기권자들이 투표에 참여했다면 어떤 정당에 더 유리했을 것인지 여부도 선거분석과 연관하여 흥미로운 질문이다. 2차 조사에 기권자들을 대상으로 "만일 이번 선거에 투표를 했다면 어떤 후보가 조금이라도 더 나았다고 생각하십니까?"라는 질문이 있다. 그 응답분포가 〈표 3-8〉이다. 모든 기권자들이 투표를 했다고 가정하면 새정련을 선택할 비율이 17.2%p만큼 많다. 그리고 세월호 영향을 받았다는 기권자들 중에는 새정련을 택할 비율이 32.4%p 높다.

〈표 3-8〉 기권자의 가상투표 결정(%)

	새누리당	새정련	통합진보당	잘 모름/무응답
모든 기권자	26.7	43.9	0.5	29
영향 받은 기권자	33.8	66.2	0	0

세월호의 영향을 받아 기권했다는 것은 정치권에 실망하여 투표한 유권자들이라 볼 수 있는데 이들은 정부뿐 아니라 야당의 부적절한 대응으로 분노한 유권자들이라 할 수 있다. 이들이 투표에 참여할 만큼의 동기는 없다 하더라도 만일 반드시 투표를 해야 한다면 택하는 정당비율은 뚜렷한 차이가 난다. 새누리당보다 새정련을 택할 확률이 두 배가량 높다. 이를 다시 해석하면 새정련이 자신들에게 투표할 가능성이 있는 유권자들을 제대로 동원하지 못했다는 것을 의미한다.

3. 유권자의 투표결정 변화

선거가 투표 수를 계산하는 방식이므로 세월호의 효과 역시 기권자보다는 투표자의 의사를 통하여 측정하는 것이 가장 중요하다. 이 사건의 성격을 보건대 선거구도는 여당의 책임론이 주요 이슈가 된다. 그러나 워낙 사안의 파장이 커서 여당뿐 아니라 야당 역시 정치권이라는 점에서 국민들의 비난의 대상이 될 가능성이 있었다. 따라서 이번 선거에서 야당도 정부여당를 강하게 비난하는 선거전략을 택하지 못하였다.

세월호가 지방선거에 영향을 미쳤다는 주장이 함의하는 것은 일반적으로 야당에 유리한 구도이므로 야당의 득표가 늘어났다는 것이다. 이번 조사가 동일한 응답자를 반복해서 조사한 패널자료이므로 선거기간 동안 유권자들의 투표변동이 어떻게 진행되었는지를 분석해 볼 수 있다. 투표결정에 세월호 사건이 영향을 미쳤다는 응답자는 54.3%인 563명이었다. 이들을 대상으로 구체적으로 투표결정에 어떻게 영향을 미쳤는가를 물었을 때 그 응답분포는 〈표 3-9〉와 같다.

결과를 보면 영향을 받았다고 응답한 투표자들 중 지지 후보를 변경한 경우는 14% 정도에 그치고 있다. 기존에 지지하던 후보가 있었는데 더 이상 그 후보를 지지하지도 않고 다른 후보도 선택하지 못한 응답자는 6.3%이다. 한편, 지지 후보가 없었는데 세월호 사건을 경험하면서 지지 후보를 결정한

<표 3-9> 세월호 영향을 받은 응답자의 지지 변화(%)

	지지 후보 변경	지지 후보 없어짐	지지하던 후보를 더 지지하게 됨	지지 후보를 선택에 도움
여당 투표	11.0	7.1	59.3	22.5
야당 투표	15.5	5.9	59.2	19.4
전체비율	14.0	6.3	59.2	20.5

비율은 20.5%이다. 마지막으로 그리고 가장 중요하게 기존에 지지하던 후보를 더 강하게 지지하게 되었다는 응답이 거의 60%에 육박하고 있다. 그렇다면 세월호가 선거에 미친 가장 중요한 영향은 '지지 강화'라고 할 수 있다. 지지를 강화했다는 것을 태도의 측면에서 볼 때 선호의 강화이므로 변화라고 할 수 있지만, 행태의 측면에서 본다면 이전의 투표행태와 아무런 변화가 없기 때문에 측정값의 변화가 없게 된다. 따라서 선거결과의 관점에서 본다면 지지 강화는 사실상 의미가 없다.

세월호 사건이 투표결정에 변화를 준 경우를 각 정당별로 보면 야당 지지자들 가운데 변경자들의 비율이 15.5%로 여당에 비해 4.5%p 정도 높은데, 이는 지지자를 변경과정을 통해서는 야당이 유리했다는 것을 알 수 있다. 그러나 이전에 지지 후보가 없었던 부동층이 투표 선택을 하는 데서는 여당의 지지비율이 더 높다. 야당에 비해 여당 지지자들 중 부동층의 비율이 높다는 것은 두 가지로 해석이 가능하다. 첫째는 부동층이라고 응답했지만 실제로는 여당인 새누리당에 약간 더 호감을 가지고 있던 유권자가 세월호 사태를 겪으면서 선호를 더 강화한 경우이다. 둘째는 순수한 부동층이었지만 야당에 실망하여 여당후보를 선택한 경우이다. 아쉽게도 현재의 자료로는 경험적으로 위의 두 가지 가설 중 어떤 경우가 더 빈번한지에 대한 분석이 가능치 않다.

이번 선거에 세월호 사건의 영향을 논할 때 가장 관심이 있는 것은 이 사건이 두 정당의 득표를 얼마나 변화시켰는가 하는 점이다. <표 3-10>은

〈표 3-10〉 응답자의 지지 변화(%)

세월호 사건 \ 2차	1차	서울			인천			경기		
		새누리당 투표	새정련 투표	인원	새누리당 투표	새정련 투표	인원	새누리당 투표	새정련 투표	인원
영향 미침	새누리 투표 예정	88.7%	11.3%	53	90.9%	9.1%	11	98.6%	1.4%	72
	새정련 투표 예정	–	100.0%	121	15.0%	85.0%	20	4.3%	95.7%	94
	미결정	34.2%	65.8%	38	31.6%	68.4%	19	28.3%	71.7%	92
영향 미치지 않음	새누리 투표 예정	90.5%	9.5%	63	100.0%	0.0%	21	95.4%	4.6%	65
	새정련 투표 예정	7.4%	92.6%	81	14.3%	85.7%	21	14.9%	85.1%	47
	미결정	29.7%	70.3%	37	57.9%	42.1%	19	65.2%	34.8%	69

투표변화를 포괄적으로 분석한 결과를 보여준다. 이 표에서 가로열은 이번 조사가 이루어진 수도권 3지역 구분과 2차 조사에서 실제투표를 어떻게 선택했는지를 구분한 것이다. 세로열은 세월호가 투표결정에 영향을 미쳤는지의 여부와 1차 조사에서 어떤 정당에 투표할 예정인지를 물은 답변의 분포이다.

1차 조사에서 투표예정과 2차 조사에서 실제 투표결정을 비교해 보면, 서울과 경기도에서 새정련 투표예정에서 새누리당 투표결정으로 투표변경이 세월호 사건의 영향을 받은 응답자들 중에서 급격히 줄어든 것을 알 수 있다. 예를 들어 경기도에서 세월호 영향을 받지 않은 집단에서는 새정련 투표예정에서 새누리당 투표로 바뀐 비율이 14.9%이지만, 영향을 받았다는 집단에서는 4.3%로 확연히 줄어든다. 또한 미결정자 응답자들에게도 세월호 사건이 여당에 불리하게 작용했다는 것을 볼 수 있다. 인천의 경우 세월호 사건의 영향을 받지 않았다는 1차 조사 미결정자들이 2차 조사에서 새누리당 선택하는 비율이 57.9%이지만, 영향을 받았다는 미결정자들 중에서는 새누리당 선택이 31.6%로 줄어든다. 마찬가지로 경기도에서도 세월호 사건의 영향을 받았는지의 여부에 따라 30.4%p 차이를 보인다.

그렇지만 세월호 사건이 일방적으로 야당인 새정련에 유리한 영향을 주었다고 볼 수 없는 또 다른 측면이 있다. 인천에서 새정련투표 예정자들 가운데 새누리당 투표로 변경한 비율은 세월호의 영향을 받은 집단(15%)과 영향을 받지 않은 집단(14.3%) 사이에 차이가 거의 없다. 서울에서 미결정자들의 경우에 오히려 영향을 받았다는 집단에서 새누리당을 선택한 비율(34.2%)이 영향을 받지 않았다는 집단(29.7%)보다 크다. 더욱이 투표변경자들을 보면 세월호 사건의 영향에 관계없이 인천과 경기 모두에서 새정련 투표예정에서 새누리당투표로 돌아선 비율이 그 반대인 새누리당 투표예정에서 새정련 투표로 변경한 비율보다 훨씬 높다.

세월호 사건이 투표 선택에 미친 영향이 일방적으로 야당인 새정련에 유리하게 작용하지 않았다는 것은 유권자에 따라 투표 선택과 연관하여 세월호 사건을 해석하는 방식이 달랐기 때문일 수 있다. 사건발생의 책임을 정부여당에 묻는 것 이외에 사건발생 이후의 대응에 대한 평가가 투표 선택과 연관될 수가 있다. 이 가능성을 검토하기 위해서는 투표 선택에 영향을 미치는 요인들을 통제한 후에 여당과 야당의 대응 평가 변수의 영향력을 측정해 보아야 한다.

IV. 요약 및 함의

매번 선거를 앞두고 언론에서는 어떠한 이슈가 선거결과에 영향을 미칠지를 반복해서 보도한다. 선거에 미치는 단기적 요인도 중요하지만 대부분

의 선거에서는 장기적이고 구조적 요인에 의해 선거결과가 결정되는 경우가
더 많다. 따라서 일부 선거전공 학자들은 선거에서 선거운동은, 양쪽 후보가
모두 최선을 다하는 한, 별 효과가 없다고 주장하기도 한다. 단기적 요인의
영향이 크지 않다고 주장하는 이유는 첫째로 선거를 앞두고 선거결과를 뒤
바꿀 정도로 예기치 못한 큰 사건이 일어나는 경우가 드물기 때문이다. 한
국의 경우는 서구국가들과 달리 심지어 선거 하루 전에도 선거의 판도를
바꿀 정도의 정치적 사건이 생기기도 하지만, 그래도 따져보면 그러한 예는
흔치 않다. 더욱 중요한 것은 단기적 사건이 발생해도 이를 받아들이는 유
권자들의 다양성이다. 즉 이미 투표결정을 했거나 정당소속감이 강한 유권
자들은 그 사건을 자신이 이미 결정한 투표와 일관성 있는 의미로 해석하는
경향이 강하다. 모든 유권자들이 정치적 사건을 동일하게 인식하지 않고 자
신의 정치정향을 바탕으로 재해석하는 경향이 있기 때문에 단기적 요인이
선거결과에 미치는 영향은 매우 제한적이라는 것을 이해할 수 있다.

　유권자가 투표 선택을 변경하는 경우에도 한 정당에서 다른 정당으로 변
경하는 경우는 많지 않다는 것이 서구의 선거연구에서 공통적으로 밝혀지고
있다. 지지하던 정당에 실망하는 경우 투표 선택을 취소하고 망설이다가 다
시 원래 지지 정당으로 돌아가는 경우가 가장 흔한 경우이다. 다음으로 많
은 경우는 끝까지 지지 정당을 결정하지 못해 투표 참여를 포기하고 기권하
는 것이다. 그리고 그 다음의 경우가 지지 철회에서 타정당 지지로 변경하
는 경우이다. 결국 한 정당 지지에서 직접 다른 정당 지지로 변경하는 것이
이론적 시나리오처럼 쉽게 발생하지는 않는다. 대부분의 유권자는 정치이념
이나 정당소속감 등 장기적 요인에 의해 투표 선택을 하고 오랫동안 같은
정당을 지지할 가능성이 크다. 따라서 단기적 요인으로 인해 투표 선택의
변화를 극적으로 기대하는 것은 현실적이지 못하다. 이 같은 사실을 무시하
고 새로운 정보를 추구하는 언론에서는 매 선거 때마다 선거의 연속성보다
는 변화에 더 초점을 맞추고 매 선거마다 마치 새로운 구도의 선거인 것처
럼 선거결정요인을 제시하는 경우가 많다. 단기적 요인을 강조하는 언론의
예측이 옳지 않다는 것은 매번 선거가 끝난 이후에 선거결과 해석기사를

보면 선거직전까지 주요 결정요인으로 다루어졌던 것과는 전혀 다른 내용을 싣고 있다는 점에서 쉽게 확인할 수 있다.

이번 지방선거를 한달 반가량 앞두고 발생한 세월호 사건은 2014년 한국 정치 전체 내용을 지배하는 정도의 파장을 불러일으켰다. 선거운동은 위축되고 국민들 모두가 스트레스를 받는 상황에서 일부 여론은 선거를 정상적으로 치를 수 없으니 선거를 연기하자는 의견을 내 놓을 정도였다. 따라서 세월호 사태에 대한 정부여당과 야당의 대응이 투표 선택에 영향을 미쳤을 것이라는 예측은 충분히 설득적인 것이었다. 그러나 선거 전과 선거 후 조사를 비교한 경험적 자료분석은 세월호 사건이 일방적으로 야당에게 유리한 선거구도를 가져오지 않았다는 것을 보여준다. 세월호의 영향력은 이전에 구조화된 선거구도에 영향을 받아 두 정당에 차별적으로 나타나는데, 여당에 유리하게 작용한 부분이 나타난다.

이번 조사에서 두드러진 것은 단기적 사건의 영향은 마치 선거운동의 영향과 마찬가지로 기존의 지지를 강화하는 현상이 가장 보편적이라는 사실이다. 투표 선택에서 세월호의 영향을 받았다는 응답자들의 60%가량이 기존에 지지하고 있던 정당을 더 강하게 지지하게 되었다는 응답을 통해 이러한 현상을 확인할 수 있다. 또한 흥미로운 발견은 야당의 지지 동원이 성공적이지 못했다는 사실인데, 야당을 지지할 가능성이 높았던 기권자가 여당 지지 가능성의 기권자들보다 2배 이상 많았다는 것이 밝혀졌다. 투표자들 가운데서도 여당 지지 예정에서 야당에 투표한 비율이 높았던 지역은 서울뿐이며, 인천과 경기도에서는 야당 지지 예정에서 여당 투표로 투표변경을 한 비율이 더 높아 이 두 지역에서는 오히려 여당인 새누리당이 세월호 사건의 덕을 보았던 것으로 나타났다. 서울의 경우는 이미 새정련에 유리한 판세 속에서 그러한 구도가 더 강화된 것으로 해석할 수 있다. 반면에 경기도와 인천의 경우 새정련 후보들의 동원실패가 세월호 사건이 새누리당 후보들에게 유리하게 작용하게 된 중요한 원인이라고 생각된다. 그리고 구체적인 원인은 세월호 사건을 통해 야권을 결집할 수 있는 리더십을 가진 인물이 없었다는 사실이다. 여당 지지자들은 여당에 유리하게, 야당 지지자들은 야당에 유리하게 해석하고 투표결정을 했을 뿐만 아니라 마치 침묵의 나선효과처럼 정당소속감이 약한 유권자들은 다수의 견해를 따르는 행태를 보였을 가능성을 생각해볼 수 있다. 그렇다면 보수우위의 구조 속에서 여당 지배구도를 무너뜨리려면 세월호 사건과 이를 동인으로 야권의 결집과 아울러 중도층의 이탈을 야기할 수 있는 인물이 결합해야 하는 것이다.

분명히 세월호의 비극은 국가의 안전능력 부족에서 기인한 것이다. 해경의 무능함은 물론이고 초기 잘못된 정보전달과 비효율적인 비상체제 운영등 어떤 것 하나도 국민들이 구조작업이나 이후 수색작업에 희망을 갖게하지 못했다. 이 사태에 대한 일차적 책임이 정부와 여당에 있으며, 위기대처 능력 역시도 국민들을 실망시키기에 충분하였다. 그럼에도 불구하고 야당이 국민들로부터 반사적으로 지지가 확대되기는커녕 여당과 함께 지지가 감소하는 경향이 나타났다. 이는 국민들이 사태에 대한 책임을 정부여당에만 두는 것이 아니라 야권도 포함한 정치권 전체의 무능함을 탓하고 있다는 것을 보여준다. 이러한 사실에 근거한다면 제로섬 게임적 구도에서 이번 사태의 파장을 계산하는 것은 타당하지 않다. 여야당 모두에 대한 비난은 국가의 신뢰성 저하라는 심각한 문제와 깊게 관련이 있을 수 있다. 그렇다면 정치경제의 수준을 넘어서 정부능력에 대한 회의와 더 나아가 민주주의 가치에 대한 신뢰가 낮아질 가능성도 무시할 수 없다.

제4장

6·4 지방선거에서 나타난 '앵그리 맘 효과':
연령과 연관된 성차 분석*

이지호 | 서강대학교

I. 서론

이 글은 지난 6·4 지방선거의 투표 선택에서 성차(gender gap)가 나타났는지를 경험적으로 규명하는 데 그 목적이 있다. 세월호 참사가 지난 지방선거 기간을 관통하였던 것처럼, 많은 평론가들은 세월호 참사가 이번 지방선거의 결과에 많은 영향을 미쳤을 것으로 예견하였다. 세월호 참사로 희생된 단원고 학생들과 가까운 세대인 20대들의 안타까움과 공감, 그리고 비슷한 또래의 자녀를 둔 40~50대 부모들의 슬픔과 분노가 지방선거의 투표 선택으로 연결되었을 것이다. 특히 언론매체에서 '앵그리 맘(angry mom)'이라는 신조어가 회자되었듯이, 희생된 학생들과 비슷한 나이의 자녀를 둔 '엄

---

* 이 글은 『21세기 정치학회보』 제24집 3호(2014년 12월 발간)에 게재된 논문을 수정한 것입니다.

마'들의 충격과 분노는 특별히 커서 일부 주부들은 정부의 안전 불감증을 규탄하는 행동에 나서기도 했다. 그리하여 언론에서는 세월호 사건으로 인한 40~50대 여성들의 이러한 분노가 지방선거의 투표 선택에 영향을 미칠 것이라고 예측하였고, 실제로 야권은 지방선거의 프레임을 '세월호 심판론'으로 가져가면서 '앵그리 맘'의 표심을 겨냥한 선거운동에 집중하기도 했다.

투표 선택에 대한 '앵그리 맘 효과'의 가설은 모성본능으로 인해 여성들이 세월호 참사와 같이 아이들이 희생되는 안전 사고에 남성들보다 더 동정적 태도와 더 적극적인 정부 비판의식을 갖게 되었다는 것이다. 특히 이러한 태도는 단원고 학생들과 비슷한 나이 또래의 자녀를 둔 여성들의 경우 더욱 크게 나타날 것으로 예측되었다. 그리하여 40~50대 여성의 분노가 이번 지방선거의 투표 선택으로 이어질 것이라는 전망이 언론매체를 통해 회자되었다. 즉 이들 연령대의 여성들이 지난 대통령선거 당시 보였던 박근혜 후보에 대한 지지를 철회하는 경향이 나타나고, 그 반대급부로 야당인 새정치연합 후보를 지지할 가능성이 높아질 것이라고 예측이었다.

이러한 상황적 배경하에 이 글은 어린 학생들이 대거 희생된 세월호 참사로 인해 분출한 40~50대 여성들의 분노가 이번 지방선거의 투표 선택에서 영향을 미쳤는지를 경험적으로 분석하는 데 그 목적을 둔다. 체계적인 경험 분석을 통해 이 글은 언론에서 다루었던 가설과 피상적 분석의 진위를 규명하게 될 것이다. 이번 지방선거에서 '앵그리 맘 효과'를 규명하는 작업은 투표 선택에 나타난 성차에 대한 분석이 될 것이며, 40~50대에 관심을 두기 때문에 연령과 연관된 성차에 대한 분석이 될 것이다. 왜냐하면 '앵그리 맘 효과'의 전제가 특별히 모성본능을 지닌 여성들이, 특히 40~50대 여성들이 안전 사고에 민감하게 반응하여 투표 선택에서도 같은 연령대의 남성들과 뚜렷한 차이를 보인다는 것이기 때문이다.

이 글은 경험 분석을 위해 내일신문과 서강대 현대정치연구소가 지방선거 직후에 수도권 유권자를 대상으로 실시한 설문조사 자료를 사용할 것이다. 구조화된 이 설문조사는 투표결정에 끼친 세월호 참사의 영향, 이념성향, 정책 태도 및 국정 지지도와 함께 지난 지방선거의 각종 수준에서의 투표 선택을 포함하고 있다. 분석은 광역단체장선거와 특히 '앵그리 맘' 효과가 드러났다고 강조되는 교육감선거에 초점을 둘 것이다. 이 글이 수도권지역에 한정된 자료를 사용하는 이유는 가능한 한 지역주의 요인을 통제한 가운데 이번 지방선거에서 나타났을지도 모르는 투표 선택에서의 남녀 차이를 확인하기 위해서이다.[1]

이 글의 구성은 다음과 같다. 먼저, 투표 선택에 있어서 '앵그리 맘 효과'와 관련되는 성차 혹은 연령과 연관된 성차에 관한 선행 연구들의 이론적 논의를 살펴볼 것이다. 두 번째로 이 글은 성차와 관련한 한국적 맥락을 보기 위하여, 역대 선거에서 나타난 성차를 그 크기와 방향에서 검토할 것이다. 이 글의 본론인 세 번째 절에서는 지난 지방선거 당시 패널조사자료를 분석할 것이다. 이 절에서는 '앵그리 맘 효과'를 규명하기 위해 성과 연령 변수를 중심으로 투표 선택에 나타난 효과를 살펴볼 것이다. 먼저 교차분석을 통해 정치정향과 이슈반응에 있어서 연령별 성차를 살펴보고, 다음으로는 수도권 광역단체장선거와 교육감선거의 투표 선택에서 나타난 연령별 성차를 조사할 것이다. 마지막으로 이 글은 다변량 회귀분석을 통해 다양한 경쟁변수를 통제한 가운데 연령과 관련한 성차의 효과를 봄으로써 '앵그리 맘 효과'의 실제를 규명할 것이다.

---

1) 한 선형연구에 의하면(이남영 1995), 민주화 이후 우리나라 투표 선택에서 성차가 나타나지 않는 이유 중에 하나는 지역주의적 선거환경이 상대적으로 피동적인 여성의 동조투표율을 높였을 가능성이 높기 때문이라고 하였다. 이러한 설명에 근거하여 이 글은 지역주의적 선거환경이 아직도 강한 영남과 호남지역이 포함되지 않은 수도권지역에 한정된 자료를 사용하였다.

II. 이론적 논의

선거결과에 미친 '앵그리 맘'의 효과를 규명하기 위해서는 투표행위에 미친 성과 연령 변수의 효과를 분석해야 한다. 이것은 세월호 참사가 성별에 따라 그리고 연령-세대에 따라 다르게 반응되었는지, 이러한 성-연령에 따른 다른 태도들이 투표 선택과도 연관되었는지를 탐색하는 작업이다. 따라서 이 글은 먼저 투표행태연구에서 성과 이와 연관된 연령 혹은 세대에 관한 선행 연구를 살펴보고자 한다.

에반스와 노리스(Evans and Norris 1999)에 따르면, 투표행태에 있어서 성차는 크게 세 흐름을 거쳐 왔다고 한다. 여성의 전통적 보수성, 성차의 사라짐, 여성의 진보성의 흐름이 그것이다. 선거권을 얻고 난 직후, '스윙 보터'로서 역할을 할 것이라는 우려와는 달리 여성들은 동질적 집단으로서 투표하지 않았지만, 몇몇 증거들은 미국에서 보수 정당들이 여성들을 동원하는 데 조금 더 성공적인 편이었고(Durant 1949; Ross 1955), 영국과 프랑스, 이탈리아의 투표행태에 대한 연속적 연구에서는 중도 우익 정당에 기울어진 여성들의 경향을 확인하였다(Duverger 1955).

여성과 보수주의와의 전통적 연계에 대한 설명 요인으로는 정당 이미지에 대한 호소, 경제 수행에 대한 평가, 이슈 선호 등이 중요하게 자리하겠지만 오랜 선행 연구들은 구조적 요인을 우선시하였다. 계급정치가 발달한 영국의 경우는 여성과 남성의 계급적 지위의 차이, 즉 여성들은 비서직, 가게 직원, 간호사, 교사 등 하위 중산층 직업을 차지하였기 때문에 노동당에 가까운 중공업, 제조업의 육체노동에 주로 종사하였던 남성들에 비해 보수적이었다는 것이다(Blondel 1970; Price and Bain 1988). 그러나 사회계급을 통제한 후에도 이러한 성차가 지속됨을 발견했을 때(Denver 1994, 39), 사회계급의 영향이 노동의 밖에서 여성에게 다르게 작용한다고 기대하였다(Rose and McAllister 1990, 50-51). 즉 주부들은 그들의 전직이나 배우자의 직업으로부터 오는 계급적 영향을 강하게 받지 않고 더 많은 교차 균열을 경험하기 때문에 남성들보다 더 보수적일 수 있다는 것이다. 영국에서는 계급이 여성의 보수성을 설명하는 구조적 요인이었다면, 프랑스와 이탈리아, 독일과 같은 대륙에서는 이를 종교성으로 설명하였고(Duverge 1955), 미국에서는 다른 인구학적 요인 즉, 결혼 유무, 경제활동참여, 교육수준 등으로 여성의 보수성을 설명하였다(Plisser 1983; Mueller 1988). 서구 사회의 정치행태에 나타나는 여성 보수성은 일반적으로 여성의 긴 수명, 낮은 교육수준, 그리고 높은 종교성에 기인한다고 한다(Harrop and Miller 1987, 205). 그리고 전근대성이 강한 사회 혹은 권위주의적 사회에서 여성의 보수성은 여성이 남성보다 전통적 가치와 질서에 더 많이 갇혀 있기 때문이라고 한다(Randall 1982, 52).

그러나 이러한 요인들이 정치행태의 성차에 영향력이 있었다면, 삶의 구조적 변화는 시간이 지남에 따라 이들 성차가 사라짐을 설명한다. 1960년대 이후 주부를 포함한 여성의 경제활동 참여율의 증가, 교육 기회의 확대, 노조에 의한 동원 증대, 전통적 가족의 붕괴 등 가정과 일 사이에 성 역할의 변화들이 정치에 있어 성차의 수렴, 즉 성의 탈정렬(gender dealignment) 현상을 이끌었다는 것이다(Heath, Jowell and Curtice 1985; Rose and McAllister 1990; Hayes and McAllister 1997; Studlar, McAllister and Hayes 1998).

여기서 선행연구들은 정치에서 성차를 설명하는 구조적 요인에 더하여 정당과 지도자 이미지, 현재와 미래의 경제에 대한 평가, 주요 이슈에 대한 이념적 차이 등의 정치상황적 요인들이 여성과 남성의 정당 지지에 차별적 영향을 가지는지를 규명할 필요를 제기한다(Evans and Norris 1999). 여성과 남성이 비슷하게 투표한다고 하더라도 이는 그들이 같은 이유에서 그렇게 하는 것을 반드시 의미하지는 않을 수 있기 때문이다. 그리고 같은 상황적 요인에 대한 다른 반응은 이후에 다른 성차를 가져올 수도 있기 때문이다. 영국적 맥락에서 이러한 요인들의 영향을 규명하기 위해서 노리스(Evans and Norris 1999)는 보수-노동 양당 투표가 더미변수로 변환된 회귀모형에서 여성과 남성을 분리한 모형과 통합모형을 함께 사용하였다.

투표행태에 있어 성차의 세 번째 흐름은 1990년대에 나타난 여성의 좌파
적 성향이다. 젊은 세대를 중심으로 여성이 남성보다 더 좌파 정당에 기우는
이 현상은 미국(Seltzer, Newman and Leighton 1997), 스칸디나비아 국가
(Oskarson 1995), 독일과 포르투갈 및 스페인(Norris 1996) 등지에서 발견
되면서 성 정치의 재정렬(gender realignment)로 명명되고 있다(Norris 1988;
de Vaus and McAllister 1989; Jelen et al. 1994; Inglehart 1997b; Ingle-
hart and Norris 1998). 미국정치에서 여성의 좌파 경향은 1960~70년대 기
존의 성차가 사라진 상황에서 전통적 지지층(남부 보수층과 블루칼라, 이탈
리안계와 아일랜드계 미국인)이 붕괴된 민주당이 출산 휴가를 지지하는 등
여성 동원 전략을 쓰면서 형성되었다(Conover 1994; Seltzer, Newman,
and Leighton 1997). 그리하여 대통령선거에서의 성차는 1996년 빌 클린턴
과 밥 돌의 선거에서 가장 크게 나타났는데, 클린턴에 대한 여성과 남성의
지지는 각각 54%와 38%인 데 반해 돌에 대한 남성과 여성의 지지는 각각
44% 대 43%이어서 여성이 아니었으면 결과가 반대로 될 수 있었다는 것이다.

　연령과 관련된 성차는 코호트(cohort) 효과, 시대(period) 효과, 혹은 인
생주기(life-cycle) 효과에 기인하고, 각각은 재정렬의 과정에 대한 다른 함
의를 가진다. 코호트는 탄생연도의 범주집단으로서 세대를 의미한다. 잉글
하트(Inglehart 1977; 1990)의 탈물질주의 설명이나 미국 유권자의 세대교
체에 대한 밀러와 생크(Miller and Shank 1996)의 분석처럼, 풍요로운 전후
시기 혹은 '대처(Thatcher)' 우호적인 80년대처럼 이러한 코호트 집단들의
청년기의 특정한 사회화 과정에 의해 형성된 정치 정향이 지속되고 이들
집단이 새로운 연령대에 진입함으로써 그 연령대의 정치적 태도가 변화한다
는 것이다. 성-세대 차이의 측면에서는 특정 시기에 발현된 여성운동의 흐
름이 특정한 코호트의 정치정향에 영향을 줄 수 있다. 예를 들면 페미니즘
의 가치변화를 가져온 60~70년대의 미국의 여성운동이 그럴 것이고 80~90
년대 한국의 여성운동이 그럴 것이다.

　성차의 전체 크기나 방향에 있어서 불안정한 변동은 한정된 시기에 모든
세대를 통과하는 변화에 따른 시대효과에 기인한다. 예를 들면 1995년 유럽

통화위기, 2001년 9·11 테러, 한국의 1997년 IMF 위기 등에 따른 전 세대에 걸친 정부 신뢰 혹은 안보 관심의 증대 등이다. 한정된 시기에 초점 사건은 사안에 따라 여성이 남성보다 더 민감한 반응을 보일 수 있고, 이에 대응해서 정당 또한 특별히 이 이슈와 관련하여 여성의 지지를 얻을 전략을 사용할지 모른다. 이를 통해 특정 연령대에서 뚜렷한 정치행태의 성차가 발생한다.

한국 유권자의 정치정향과 투표행태에 나타난 성차 연구들은 개도국들이 여전히 근대화 과정의 남녀 성역할의 변화를 가져오지 못한 채 정치정향과 태도에 있어 전통적 성차의 단계에 머무르고 있다는 노리스와 잉글하트의 주장을 대체로 확인하고 있다. 1980년대의 경험적 선거연구들은 남성 유권자가 여성 유권자보다 선거에 대한 관심이 높고, 더 능동적으로 선거에 참여하며(한배호·어수영 1987), 정치지식이나 정치적 효능감도 여성에 비해 높다(길승흠 1985)는 것을 보여준다. 또한 여성들은 남성보다 집권여당에 더 많이 투표하는 것으로 나타나고 있다(이남영 1985). 연구자들은 이러한 현상이 교육 정도나 사회진출의 차이에서 기인하는 것으로 설명하였다.

1992년 16대 대선 유권자들을 대상으로 조사한 이남영(1995)의 연구에서도 여성 유권자들은 여전히 선거에 대한 관심, 정치적 대화의 양, 그리고 유세장 연설참여에 있어서 남성 유권자들보다 확연하게 낮게 나타나고 있다. 그러나 이 연구는 투표 선택에 있어 남녀 유권자 간 차이가 나타나지 않음을 보여주고 있어 이전의 연구 결과와 대비된다. 이에 대해 이남영은 강한 동조투표 압력이 있는 지역주의적 선거환경이 상대적으로 피동적인 여성의 동조투표율을 높였을 가능성, 선거과정에서 남녀평등의 문제가 이슈화되지 못한 점, 그리고 여성들이 남편의 의견을 따라 투표 선택을 하는 경향이 있다는 점 등 세 가지 요인을 통해 해석하고 있다.

김현희(2006)는 1990년대 대선 및 국회의원선거들을 분석한 결과, 미혼여성들은 남성에 비해 보수적인 정당을 지지하는 데 반해, 여성 유권자의 절대 다수를 차지하는 기혼여성들의 경우, 기혼남성과 유사한 투표성향을 가진다는 것을 발견하였다. 부부 간 동질적 투표성향을 보여주는 이 결과는 여성들의 정치적 독립성이 매우 낮음을 의미한다. 특히 이러한 부부동질적 투표성향은 교육수준이 낮을수록, 그리고 지역주의경향이 강할수록 크게 나타나, 여성의 정치적 독립성을 높이기 위해서는 교육수준의 향상과 지역주의의 약화가 중요한 전제 조건임을 시사하고 있다.

한편, 1990년대의 선거 유권자 조사 자료를 분석한 조기숙(2002)의 경우에는 정치적 성차와 관련하여 흥미 있는 결과를 보여주고 있다. 연구 결과, 1990년대 유권자들 역시 투표 선택에 있어서는 남녀 성차가 나타나지 않는 반면, 정치적 이념, 여야 성향, 정치적 관심, 내외적 효능감, 낙선운동에 대한 평가 등 정치적 성향과 태도에 있어서는 여성이 여전히 남성에 비해 보수적인 것으로 나타나고 있다. 하지만, 과거와 비교할 때 그 차이가 상당히 줄어든 것으로 조사되었다. 뿐만 아니라, 교육수준이 높은 유권자들이나 연령이 낮은 세대에서는 여성이 남성보다 오히려 더 진보적인 성향을 가지는 것으로 조사되었다.

2012년 국회의원선거를 분석한 이소영(2013)의 연구에서는 정치관심과 참여에는 여성이 남성보다 여전히 낮은 데 반해, 정책태도에 있어서는 진보적인 정향을 보이고 있는 것으로 나타났다. 그러나 이러한 정책태도가 투표 선택으로 이어지지는 못하고 있어 여성 정책을 통한 정치적 동원이 필요하다고 분석하고 있다.

이러한 연구들에 따르면 시간이 지남에 따라서 정치정향과 태도에서 성차의 모습이 달라지고 있음을 알 수 있다. 과거에는 여성이 남성에 비해 더 보수적인 투표행태를 보였는데 지역주의적 투표행태가 강해지면서 사라졌다는 것이다. 최근에는 여성이 남성보다 이념과 정책태도와 같은 정치정향에 있어서 더 진보적인 것으로 나타나고 있으나, 이러한 성차가 투표행태로까지는 이어지지 못하고 있다는 것이다. 이 글은 선행연구들에 이어 지난 지방선거에서의 남녀의 정치정향과 투표행태의 차이를 살펴볼 것이지만, 앵그리 맘의 효과를 규명하려는 시도에서 연령과 연관된 성차를 살펴봄으로써 한국 정치과정에서의 성차연구의 발전에 기여하고자 한다.

III. 한국적 맥락

이 장에서는 역대 선거에서 나타난 남녀 투표 선택의 차이를 검토함으로써 성차의 한국적 맥락을 살펴보기로 한다.

〈표 4-1〉 역대 선거에서 나타난 성차의 크기와 방향

	한나라당 계열 정당 지지		민주당 계열 정당 지지		성차[2]
	남성	여성	남성	여성	
1992(대선)	49.0	50.7	28.2	31.6	-1.7
1997(대선)	33.3	41.1	42.6	39.4	11.0
2000(국선)	43.4	43.5	33.9	31.8	2.2
2002(대선)	37.3	39.5	57.2	54.6	4.8
2004(국선)	26.7	26.7	37.6	36.3	1.3
2006(지선)	63.8	70.3	21.1	19.7	7.9
2007(대선)	45.1	45.1	16.3	15.8	0.5
2008(국선)	47.7	47.0	24.5	25.9	-2.1
2010(지선)	44.1	39.2	33.4	33.6	-5.1
2012(대선)	48.3	53.8	50.5	45.4	10.6
2012(국선)	45.6	44.6	41.8	40.5	0.3

출처: 한국사회과학데이터센터(KSDC)

---

2) 〈표 4-1〉에서 여성의 민주당에 대한 한나라당 리드에서 남성의 민주당에 대한 한나라당 리드를 뺀 값을 의미한다. 즉, 성차 = [여성(한나라당-민주당)] - [남성(한나라당-민주당)]. 예를 들면, 1992년 대선에서 여성은 민주당 후보보다 한나라당 후보에게 19.1% 더 지지를 보냈는 데 반해, 남성은 이보다 조금 더 많은 차이 즉 20.8% 더 많은 지지를 보냈다. 따라서 실질적인 성차는 1.7이다. 그리고 이때 음의 부호는 여성이 남성보다 더 진보적임을 일관되게 나타내고 양의 부호는 남성이 여성보다 더 진보적임을 보여준다.

〈그림 4-1〉 역대 선거에서 나타난 성차의 크기와 방향

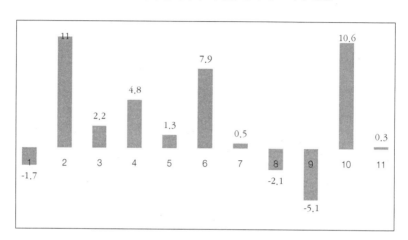

〈표 4-1〉과 〈그림 4-1〉은 역대 선거에서 여성이 남성보다 더 보수적인 투표성향을 보이고 있었다는 선행연구들의 주장을 확인한다. 열한 번의 선거 중 단 3번의 선거에서 여성이 남성보다 민주당 계열 정당 후보에 더 많이 투표한 것으로 나타났다. 그러나 그 차이는 그리 크지 않았다. 계급균열이 미약한 우리나라에서 여성의 보수적인 정치성향은 인구학적으로 설명하는 것이 더 적실할지 모른다. 즉 여성이 남성보다 더 수명이 길고 종교적이기 때문에 더 보수적이라는 설명이 가능하다. 그러나 성차의 크기가 유동적으로 나타나는 것은 상황적 요인에 기인할 것이다. 예를 들면 1997년 대선에서 여성이 남성에 비해 큰 차이로 한나라당을 지지하는 경향은 IMF 위기의 사회적 불안이 여성을 더 보수적으로 만들었을 가능성이 있다. 2010년 대선에서 여성의 강한 한나라당 지지는 박근혜 후보를 통해 첫 여성 대통령의 출현을 기대했기 때문일 것이다. 또한 2006년 지선에서 한나라당 후보에 대한 여성의 강한 지지는 여성에 강하게 어필하였던 오세훈 후보의 이미지에 기인하는 것 같다.

이번 지방선거에서 회자되었던 '앵그리 맘'이 실제로 선거결과에 효과를

미쳤는지를 규명하기 위해서는 연령과 연관된 성차를 분석하여야 한다. 연령별 성차는 코호트 효과와 시대 효과로 설명할 수 있다. 이번 지방선거에서 40~50대 여성들이 남성들보다 정부 여당의 지지가 낮았다면, 그 이유는 40~50대 여성들의 청년시기의 경험으로부터 오는 정향으로 설명할 수도 있고, 세월호 참사라는 시기적 사건이 남녀 사이에 다르게 반응했기 때문인 것으로 설명할 수도 있다. 코호트 효과는 청년기에 공통의 사회적 경험을 하여 비슷한 정치정향을 보이는 특정 출생집단이 특정 연령집단으로 진입함으로써 연령집단의 정치정향이나 투표 선택이 변하는 효과를 의미한다. 따라서 이 효과에 의한 성차의 변화는 점진적이고도 일관된 모습을 보일 것이다. 그러나 〈그림 4-1〉에서 보이는 것처럼, 한국 선거에서 나타난 성차는 일관적이지 않고 매우 유동적이다. 따라서 만약 이번 지방선거에서 유의미한 성차가 나타났다면 이는 코호트 효과보다는 세월호 참사라는 시기적 효과일 가능성이 높다고 하겠다.

그리하여 시기 효과로부터의 가설은 이번 지방선거에서 세월호 참사와 이에 따른 안전 이슈에 남성보다 여성이 더 민감하게 반응하였고, 어떤 연령대보다도 희생된 학생들과 또래 자녀를 두고 있는 40~50대 여성들이 더 적극적으로 반응하였다는 것이다. 그리하여 국가에 대한 이들의 실망하고 분노의 감정이 이전 선거 때보다도 여당후보를 덜 지지하게 되고 반대급부로 야당을 더 지 덜 하게 되었는데, 이는 다른 연령대에 비해 이 연령대의 여성이 남성보다 더 많이 야당 후보를 선택하는 것으로 나타날 것이다.

IV. 설문조사 결과의 분석

연령과 관련한 성이 투표 선택에 얼마나 영향을 미쳤는지를 규명하기 위하여 세 가지 단계를 밟는다. 먼저 이번 지방선거의 투표결정에 영향을 미

칠 만한 정치정향 및 정책태도에서의 성차와 연령별 성차를 규명하는 일이
다. 그리고 이번 지방선거의 투표 선택에서 남녀 사이의 차이가 존재했는지
연령별로는 어떻게 나타났는지를 살펴볼 것이다. 선거는 광역단체장선거와
교육감선거를 함께 볼 것이다. 교육감선거를 분석하는 이유는 '앵그리 맘'의
등장이 진보교육감의 약진에 기여했다는 분석의 진위를 규명하기 위해서다.
마지막으로 분석은 광역단체장선거와 교육감선거에서의 투표 선택을 종속
변수로 하는 회귀모형을 통해 여러 경쟁요인들의 효과를 통제한 가운데 연
령과 관련한 성차를 규명할 것이다. 이렇게 함으로써 이 글은 '앵그리 맘'의
효과가 실제로 있었는지에 대한 연구 문제에 답하고자 한다.

분석은 지난 지방선거 당시 내일신문과 서강대 현대정치연구소가 실시한
패널조사자료 중 선거 후 자료를 사용할 것이다. 이 조사는 지난 지방선거
직후, 6월 5일부터 6월 8일에 서울과 인천 그리고 경기도 유권자를 대상으
로 실시되었다. 표본의 크기는 1,128명(서울 352명, 인천 406명, 경기 370
명)이었으며, 표본오차는 95% 신뢰수준에서 ±2.9%p이다. 수도권만을 조
사한 것은 한정된 샘플에서 지방선거의 특성상, 광역단체장선거와 그 하위
수준의 선거들을 자세히 보기 위함이었다. 그러나 연령에 따른 성차를 규명
해야 하는 본 연구를 위해서도 분석 대상을 수도권 유권자로 한정하는 것은
의미가 있다. 지역주의 투표가 한국 유권자의 성차를 억누르고 있다는 선행
연구에 따라 분석의 대상을 수도권으로 한정시킴으로써 지역주의의 영향을
어느 정도 통제하기 위함이다.

1. 정치정향과 이슈영향에서 나타난 성차

1) 이념성향에 나타난 성차

〈표 4-2〉는 주관적 이념에 나타난 연령별 성차를 보여주고 있다. 주관적
이념성향에서는 전체적으로 여성이 남성보다 진보적으로 나타났으나 그 차
이는 유의하지 않았다. 그러나 연령별로 보면 20대에서 남녀의 차이가 유의

〈표 4-2〉 주관적 이념성향에서 나타난 연령별 성차

연령대	성(N)	이념성향			유의검증
		진보(잘함)	중도(잘 모름)	보수(못함)	
전체	남(545)	24.8	41.8	33.4	$x^2 = 4.32$
	여(543)	26.3	46.0	27.6	p = 0.12
20대	남(107)	32.7	40.2	27.1	$x^2 = 4.71$
	여(103)	42.7	41.7	15.5	p〈0.1
30대	남(116)	31.9	44.8	23.3	$x^2 = 0.48$
	여(116)	28.4	49.1	22.4	p = 0.79
40대	남(124)	26.6	46.8	26.6	$x^2 = 0.93$
	여(121)	24.0	52.9	23.1	p = 0.63
50대	남(109)	20.2	40.4	39.4	$x^2 = 0.69$
	여(103)	22.3	43.7	34.0	p = 0.71
60대 이상	남(89)	9.0	34.8	56.2	$x^2 = 3.04$
	여(101)	14.9	40.6	44.6	p = 0.22

하게 나타났다.

〈표 4-3〉은 정책적 내용을 갖는 이념성향에 나타난 연령별 성차이다. 여기서 정책적 이념은 이 글이 사용한 지방선거 패널자료에서 '투표 선택에서 정책의 중요도'를 묻는 4점 척도 문항 중 이념성이 있는 지역복지와 지역개발의 두 문항을 9점척도로 조작화한 하나의 변수이다.3) 이 교차분석에서

---

3) 복지의 '매우 중요'를 -2, '약간 중요'를 -1로, '별로 중요치 않음'을 1로, 그리고 '전혀 중요하지 않음'을 2로 하고, 개발의 '매우 중요'를 2, '약간 중요'를 1로, '별로 중요치 않음'을 -1로, 그리고 '전혀 중요하지 않음'을 -2로 하여, 이 두 변수값을 합쳐서 하나의 변수로 만들었다. 이렇게 만들어진 변수는 복지를 매우 중요하게 생각하고 개발을 전혀 중요하게 생각하지 않는 매우 진보적 응답자를 -4로 하고 복지를 전혀 중요하게 생각하지 않고 개발을 매우 중요하게 생각하는 매우 보수적 응답자를 4로 하는 9점척도의 정책적 이념변수가 된다. 이 변수에서 0의 값은 두 이념적으로 상반된 정책에

〈표 4-3〉 정책적 이념성향에서 나타난 연령별 성차

연령대	성(N)	정책적 이념성향(복지 vs. 개발)			유의검증
		진보	중도	보수	
전체	남(488)	37.7	41.8	20.5	$x^2 = 0.47$
	여(494)	37.9	40.1	22.1	$p = 0.79$
20대	남(89)	33.7	40.4	25.8	$x^2 = 12.34$
	여(93)	59.1	28.0	12.9	$p \langle 0.01$
30대	남(107)	51.4	29.0	19.6	$x^2 = 3.46$
	여(101)	38.6	37.6	23.8	$p = 0.18$
40대	남(118)	42.4	43.2	14.4	$x^2 = 3.65$
	여(112)	32.1	45.5	22.3	$p = 0.16$
50대	남(96)	32.3	42.7	25.0	$x^2 = 0.02$
	여(103)	32.0	43.7	24.3	$p = 0.99$
60대 이상	남(90)	24.4	55.6	20.0	$x^2 = 2.95$
	여(102)	31.4	43.1	25.5	$p = 0.23$

사용한 정책적 이념 변수는 9점 척도의 변수를 음의 값은 진보로, 0은 중도로, 양의 값은 보수로 한 3점 척도의 변수이다.

'복지 대 성장' 차원의 정책적 이념에서도 전체적으로 성차를 발견할 수 없었다. 그러나 여기에서도 20대에서는 성차가 나타났다. 20대 남자 중 투표 선택에서 복지를 중요하게 생각하고 개발을 중요하지 않게 생각하는 사람은 33.7%인 데 반해, 20대 여자는 59.1%에 달했다. 반대로 개발을 중요하게 생각하고 복지를 중요하게 생각하지 않는 사람은 20대 남자 중에는 25.8%인 데 반해, 여자의 경우는 그 반도 안 되는 12.9%에 지나지 않았다.

주관적·정책적 이념성향에 있어서 '앵그리 맘'의 연령대라고 할 수 있는

대해 같은 크기로 답한 중도적 태도를 의미한다.

〈표 4-4〉 대통령 국정 지지도에서 나타난 연령별 성차

연령대	성	국정 지지도			
		잘함	잘 모름	못함	
전체	남(546)	37.0	17.9	45.1	$x^2 = 6.64$
	여(543)	33.7	24.3	42.0	$p < 0.05$
20대	남(107)	26.2	29.9	43.9	$x^2 = 14.93$
	여(102)	7.8	26.5	65.7	$p < 0.001$
30대	남(116)	12.9	19.8	67.2	$x^2 = 2.05$
	여(115)	12.2	27.8	60.0	$p = 0.36$
40대	남(124)	29.0	19.4	51.6	$x^2 = 4.67$
	여(121)	35.5	26.4	38.0	$p = 0.10$
50대	남(109)	53.2	12.8	33.9	$x^2 = 5.13$
	여(104)	51.0	24.0	25.0	$p = 0.07$
60대 이상	남(90)	72.2	6.7	21.1	$x^2 = 3.95$
	여(101)	64.4	15.8	19.8	$p = 0.14$

40대와 50대에서는 주관적·정책적 이념에서 뚜렷한 성차를 발견할 수 없었다. 그러나 20대의 성차는 이념에서 뚜렷하게 나타났다. 20대 여성은 남성보다 진보의 비율이 훨씬 높았고, 남성은 여성보다 보수의 비율이 높았다.

2) 대통령 국정 지지도에서 나타난 성차

다음으로는 박근혜 대통령의 국정운영에 대한 평가를 두고 남녀가 어떻게 다른지를 살펴보았다. 대통령 국정 지지도에서 연령에 따른 성차는 전체적으로 유의하게 나타났다. 남성이 국정평가에서 상대적으로 긍정적인 데 반해 여성은 부정적이었다. 연령별로 보면, 20대 남성은 26.2%가 잘하고 있다고 평가한 반면, 여성은 오직 7.8%만이 잘하고 있다고 응답했다. 이에 반해 남성의 43.9%가 못하고 있다고 생각하고 있는데 여성은 65.7%가 잘 못하고 있다고 평가했다. 40대와 50대의 경우에는 유의수준을 너그럽게 0.1 이하로 하면 국정 지지도에서 남녀 차이가 있는 것으로 나타났다. 그러나 40대에서는 20대와 달리 박근혜 대통령의 국정운영을 여성이 남성보다 더 긍정적으로 평가하였다. 50대에서도 여성의 부정적 평가가 남성보다 적었다. 이는 역대 선거에서 자주 나타났듯이 높은 연령대에서 여성이 보수성이 남성에 비해 더 크게 나타나는 모습으로 보이지만, 한편으로는 지난 대통령 선거 당시 40대 여성들의 여성 대통령 후보에 대한 높은 지지가 일정하게 이어지고 있는 것으로 보인다. 그러나 여기서 알 수 있는 것은 세월호 참사에도 불구하고 대통령 국정 지지도에서 '앵그리 맘'의 분노가 드러나 보이지 않았다는 것이다.

3) 세월호 영향에 나타난 성차

이번 지방선거의 투표 선택에서 나타난 성차를 분석하기 전에, 여기서는 세월호 참사가 투표 결정에 영향을 미쳤다는 인식이 여성과 남성 사이에 얼마나 차이가 있었는지를 살펴보기로 한다. 투표결정에 세월호 참사가 영향을 얼마나 미쳤는가에 관한 이 주관적 인식은 그러나 실제 투표에 미친 영향과는 괴리가 있을 수 있다.

〈표 4-5〉는 연령대별로 세월호 사건이 투표결정에 미친 영향에 있어서 남녀 차이의 변화를 보여준다. 먼저 전체적으로 보면, 세월호 참사가 투표 선택에 영향을 미쳤다고 생각하는 사람들이 압도적으로 많은 가운데, 남녀 사이에 차이가 존재하였다. 즉, 여성 유권자들이 남성들보다 훨씬 더 강도 높게 영향을 받은 것으로 나타났다. 즉, 남성 유권자 중에 31.5%가 세월호 사건이 투표결정에 매우 크게 영향을 주었다고 생각하고 있는 반면, 여성 유권자 중에는 무려 47.8%가 그렇게 느끼고 있다. 나아가 세월호 사건이 투표결정에 전혀영향을 미치지 않았다는 유권자도 남성 유권자 중에는 16.4%인 데 반해, 여성들 사이에서는 5.1%에 불과하였다. 이 교차분석에 따르면, 세월호 영향의 이 주관적 인식에서는 '앵그리 맘'의 효과가 있는 것으로 보였다.

<표 4-5> 세월호 영향에 대한 성차

연령대	성(N)	세월호 사건이 투표결정에 미친 영향				유의 검증
		매우 큰 영향	약간 영향	별로 영향 없음	전혀 영향 없음	
전체	남(556)	31.5	33.6	18.5	16.4	$x^2 = 54.04$ p<0.001
	여(565)	47.8	28.7	18.4	5.1	
20대	남(108)	29.6	38.9	16.7	14.8	$x^2 = 12.13$ p<0.01
	여(102)	44.1	41.2	11.8	2.9	
30대	남(118)	34.7	25.4	22.0	17.8	$x^2 = 24.05$ p<0.001
	여(115)	56.5	22.6	20.0	0.9	
40대	남(125)	40.0	35.2	13.6	11.2	$x^2 = 5.28$ p = 0.15
	여(125)	52.0	26.4	15.2	6.4	
50대	남(109)	26.6	26.6	24.8	22.0	$x^2 = 16.34$ p<0.01
	여(109)	42.2	27.5	25.7	4.6	
60대 이상	남(94)	24.5	43.6	16.0	16.0	$x^2 = 10.94$ p<0.05
	여(112)	43.8	26.8	18.8	10.7	

　　연령대별로 보면, 세월호 참사에 대한 투표 영향의 인식은 40대를 제외한 모든 연령대에서 뚜렷한 성차를 보여주었다. 세월호 참사에 매우 영향을 받았다는 여성들은 20대에서는 약 15%, 30대에서는 약 22%, 그리고 50대에서도 16%만큼 남성보다 더 많았다. 반대로, 이들 연령대에서 남성들은 여성보다 훨씬 더 많이 세월호 참사에 전혀 영향을 받지 않았다고 대답하였다. 세월호 참사가 투표결정에 미친 영향에 대해 여성이 남성보다 훨씬 더 감성적으로 크게 느끼고 있었다고 보여진다. 이는 안전 사고에 있어서 여성이 남성보다 훨씬 더 민감하게 반응한다는 일반적인 생각을 확인해 주고 있다.

　　여기서 주목해야 할 것은 '앵그리 맘' 세대인 40대와 50대에서 성차가 다르게 나타났다는 것이다. 40대에서는 투표결정에 미친 세월호 영향에 대한 성차가 의미있게 나타나지 않았지만, 50대에서는 뚜렷하였다. 왜 이렇게 나타났을까? 대통령 지지도에서 40대 남성이 40대 여성보다 두드러지게 부정적인 평가를 하였던 것처럼(〈표 4-4〉 참조), 그들이 여성만큼이나 세월호 참사에 대해 정부 책임이 크다고 느끼면서 투표 선택에 임했을 것이다. 반면에 야당 성향이 약한 50대 남성들은 세월호 참사를 정부 책임으로 연결시키는 경향이 약했고, 투표결정에 다른 압력들이 더 많이 작용했을 것으로 보인다. 투표결정에서 세월호 참사 영향이 40대보다 50대에서 훨씬 적게 나타났음에도 불구하고, 50대 여성의 42.2%가 매우 영향을 받은 것으로 나타난 것은 안전 사고에 대한 여성의 일반적 민감성, 특히 자식같은 어린 학생들의 희생에 '엄마'의 분노가 들어난 것으로 보인다.

그러나 투표결정에 대한 세월호 참사의 영향을 직접적으로 묻는 질문에 대한 대답이 실제 투표 선택에서의 세월호 영향을 그대로 말해주는 것은 아니다. 다음으로는 투표 선택에 나타난 성차와 연령대별 성차를 봄으로써 세월호 영향에서의 성차가 투표 선택으로 이어지고 있는지를 살펴볼 것이다.

2. 투표 선택에 나타난 연령별 성차

연령별 성차를 보기 전에, 〈표 4-6〉은 지난 지방선거의 수도권 광역단체장선거와 교육감선거의 투표 선택에서 나타난 성차를 보여주고 있다. 이 분석은 광역단체장선거를 위해서는 새누리당과 새정치연합의 후보를 선택한 유권자만을 포함하였다. 교육감선거를 위해서는 진보 후보와 대부분 보수 후보로 구성된 그 이외의 후보에 대한 선택으로 양분하였다. 표에 따르면, 여성이 새누리당보다 새정치연합을 약 13% 정도 더 많이 지지하였다. 남성 유권자가 새정치연합 후보를 새누리당 후보보다 약 2% 더 지지하였던 것과 대조적이다. 이 이변량 교차분석의 결과는 낮은 유의수준(p〈0.1)에서는 통계적으로 유의하다. 한편, 교육감선거의 경우는 남녀의 차이가 거의 없는 것으로 나타났다. 이러한 모습은 언론 보도에서 자주 언급했던 것과는 달리

〈표 4-6〉 수도권 광역단체장·교육감선거에서 나타난 성별 투표 선택

성(광역/교육감)	광역단체장선거		교육감선거	
	새정치연합	새누리당	진보 후보	그 외 후보
남(464/545)	51.1	48.9	38.2	61.8
여(470/543)	56.4	43.6	40.0	60.0
전체(934/1088)	53.7	46.3	39.1	60.9
유의검증	$x^2 = 2.64$ $P = 0.10$		$x^2 = 0.37$ $p = 0.54$	

'앵그리 맘 효과'가 의심된다. 다음으로는 연령변수를 통제한 가운데 투표 선택에서의 성차를 살펴본다.

1) 수도권 광역단체장선거에서 나타난 연령별 성차

〈표 4-7〉에 의하면, 20대를 제외하고 어떤 연령대에서도 성차를 유의하 게 발견할 수 없다. 40대와 50대 그리고 60대 이상에서 여성의 새정치연합 지지가 남성보다 많은 것으로 나타났지만 그 차이는 통계적으로 유의하지 않는 것으로 나타났다. 세월호 참사가 투표결정에 어느정도 영향을 미쳤는 가에 대한 직접적 질문에 대한 응답에서 나타난 성차와는 달리 수도권 광역 단체장선거의 실제 투표 선택에서는 그러한 성차가 연결되지 않은 것 같다.

이 표에서 주목하게 되는 것은 20대에서의 뚜렷한 성차이다. 20대 남성 의 새누리당 후보 지지가 43.8%이고 새정치연합 지지가 50.3%로 그 차이 가 12%인 데 반해, 20대 여성의 새누리당 지지는 25.1%이고 새정치연합 지지가 76.9%로 그 차이가 무려 50%를 넘고 있기 때문이다. 최근 선거자료 들에서 자주 나타나는 20대의 보수화 경향은 20대 여성이 아니라 남성에서 두드러지고 있다는 것을 알 수 있다. 거의 40대 남성과 비슷한 20대 남성의 투표형태와 20대 여성의 두드러진 진보 성향을 어떻게 설명할 것인가? 언뜻 떠오르는 생각은 저성장의 시대에 20대 남성들이 여성들에 비해 취업과 같

<표 4-7> 수도권 광역단체장선거에서 나타난 연령별 성차

연령대	성(N)	투표 선택		유의확률 (양측검증)
		새정치연합	새누리당	
20대	남(80)	56.3	43.8	$x^2 = 7.57$ p<0.01
	여(78)	76.9	23.1	
30대	남(95)	73.7	26.3	$x^2 = 0.34$ p = 0.56
	여(86)	69.8	30.2	
40대	남(111)	57.7	42.3	$x^2 = 0.89$ p = 0.35
	여(100)	64.0	36.0	
50대	남(90)	43.3	56.7	$x^2 = 0.97$ p = 0.32
	여(99)	50.5	49.5	
60대 이상	남(88)	21.3	78.7	$x^2 = 1.29$ p = 0.26
	여(108)	29.6	70.4	

은 경제적 압박을 더 받기 때문에 성장과 안정을 더 선호할 수 있다는 것이다. 그러나 여성이 남성 이상으로 활발한 경제활동을 하고 있는 요즈음 젊은 세대의 모습을 감안하면 이러한 설명도 적절하지 않은 것 같다.

사회화과정의 차이로 20대 성차를 설명할 수 있을지 모른다. 성장기에 놀이문화가 남녀 사이에 달라서 정치정향의 차이를 가져왔을 가능성이 있다는 것이다. 남자들은 여자들에 비해 게임에 훨씬 더 많이 빠져 있는 데 반해, 여자들은 인터넷에서 카페를 만든다든지 페이스북 등 SNS활동을 남자들보다 훨씬 더 활발하게 한다. 여자가 남자보다 인터넷과 SNS상에서의 소통이 더 활발하기 때문에 '미국산 소고기 반대 촛불시위'와 같은 사회적 이슈에도 여학생들이 더 적극적으로 반응하고,[4] 정치정향도 더 진보적이라는

---

4) 실제로, 2008년 '미국산 소고기 반대 촛불시위'를 처음에 주동했던 집단이 남중생이 아니고 유독히 여중생이었다는 사실도 이러한 사회화이론으로 설명이 가능할 것이다.

것이다(〈표 4-2〉 참조). 여기에 남성의 보수성을 사회화과정으로 다시 접근
해 보면 군입대의 경험을 들 수 있을 것이다. 대부분 군대를 가서 병영생활
을 하는 남성과 그렇지 않은 여성 사이에 정치정향의 차이가 나타날 수 있
다는 것이다. 그러나 이 설명이 맞으려면 정치행태에서 20대의 성차가 과거
부터 지속적되었어야 한다. 이 글의 분석 대상이 아니어서 경험적 증거를
제시하면서 말할 수 없지만, 만약 20대의 성차가 이명박 정부 이후에 나타
난 현상이라면 예컨대, 보수 정부와 진보 성향 정부 사이에 군의 정훈교육의
차이가 있어 이들의 정치태도에 영향을 주고 있는 것은 아닌지 의문이 제기
된다.5)

2) 수도권 교육감선거에서 나타난 연령별 성차

다음으로는 수도권지역의 교육감선거에서 나타난 연령별 성차를 살펴본
다. 〈표 4-8〉에 따르면, 교육감 투표 선택에서 20대와 50대의 남녀 차이가
뚜렷이 나타났다. 20대 남성의 30.2%가 진보 후보를 선택한 반면, 여성은
48.0%가 진보 후보를 지지했다(17.8%p↑). 50대에서는 그 차이가 더 커져
무려 23.7%나 여성이 남성보다 진보 후보를 더 많이 선택했다. 30대의 경
우는 20대와 50대와는 반대 방향으로 성차를 나타냈다. 남성의 진보 후보
지지가 52.6%인 데 반해 여성의 진보 후보 지지는 39.7%로 낮았다. 40대도
30대와 같은 방향이었으나 그 차이는 유의하지 않았다. 여기서 주목할 것은
50대 여성의 진보 교육감 후보 지지가 54.9%로 20대를 훨씬 능가하였다는
것이다. 남성이 30대와 40대에서 각각 52.5%와 49.6%의 높은 진보 후보
지지를 보이다가 50대에서 31.2%로 떨어지는 것과는 대조적이었다.

50대 여성의 진보성, 이것은 지금까지의 어떤 선거에서도 찾아보기 힘든

---

5) 이번 지방선거 투표 선택에서 나타난 20대 남녀의 성차는 이번 패널조사의 선거 전
조사에서도 나타났다. 미결정자가 41%로 많은 가운데, 남성은 새누리당 후보를 16.8%
지지하는 데 반해 여성은 5.1%를 지지했고, 남성이 새정치연합 후보를 29.7% 지지한
데 반해, 여성은 50.0%를 지지하였다. 이러한 현상은 다른 선거 전 자료에서도 발견된
다(디오피니언 5월 29일 경기도 선거조사 자료 참조).

〈표 4-8〉 수도권 교육감선거에서 나타난 연령별 성차

연령대	성(N)	투표 선택		유의확률 (양측검증)
		진보 후보	그 외 후보	
20대	남(106)	30.2	69.8	$x^2 = 6.97$
	여(102)	48.0	52.0	$p < 0.01$
30대	남(116)	52.6	47.4	$x^2 = 3.90$
	여(116)	39.7	60.3	$p < 0.05$
40대	남(125)	49.6	50.4	$x^2 = 2.45$
	여(121)	39.7	60.3	$p = 0.12$
50대	남(109)	31.2	68.8	$x^2 = 12.11$
	여(102)	54.9	45.1	$p < 0.001$
60대 이상	남(89)	21.3	78.7	$x^2 = 0.42$
	여(102)	17.6	82.4	$p = 0.52$

생소한 모습이다. 시기적 효과가 이를 설명한다. 세월호 참사로 인해 50대 여성들이 아이들의 안전과 교육에 더 많은 우려와 관심을 갖게 되었고 이러한 태도가 교육감선거에서 보수보다는 진보 성향의 후보에게 표를 던지게 되었다는 것이다. 그러면 왜 40대에서는 성차가 두드러지게 나타나지 않았을까? 40대 여성들은 경제활동이 활발하고 자녀 진학에 집중하는 연령대로 여러 가지 교차 압력이 있어 투표 선택에서 세월호 문제만이 크게 작용하지는 않았을 것이다. 예를 들면, 자녀들의 고등학교 진학을 앞에 두고 있는 40대 여성들이 특목고나 자사고를 규제하려는 진보 교육감을 그리 달가워하지는 않을 것이다. 그러나 여기서 주목할 것은 언론에서 흔히 언급했던 것처럼 '앵그리 맘 효과'가 교육감선거에서 50대 여성을 통해 나타났던 것으로 보인다는 점이다.

3. 성-연령 투표 선택 로지스틱 회귀분석

이 절에서는 지난 지방선거의 투표 선택에 '앵그리 맘 효과'가 실제로 존재했는지를 보다 정확하게 규명하기 위해 다변량 회귀분석을 시도한다. 분석모형은 3단계로 구성된다. 첫 단계는 인구사회학적 변수만을 포함하여 학력과 계층변수들이 통제된 가운데 성과 연령의 투표 선택에 미친 효과가 있는지를 볼 것이다. 두 번째로는 주관적 이념성향, 정책 이념성향, 그리고 국정 지지도를 통제한 가운데 성과 연령의 효과가 어떻게 변하는지를 살펴볼 것이다. 마지막으로는 성과 연령의 상호작용항을 포함하여 연령에 따른 성차가 실제로 존재하는지를 볼 것이다. 종속변수인 투표 선택은 양대 정당의 지지로 이분화하였는데, 새정치연합 후보의 선택을 0으로 하고 새누리당 후보 선택을 1로 하였다.

독립변수는 인구사회학적 변수와 정치적 변수로 구성된다. 인구사회학적 변수로는 성, 연령, 학력, 자산, 주택소유을 포함한다. 정치적 변수로는 주관적 이념성향과 정책적 이념성향, 그리고 대통령 국정 지지도를 포함하였다.

성은 남성을 0, 여성을 1로 하였다. 관련된 가설은 여성이 남성보다 세월호 참사라는 안전 사고에 더 민감하게 반응하여 정부여당을 덜 지지한다는 것이다. 연령은 자연적 연령을 그대로 사용하였다. 학력은 중졸, 고졸, 전문대졸 그리고 대졸의 4급 간으로 하였다. 한국적 맥락에서 가설은 학력이 높을수록 상대적으로 진보적인 정당의 후보, 즉 새정치연합의 후보를 지지한다. 가구 총자산은 적은 자산에서부터 많은 자산까지 7급 간으로 하였고, 주택은 소유를 1, 비소유를 0으로 하였다.[6]

이념성향과 박근혜 대통령의 국정 지지도를 포함하였다. 이념을 가장 진보를 0, 가장 보수를 10으로 하는 11점 척도를 사용하였고, 국정 지지도는 잘함을 1, 잘 모름을 2, 못함을 3으로 측정하였다. 그리하여 이념은 진보적일수록 새정치연합 후보를 지지할 가능성이 높고, 국정평가는 긍정일수록

---

6) 이 자료에서 총자산과 주택소유의 상관계수는 0.51($p<0.001$)로써, 두 변수를 회귀모형에 포함시켜도 다중공선성의 문제가 발생하지 않았다.

새누리당 후보를 지지할 확률이 높다고 예측할 수 있다. 이 모델은 주관적 이념성향과 함께 정책적 이념을 포함하였다. 정책적 이념 변수는 복지와 개발의 중요성에 대한 보수적·진보적 태도가 합쳐진 9점 척도의 변수이다 (〈표 4-2〉 아래 설명 참조).

1) 수도권 광역단체장선거에서의 성-연령 효과

〈표 4-9〉는 지난 수도권 광역단체장선거의 투표 선택에서 나타난 연령과 연관된 성의 효과를 보여주는 로지스틱 회귀분석의 결과이다. 〈모형 1〉은

〈표 4-9〉 성-연령 관련 수도권 광역단체장 투표 선택 로지스틱 회귀 모형
(새정치연합 = 0, 새누리당 = 1)

	모형 1		모형 2		모형 3	
	B	Exp B	B	Exp B	B	Exp B
상수	-1.63***	0.20	1.49	4.42	1.32	2.98
성(여성)	-0.31*	0.74	-0.47*	0.64	-0.06	0.90
연령	0.04***	1.04	0.01	1.01	0.01	1.02
학력	-0.14	0.87	0.04	1.04	0.03	1.02
총자산	0.03	1.03	0.00	1.00	0.00	1.05
주택소유	0.08	1.08	-0.14	0.87	-0.15	0.81
주관적 이념			0.20***	1.23	0.20***	1.24
정책이념			0.16*	1.17	0.16*	
국정 지지도			-1.43***	0.24	-1.44***	0.24
성*연령					-0.01	0.99
N	792		757		773	
예측정확도	65.1		78.6		79.1	
Cox & Snell R²	0.10		0.37		0.36	

*** p〈0.001, ** p〈0.01, * p〈0.05

인구사회학적 변수만을 포함하였다. 앞의 교차분석과는 달리 이 모형에서는 성이 연령과 학력을 비롯한 다른 사회경제적 변수를 통제한 가운데 투표 선택에서 유의한 변수로 나타났다. 여성이 남성보다 수도권 광역단체장선거에서 새누리당 후보에 대한 지지가 더 낮았다는 발견은 세월호로 인해 여성이 남성보다 여당에 대한 지지를 덜 하게 될 것이라는 가설을 지지한다. 모형은 또한 연령 또한 젊을수록 새누리당 후보를 지지할 가능성이 줄어든다는 가설을 높은 유의수준에서 지지하고 있다.

〈모형 2〉는 앞의 모형에 주관적 이념성향, 정책적 이념성향 그리고 대통령 국정 지지도라는 정치적 변수를 포함하였다. 이 모형에서 주목해야 할 것은 정치적 변수가 통제되었음에도 불구하고 여성이 남성보다 새누리당 후보를 덜 지지한다는 투표 선택에서 성차가 유의하게 나타났다는 것이다. 그러나 정치정향 변수가 통제됨에 따라 연령의 투표 선택에 미치는 효과는 사라졌다. 연령에 따른 투표행태의 차이가 이념과 국정지지와 같은 정치정향에 기인하는 것으로 해석된다.

그러나 이러한 발견은 투표 선택에서 연령과 연관된 성차를 보여주는 것은 아니다. 회귀분석모형에 포함된 독립변수들은 각각이 종속변수에 대한 독립적인 연관성을 보여준다. '앵그리 맘 효과'는 연령에 따른 성차의 변화를 의미한다. 40대와 50대 여성들이 유독이 다른 연령대에 비해 새누리당을 지지하는 정도가 같은 연령대의 남성보다 낮을 때, '앵그리 맘'이 움직였다고 볼 수 있다. 이를 알아 보기 위해서는 연령과 성의 상호작용항을 변수로 포함시켜 그 효과를 보아야 한다.

〈모형 3〉은 연령과 성의 상호작용항을 포함한 회귀모형이다. 이 모형에서 주관적 이념, 정책 이념, 그리고 국정 지지도에서만 투표 선택의 효과가 나타나고 다른 모든 변수에서 그 효과가 유의하게 나타나지 않았다. 성차의 유의도도 사라졌다. 이는 연령과 성 사이에 일관된 패턴의 상호작용관계가 없다는 것을 의미한다.

2) 수도권 교육감선거에서의 성-연령 효과

〈표 4-10〉은 연령과 관련된 성차를 보기 위한 교육감 투표 선택의 로지스틱 회귀모형이다. 선거가 끝나고 많은 평론가들이 '앵그리 맘 효과'는 진보 성향의 후보를 대거 당선시킨 교육감선거에서 나타났다고 주장하였다. 그러나 〈표 4-9〉에 의하면 그러한 효과는 거의 없는 것으로 보인다. 3단계의 어떤 모형에서도 투표 선택에서의 성차는 거의 나타나지 않았다. 정치적 변수를 통제하지 않은 〈모형 1〉에서는 젊은 유권자일수록 진보 성향의 교육감 후보를 선택했고, 고학력일수록 진보 성향의 후보를 지지한 것으로 나타났다.

〈표 4-10〉 성-연령 관련 수도권 교육감 투표 선택 로지스틱 회귀 모델
(그외 후보 = 0, 진보 후보 = 1)

	모형 1		모형 2		모형 3	
	B	Exp B	B	Exp B	B	Exp B
상수	-0.57	0.57	-1.92**	0.15	-1.83**	0.16
성(여성)	0.09	1.10	0.08	1.09	-0.13	0.87
연령	-0.02**	0.98	-0.01	1.00	-0.01	0.99
학력	0.21**	1.24	0.02	1.02	0.03	1.03
총자산	0.01	1.01	0.06	1.06	0.07	1.06
주택소유	0.13	1.14	0.24	1.27	0.25	1.28
주관적 이념			-0.12**	0.88	-0.11**	0.90
정책 이념			-0.23***	0.80	-0.23***	0.79
국정 지지도			0.85***	2.34	0.85***	2.35
성*연령					0.01	1.01
N	953		836		924	
예측정확도	61.0		69.3		68.1	
Cox & Snell R^2	0.03		0.20		0.20	

*** $p < 0.001$, ** $p < 0.01$, * $p < 0.05$

 앞 절의 성과 투표 선택의 이변량 분석에서도 보였던 것처럼(〈표 4-5〉참조), 다른 경쟁변수들을 통제한 회귀분석에서도 역시 성차는 나타나지 않았다. 그리고 성과 연령의 상호작용항도 투표 선택과 유의한 관계가 나타나지 않은 것으로 보아 연령에 따른 성차도 크게 존재하지 않은 것으로 보인다. 이러한 발견은 언론매체에서 많은 평론가들이 떠들썩하게 주장하였던 것과는 달리 교육감선거에서도 '앵그리 맘 효과'가 크지 않았음을 보여준다.

 이 글의 분석에서 '앵그리 맘 효과'가 나타나지 않았다는 것은 세월호 참사로 분노한 민심이 투표 선택에 크게 영향을 주지 않았다는 것이다. 앵그리 맘의 분노가 투표 선택으로 이어지지 않았던 이유는 세월호 참사가 그 규모와 파장에도 불구하고 정치적 성격을 띠고 있지 않았다는 것이다. 안전 시스템의 허술함과 관피아로 불렸던 부패의 고리가 국민들을 분노하게 했지만 그 책임이 현 정부에 쏠리기보다 이전 정부를 포함한 정치권 전체에 있었기 때문이다. 그러나 정부 책임으로만 볼 수 없는 참사도 규모와 파장이 클 경우에는 통상 현 정부에게로 분노의 화살이 쏠리게 마련이다. 이런 점에서 야당은 분명히 유리한 선거구도에 놓여 있었다. 그러나 지난 지방선거에서 유권자에 비친 야당의 모습은 실망스럽기 그지없었다. 선거를 준비하는 기간 내내 국민들의 이해와 맞닿아 있지 않은 기초선거 공천 문제로 시간을 보냈으며, 계파 간 공천 잡음 또한 끊이지 않았다. 거기에 더해 견제의 수준에 머물렀어야 할 야당의 호소가 '박근혜 정권 심판론' 혹은 '세월호 심판론'으로 이어지면서, 앵그리 맘의 분노는 야당 지지로 쉽게 이어질 수 없었다.

V. 결론

 지금까지 이 글은 경험 분석을 통해 세월호 참사 이후 나타난 '앵그리 맘'의 현상이 지난 지방선거의 투표 선택에 어떠한 효과로 나타났는지를 수도권선거를 중심으로 살펴보았다. 수도권 광역단체장선거와 교육감선거의 분석 결과, 언론에서 회자되었던 '앵그리 맘 효과'는 크게 나타나지 않았다. 연령대별 교차분석에서 50대 여성이 박근혜 대통령의 국정운영 평가를 남성에 비해 훨씬 더 부정적으로 평가하였고, 투표결정에서 세월호 참사의 영향을 더 많이 받았을 것으로 나타났지만, 이러한 정치정향과 이슈반응이 투표 선택으로는 이어지지 않았다. 다만 교육감선거에서 50대의 높은 진보성향 후보에 대한 지지가 돋보였다. 분석에서 눈에 띄는 것은 20대의 성차가 두드러졌다는 것이다. 이념과 국정 지지도, 세월호 영향에서도 20대의 성차는 두드러졌고, 광역단체장과 교육감선거 모두의 투표 선택에서도 그 차이는 이어졌다.

교차분석의 결과는 회귀분석의 결과에서도 일정하게 나타났다. 광역단체장선거의 회귀분석의 결과는 인구사회학적 변수와 정치정향변수를 모두 통제했을 때도 투표 선택에서 성차가 유의하게 존재하는 것으로 나타났다. 교차분석의 결과를 고려하면, 회귀분석에서 성차가 유의하게 나타난 것은 20대의 두드러진 성차 때문이라고 해석할 수 있다. 그러나 연령과 성의 상호작용항이 투표 선택과 유의한 연관성을 보이지 않았던 것처럼 '앵그리 맘 효과'는 뚜렷하게 확인되지 않았다.

이번 분석에서 주목할 만한 발견은 20대에서 나타난 뚜렷한 남녀의 성차이다. 20대 여성의 상대적 진보성과 남성의 보수화는 너무도 뚜렷하고 여러 자료에서 반복적으로 나타나고 있다. 최근 선거에서 20대가 30대보다 좀 더 보수적 투표행태를 보였던 것은 20대 남성의 보수화 때문이었음을 이 글의 분석에서 알 수 있었다. 교차분석에서의 발견이라는 한계가 있었지만, 이번 분석에서 또 하나 중요한 발견은 40대에 비해 50대의 성차가 두드러진다는 것이다. 이 글이 코호트 분석을 할 수 없었기 때문에 50대 여성의 진보적 투표행태가 특정 출생년도 집단이 50대로 진입함으로써 나타난 현상인지 알 수 없었다. 만일 이 현상이 코호트 효과가 아니라면 세월호 참사라는 시기 효과일 것이다.

이러한 발견들이 함의하는 것은 연령별 지지가 이제 순차적인 패턴을 보이지 않는다는 것이고, 투표 선택에서도 시기적으로 남성과 여성의 성차가 존재할 수 있다는 것이다. 성차는 여성의 사회활동이 더 활발해지고 독립성이 강해짐에 따라 지금보다 더 뚜렷이 나타날 가능성이 있다. 이제 새누리당이 나이 든 유권자에 의존하고, 새정치연합이 젊은 유권자에 의존하는 선거운동의 전통적인 행태가 변화를 맞이하고 있다. 고령화에 따라 유권자의 수가 고연령대로 기울면서 앞으로 양대 정당의 관심은 40대와 50대 유권자의 지지를 획득하는 데로 모아질 것이다.

제5장

2014년 지방선거와
지방정부의 주택정책*

서복경 | 서강대학교

I. 문제의식

본 장은 지방정부의 주택정책에 대한 개별 유권자의 인식이 투표 선택에
영향을 미치는지에 관심을 가지며, 이를 2014년 지방선거 수도권 유권자
조사 자료를 활용해 경험적으로 검증해보고자 한다.

주택정책은 한국의 중앙정부와 지방정부가 핵심과제로 삼는 대표적 정책
영역이다. 역대 중앙정부들은 대개 그 임기를 부동산 경기부양 정책 혹은
부동산 가격안정화 정책으로 시작했으며, 임기 내 거의 매년 관련 정책들을
쏟아내면서 주택시장에 정책적 영향을 미치려고 노력했다. 그 한 이유는 주
택시장의 동향이 거시경제 전체에 미치는 중요한 영향력 때문이며, 다른 이
유로는 유권자들의 정부평가에서 거시경제 전체의 추이와 별도로 주택정책

---

* 이 글은 『지방정부연구』 제18권 제3호에 게재되었습니다.

성과가 갖는 독자적인 영역이 있다고 가정되기 때문이다.

역대 정부의 주택정책은 대개 두 가지 범주의 정책을 포괄했는데, 그 하나는 주택보유자들의 주택 가치를 관리하는 것이고 다른 하나는 무주택자의 주거 문제를 해결하는 것이었다. 후자는 무주택자의 '내 집 마련' 지원 정책과 공공임대주택 공급정책으로 구성되었는데, 이 두 가지는 모두 주택보유자의 경제적 이해관계에 직접 영향을 미친다. 무주택자의 신규주택구입을 돕는 정책은 기존 주택보유자의 주택 가치를 떠받치는 효과를 발휘하는 반면, 공공임대주택을 통한 주거정책으로 접근할 경우 신규 주택구매수요를 감소시키는 효과를 가져오므로 반대의 영향을 미친다고 가정할 수 있다. 따라서 역대정부들은 이 두 가지 정책 가운데 선호하는 정책균형을 선택하는 것이 중요 과제였다. 한편 중앙정부의 정책을 실현하는 과정에서 지방정부의 역할이 필요하다. 또 지방정부의 주택정책은 중앙정부 정책에 직접 영향을 받는다. 대규모 신규주택단지를 건설하거나 공공임대주택단지를 설치하는 일은 해당구역을 지정하고 건설과 관리를 담당하는 지방정부의 역할이기 때문이다. 또한 지방정부는 중앙정부 정책방향과는 별도로 자신의 주택정책을 가진다. 이 역시 주택보유자의 주택가치의 하락을 막거나 상승시키는 정책과 무주택자의 주거 문제를 해결하는 두 가지 영역으로 나뉠 수 있다.

유권자는 중앙정부와 지방정부 주택정책에 따라 자산가치의 변동과 소비능력의 규모 등에 직접 영향을 받게 되며, 직관적으로도 유권자의 정부평가에 주택정책의 성과는 매우 중요한 기준으로 작동하고 있다고 가정된다. 이는 선거결과로도 확인되는데, 최근의 몇몇 선거에서 주택정책은 핵심이슈로 부상한 바 있었고 유권자들은 선거의 승패를 가른 요인으로 정당(후보자)의 주택정책을 지목했다.[1] 그러나 이러한 직관적 인식과는 다르게 한국에서

[1] 2008년 국회의원선거 직후 여론조사들은 서울지역의 경우 '뉴타운 정책'이 핵심 선거이슈였음을 확인해주고 있다. 2008년 4월 16일 리얼미터 조사 결과 유권자 4명 중 3명은 '뉴타운 정책'을 핵심이슈로 꼽았으며(Choi & Park 2012, 90), 전재섭(2008)의 수도권 유권자 조사에서는 응답자의 75.0%가 '부동산세율 완화, 뉴타운, 재개발, 재건축 기대심리'가 선거에 영향을 미쳤다고 응답했다.

개별유권자가 과연 정부평가나 새로운 정부구성을 위한 투표 선택에서 주택
정책에 대해 실제 고려를 하고 있는지, 고려를 한다면 어떤 방식으로 하는지
등에 대한 경험 연구는 드물다. 특히 한국 지방선거연구에서는 거의 찾아보
기가 어려운데, 그 중요한 이유는 데이터 문제로 추정된다. 다양한 지방정부
단위의 투표 선택 기준을 걸러낼 수 있을 만큼 충분한 표본을 가진 조사가
시행되기 어렵기 때문이다. 본 연구는 지방선거에서 수도권지역 유권자의
정책인식을 확인할 수 있는 문항을 가진 조사 자료를 확보하여 주택정책에
대한 인식이 투표결정에 영향을 미친다는 가설을 검증해 보고자 하였다.

II. 기존연구 검토

주택과 정치의 관계에 관한 관심은 19세기 말 엥겔스(Engels, 1872; 1972)
까지 거슬러 올라갈 정도로 오래된 것이다. 맑시즘적 접근에서 주택은, 무자
산 노동자들이 자산에 접근할 수 있게 함으로써 유산층과 유사한 사회인식
을 갖게 만들고 나아가 자본주의체제에 순응하게 만드는 중요한 기제로 인
식되었다. 한편 베버(Weber)의 연구에 기원을 둔 도시사회학 연구들에서도
주택은 주목을 받았는데, 1960~70년대 주택계급(housing class)에 관한 논
의가 대표적이다. 렉스 & 무어(Rex & Moore 1967)는 영국 버밍햄 스파크브
룩(Sparkbrook)의 사례를 통해 주택을 매개로 도시지역의 계급형성이 어떻
게 이루어지는지를 분석한 바 있었다. 1970년대까지 주택에 대한 관심이
주로 사회구조적 차원에서 비롯되었다면, 1980년대를 전후하여 정부정책과
주택 소유자들의 행태적 차원을 아우르는 경험연구들이 제출되기 시작했는
데, 그 중요한 계기를 마련한 것이 영국과 미국에서 두드러졌던 주택정책의
변화였다.

영국에서 그 계기는 대처 정부의 공공임대주택 민영화 정책이었다. 1979

년 집권 시점까지 영국의 주택구조는 자가보유 50%, 공공임대주택 거주 32% 비율을 나타내고 있었다(Dunleavy 1979, Table 1). 영국식 공공임대주택정책의 출발은 '전쟁영웅에게 어울리는 집(homes fit for heroes)'정책으로, 2차 세계대전 이후 귀환한 퇴역군인 주거복지 정책이었다. 이후 1970년대 후반까지 공공임대주택을 통한 주거복지 정책은 노동당과 보수당의 합의적 정책으로 추진되어 왔다. 1979년 집권한 대처 정부는 공공임대주택 민영화 정책을 '집을 살 권리(right to buy)' 슬로건 아래 추진했고, 그 결과 1999년 까지 200만 개 가까운 공공임대주택이 정책에 따라 개인에게 양도되었으며, 1979년 50%이던 자가보유율은 1987년 70%까지 치솟았다(Huberty 2011, 785).

이 정책으로 자기 집을 소유하게 되었거나 소유하고자 하는 유권자들에게서 정책에 대한 지지는 높아졌으며, 더불어 이 정책을 표방한 보수당에 대한 지지도 함께 상승하는 현상이 나타났다. 대처 정부의 주택정책변화가 투표결정에 유의한 변화를 야기했다는 연구결과로는 메컬리스터(McAllister 1984), 개릿(Garrett 1992), 히스 등(Heath et al. 1991) 등의 연구를 들 수 있다. 메컬리스터는 1980년 영국 총선에서 자가 보유자들이 1979년 총선에서보다 보수당을 더 지지했다는 사실을 발견했고 개릿은 한 발 더 나아가 대처 정부의 공공임대주택 민영화로 주택을 소유하게 된 사람들이 보수당을 더 지지하는 경향이 있다는 걸 발견했다. 히스 등은 공공임대주택 구매자들이 소득 재분배정책에 더 부정적인 성향을 보였으며 노동당에 투표할 가능성도 더 낮다는 점을 밝혔다. 반면 경험적 검증을 통해 이런 주장에 대한 반박하는 연구들도 등장했다. 스터들러 등(Studlar et al. 1990)은 미래에 대한 경제적 기대 변수를 활용함으로써, 자가 소유자들이 보수당을 더 지지하는 경향은 자가 소유 여부 자체로부터 영향을 받는 것이 아니라 자가를 소유함으로써 미래에 대한 낙관적 기대가 높아지고 낙관적 기대상승으로 인해 보수당 지지가 증가했다는 주장을 펼쳤다.

정책변화 초기의 이런 연구경향은 시간이 흐르면서 패널 데이터나 시계열데이터 등을 활용할 수 있게 되고 더 다양한 분석방법을 적용하면서 발전을 거듭하고 있다. 휴버티(Huberty 2011)는 1992년부터 2005년까지 패널 데이터를 사용해 자산보유자의 투표행태를 추적했는데, 그의 분석에 따르면 다른 변수들을 통제할 경우 주택보유 여부가 보수당 지지에 직접 영향을 미치지는 않았으며 주식자산 보유자들의 보수당 지지 성향이 유의하게 확인되었다고 밝힌다. 1990년대까지 주택자산 중심의 관심은 금융자산 등 자산의 다른 구성요소들의 효과를 탐색하는 것으로 확장되고 있고, 종속변수에서도 투표 참여나 투표결정을 넘어 특정 정책에 대한 선호로까지 분화되는 경향을 보이고 있다.

1991년부터 2011년까지 총 5회의 영국 총선에서 나타난 유권자 투표행태를 주택가격 변화와 연계시켜 분석한 에이트킨(Aitken 2014)는 주택소유 여부가 아니라 주택가격변동에 주목했는데, 가격변동이 투표 참여와 정당 지지에 유의한 영향을 미치고 있음을 증명했다. 영국을 총 403개 권역으로 나누고 20년 동안 각 지역의 주택가격변동을 추적한 변수를 활용하여, 주택가격이 상승한 지역 거주 유권자는 더 투표에 참여했으며 보수당을 더 지지했다는 것이다.

한편 비슷한 시기 미국에서도 주택정책을 매개로 한 주택 보유자와 정부 관계가 주목을 받았는데, 피셸(Fischel 2001)의 '주택보유 유권자 가설(Homevoter Hypothesis)'이 대표적이다. 피셸은 주택보유자들이 더 투표에 참여하는 이유는 거주주택의 가치가 보유자산의 대부분을 차지하는 미국에서 정부정책이 주택가치의 상승이나 하락에 직접적인 영향을 미치기 때문에 주택가격에 민감한 유권자들일수록 더 참여하게 된다는 주장을 폈다. 주택보유 여부에 따른 유권자 정치행태에 더 주목하게 만든 계기는, 2002년 공화당 부시 정부의 정책이었다. 부시 정부는 '자산보유자 사회(ownership society)'라는 정책방향 아래 적극적인 주택공급정책을 추진했다. 주택이나 주식, 채권 등 자산을 소유한 사람들은 국가에 대한 의존도가 낮고 책임의식이 더 높으며 자유와 번영의 가치에 더 충실하게 된다는 게 정책선택의 표면적 이유였지만, 실질적인 정책목표는 부동산 경기부양과 공화당 지지층의 확대로 이해되었다(조성찬 2010, 102; 이정전 외 2009, 266-267). 주택을 구입한 사람들은 주택가격 상승 기대 때문에 부동산 경기부양책을 추진하는 공화당을 더 지지하게 될 것이라는 것이다. 실제로 주택담보대출 확대와 대출요건 완화, 원리금 상환 유예 등 정부의 대규모 지원정책에 힘입어, 많은 중산층·서민들이 자기 집을 마련했고 공화당 지지로 돌아섰다.

이 시기를 전후해 자산보유, 특히 주택보유 여부가 공화당 지지층의 확대에 기여했는지, 기여했다면 어떤 이유에서였는지를 둘러싼 경험 연구들이 속속 제출되었다. 미국과 독일의 사례 비교를 통해 주택보유자와 비보유자의 정치참여를 분석한 디파스퀠리 등(DiPasquale and Glaeser 1999)은 주택보유자일수록 더 투표에 참여하며 다른 정치참여에도 더 능동적이라는 결론을 제출한 바 있다. 한편 홀리안(Holian 2011)은 주택보유 유권자 투표행태에 대한 기존연구들을 종합하여 몇 가지 가설을 검증하였다. 주택보유와 투표 참여 양자 사이에는 유의한 관계가 존재하나, 주택보유자가 투표 참여에 더 능동적인 이유에 대해 기존연구들은 몇 가지 가설들을 제시해 왔기 때문이다. 한 가지는 주택보유자일수록 임대주택 거주자들보다 한 동네에 더 오래 거주하게 되며 이는 지방정부에 대해 더 많은 정보를 얻을 수 있는 조건이 되고 지방정부 정책이 주거환경에 미치는 영향에 대해 더 민감하게 되기 때문에 참여가 높다는 것이다. 이 경우 독립변수는 주택보유 여부가 아니라 거주기간이 된다.

반면 또 다른 이유로는 피셀(2001)의 주장으로부터 발전되는데, 주택보유자가 주택가치변동에 민감하다는 것은 주택가치 상승이나 하락을 야기하는 지방정부 정책에 반응한다는 것인데, 특히 회고적 평가에서 불만이 높을 경우에 더 투표에 참여해서 의사를 표현한다는 것이다. 이런 가설에 따라 홀리안(2011)은 주택보유자와 비보유자를 지방정부 평가에서 긍정, 부정으로 나누어 4개 집단의 투표 참여 행태를 비교했는데, 그 결과는 지방정부에 대한 부정적 평가가 높은 주택보유자 집단이 투표 참여에 더 능동적이었으며 지방정부 평가 변수를 통제할 경우 주택보유 여부 자체의 효과는 유의하지 않았다고 밝히고 있다.

한편 더링 등(Dehring 2008)은 에이트킨(2014)과 유사하게 집합자료를 활용하여 주택가격변동이 유권자의 투표행태에 미치는 영향을 경험적으로 검증하였는데, 정책선호를 매개로 한 지지 정당 선택이라는 간접적 관계가 아니라 지방정부의 정책 주민투표에 미친 직접적인 영향을 밝혔다는 점에서 흥미롭다. 2004년 텍사스 주 알링턴에서는, 댈러스 카우보이스팀의 경기장 신설에 지방정부의 공공재정을 지원하는 문제와 지원재정 마련을 위한 세금 인상 방안을 놓고 정책 주민투표가 시행되었다. 더링 등은 시장의 경기장 건설 지원 방안 공식발표 시점을 전후한 주택가격변동을 경기장으로부터의 거리에 따라 지수화하여 정책투표결과와의 관계를 분석하였다. 그리고 경기장으로부터의 거리, 정책투표 이전에 이미 반영된 주택가격변동의 수준에 따라 찬성률이 달라진다는 점을 밝혀냈다.

한국에서도 부동산 가격변동과 유권자 투표 결정 사이의 관계에 주목한 연구가 제출된 바 있었다. 박원호(2009)는 2000~2008년 사이 2번의 대통령선거와 3번의 국회의원선거, 2번의 지방선거 결과를 3,000여 개 읍·면·동 단위로 분할한 다음, 각 선거 직전 6개월 동안의 지역별 아파트가격 상승률과 자가 소유율의 관계를 분석하였다. 박원호(2009)의 관심은 자가 소유자들이 부동산 가격변동을 기준으로 집권당에 보상을 하거나 제재를 가하는 경제투표의 메커니즘이 작동하는가에 관한 것이었는데, 분석결과는 이를 뒷받침하는 것으로 나타난다. 부동산 가격상승률이 높을수록 자가 소유자들의 집권당 지지는 유의하게 높아졌다. 박원호(2009)의 연구는 한국에서도 주택 소유뿐 아니라 주택가격변동이 투표 선택에 유의한 영향을 미치는 변수가 될 수 있음을 보여주고 있다. 한편 손낙구(2010)의 연구는 가설을 토대로 경험적 검증을 시도한 학술연구는 아니지만, 집합자료를 통해 부동산과 정치가 연계되는 방식을 세밀하게 분석한 데이터를 제시하였다. 그는 서울·경기·인천지역을 1,186개 거주단위로 분할하여 각 단위의 주택유형, 주거유형, 주택가격 등의 특징과 투표율, 정당지지율의 관계를 비교함으로써, 한국정치에서 주택변수의 잠재력을 확인해 주었다.

나아가 최와 박(Choi & Park 2012)은 한국사례에서도 자가 소유자들이 주택정책을 매개로 투표 선택을 한다는 결론을 제시함으로써, 주택과 투표 선택 사이에 정책변수의 효과성을 입증한 바 있었다. 2008년 총선과 2010년 지방선거에서 뉴타운 개발 지역으로 지정된 지구의 자가 소유자들이 정책적 기대에 입각한 투표 선택과 정책실패에 대한 책임을 묻는 투표 선택을 했다는 것을 집합자료를 활용해 증명한 것이다. 그러나 박원호(2009)와 최와 박(2012)의 연구는 모두 개인수준의 자료가 아니라 집합자료를 활용했다는 점에서, 자가 소유자들이 실제 정책적 기대나 정책평가를 매개로 투표 선택을 하는 것인지에 관해서는 개인수준 경험 자료를 활용한 후속연구들을 통해 확인이 필요하다 하겠다.

III. 자료와 연구 설계

1. 자료

본 연구가 사용하는 자료는 서강대학교 현대정치연구소와 내일신문사가 기획하고 한국리서치가 조사를 수행한 2차례에 걸린 수도권 유권자 패널조사 자료이다. 조사는 지방선거 후보자 등록 완료일부터 5일간 진행한 1차와 투표일 다음 날부터 4일간 진행된 2차로 진행되었으며, 1차 조사에서 1,500명의 표본을 확보하였고 2차 조사에서는 이 가운데 1,128명의 응답을 얻을 수 있었다. 표본은 서울 4개, 경기 5개, 인천 4개 권역을 나누어 성별, 연령별, 지역별 비례할당 방식으로 구성되었다. 조사기획 단계에서 전국단위 조사가 아니라 수도권 조사로 범위를 한정한 이유는, 유권자 개인적 특성에서 지역변인이 갖는 효과를 통제하려는 목적과 지방정치 이슈나 지방정부 정책 인식 등의 변수를 보다 동질적인 표본에서 검증함으로써 그 효과를 판별하기 위함이었다. 본 연구에서는 1차 조사에서 얻어진 개인배경변수와 2차 조사에서 얻은 정책인식 변수 등을 활용한다.

2. 연구 설계와 연구 가설

본 연구는 한국적 맥락에서도 '주택보유 유권자 가설(homevoter hypothesis)'이 경험적 근거를 가지는가를 검증하는 데 주된 관심이 있다. 기존연구들이 집합자료를 활용하여 자가 거주 비율, 주택가격변동정도, 정부 주택정책 기대 및 효과가 투표 선택에 미친 영향을 검증했다면, 본 연구는 설문조사 자료를 활용하여 이런 발견들이 개별유권자 수준에서도 미시적 근거를 갖는지를 확인하고자 한다.

개별유권자 수준에서 정부 주택정책이 투표 선택의 유의한 기준으로 검증되려면, 2단계의 확인이 필요하다고 가정하였다. 우선 주택을 매개로 한 유권자의 객관적 조건들이 주택정책 인식과 유의한 관계에 있어야 한다고 보았다. 만약 주택정책인식이 투표결정에 유의한 영향을 미치는 것으로 확인된다고 하더라도, 객관적 주택 조건과 주택정책인식 사이에 유의한 관계가 확인되지 않는다면 주택정책인식은 정당일체감이나 현직 정부에 대한 선호 등 다른 요인들에 의해 영향을 받았을 가능성이 높게 된다. 이 경우 주택정책인식이 투표결정에 영향을 미쳤다 하더라도 그 결과는 '주택보유 유권자 가설'을 뒷받침하는 근거로 보기는 어렵다. 따라서 본 연구는 1단계 연구로 유권자가 가진 객관적 주택 조건이 주택정책 인식과 유의한 관계를 나타내는지를 검증하는 모형을 설계하였다.

다음으로 기존연구들이 집합자료를 통해 확인한 바처럼 주택 관련 객관적 조건들이 투표결정과 유의한 관계가 있는지를 확인하는 것이다. 개별 유권자 수준에서도 주택 관련 조건들이 투표 선택에 직접 영향을 미치는가를 확인함으로써, 기존연구의 결과를 검증하는 것과 함께 본 연구의 최종 목적인 주택정책인식과 투표 선택의 관계 확인을 위한 전제 작업을 수행할 것이다. 마지막으로 주택을 둘러싼 객관적 조건과 주택정책 인식이 2014년 지방선거 투표 선택에 미친 영향을 분석하는 모형을 설계하였고, 이를 통해 조건과 정책인식이 각기 독립적으로 영향을 미치는지 여부를 검증하였다.

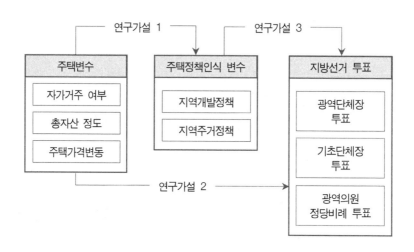

〈그림 5-1〉 연구 설계

〈연구가설 1〉 주택 관련 객관적 조건에 따라 주택정책에 대한 상이한 선호를 가질
것이다.
　〈가설 1-1〉 자가거주 유권자는 차가거주 유권자보다 지역개발정책을 더 중요시할
　　　　　　것이며, 차가거주 유권자는 자가거주 유권자보다 지역주거정책을 더 중
　　　　　　요시할 것이다.
　〈가설 1-2〉 자산이 많은 유권자일수록 지역개발정책을 더 중요하게 고려할 것이며,
　　　　　　지역주거정책에 대해서는 덜 중요하게 고려할 것이다.
　〈가설 1-3〉 선거 전 1년 간 주택가격 상승폭이 큰 지역에 거주하는 유권자일수록
　　　　　　지역개발정책을 더 중요하게 고려할 것이다.

〈연구가설 1〉 설계에서 종속변수가 되는 주택정책인식은 유권자가 '금번 지방선거에서
　　　　　　지역개발정책과 지역주거정책을 각각 얼마나 중요하게 고려했는가?'에
　　　　　　관한 2개의 질문을 사용했다. 조사 설계 시점 지역개발정책과 지역주거
　　　　　　정책은 각각 자가 거주자와 차가 거주자에게 편익을 가져다주는 정책영
　　　　　　역으로 가정하였고, 이에 따라 '부동산개발 등 지역개발정책'과 '공공임
　　　　　　대주택 등 지역주거정책'이라는 한정구문으로 질문을 구체화하였다.

<표 5-1> 주택정책 문항 응답 결과

		지역주거정책		지역개발정책	
		빈도	비율	빈도	비율
유효값	매우 중요	400	35.4	352	31.2
	약간 중요	408	36.1	357	31.6
	별로 중요치 않음	189	16.8	254	22.5
	전혀 중요치 않음	24	2.2	51	4.5
	유효 합계	1,021	90.5	1,014	89.9
결측값	모름/무응답	15	1.4	22	2.0
	투표불참자	91	8.1	91	8.1
	결측 합계	107	9.5	114	10.1
합계		1,128	100.0	1,128	100.0

　그리고 자가보유 유권자들이 주택가치 상승에 영향을 미치는 정책에 반응하여 투표 선택을 한다는 가설이 타당하다면 지역개발정책을 중요하게 고려했을 것이며, 반대로 차가거주자들의 경우 공공임대주택 등의 주거정책을 더 중요하게 고려했을 것이라는 가정을 세웠다. 자가 변수에서 자가소유 변수가 아니라 자가거주 변수를 채택한 이유는 금번 선거가 전국선거가 아닌 지방선거였기 때문이다. 만약 대통령선거였다면 거주여부와 관계없이 소유여부에 따라 정책적 이해관계가 형성될 수 있겠지만, 지방선거의 경우 가구가 소유한 주택과 거주하는 주택이 같은 장소에 있을 때 해당 지방정부에 대한 정책적 이해가 반영될 수 있을 것이기 때문이다. 본 자료에서 자가거주자와 비자가거주자의 비율은 각각 64.5%, 35.5%로, 집합자료로 확인된 수도권 자가거주 비율보다 10% 정도 과대대표된 것으로 나타난다.

　다음으로 더 많은 자산을 보유한 유권자일수록 지역개발정책의 효과를 더 크게 받을 것이기 때문에 중요도도 더 높을 것이라고 가정하였고, 반면 주거정책에 대해서는 덜 관심을 가질 것이라고 가정했다. 정부 주택정책이 야기하는 주택가치 변동이 투표결정의 중요한 기준으로 작동한다면, 보유주택의 가치가 높을수록 정책 민감도는 더 높을 것이다. 그런데 본 조사 자료에서는 주택자산의 크기에 관한 문항이 없었기 때문에 연구에서는 총자산 변수를 사용했는데, 이 경우 해석에는 주의가 필요하다. 총자산에는 주택자산만이 아니라 비(非)주택 부동산 자산, 금융자산 등이 포함되므로 비(非)주택 자산의 독립적 효과를 가정하여 해석을 해야 한다. 본 조사에서 총자산 문항은 5천만 원 미만, 5천~1억, 1억~2억, 2억~3억, 3억~4억, 4억~7억, 7억 이상의 7개 구간으로 설정되어 있으며, 각각의 응답은 17.2%, 11.8%, 16.6%, 15.3%, 11.5%, 14.4%, 13.1%로 비교적 균등히 분포되어 있었다. 총 1,128명 중 모름/무응답자는 175명으로 15.5%를 차지했다.

그리고 주택소재지의 주택가격변동이 투표결정과 유의한 관계가 있었다는 기존연구 결과에 따라, 본 연구에서도 주택가격 상승폭이 큰 지역에 거주하는 유권자일수록 지역개발정책을 더 중요하게 고려할 것이라고 가정했다. 해외사례에서는 자가 거주자의 주택가격변동에 대한 반응과 차가 거주자의 주택가격변동에 대한 반응이 다르다는 경험적 결과들이 제출된 바 있지만, 한국에 관한 선행연구가 보여주는 바는 그것과 다소 달랐다. 박원호(2009)에서는, 자가 거주자들이 주택가격변동에 훨씬 민감하게 반응을 보인 것이 사실이지만, 차가 거주자들 역시 정도는 약하더라도 자가 거주자들과 같은 방향의 반응을 나타냈다고 보고한다. 주택가격 상승폭이 큰 지역에 거주하는 자가 거주자일수록 집권당을 더 지지했고, 그 지역 차가 거주자들도 약하지만 집권당에 더 지지를 보냈다는 것이다. 그는 이 결과에 대해 자가 거주자들은 개인적 경제투표(pocketbook voting) 경향을 보이는 반면 차가 거주자들은 사회적 경제투표(sociotropic voting) 경향을 나타내는 것으로 추정했는데, 본 연구에서는 개별 유권자 수준에서도 이런 경향이 나타나는지를 검증했다.

주택가격변동지수는 한국감정원의 '전국주택가격동향조사'자료의 월별 주택매매가격지수를 활용했다. 자료는 2012년 11월을 기준점(100)으로 설정한 다음 매월 매매가격변동을 지수화한 것이다. 기간은 2014년 6월 지방선

거 전 1년(2013년 5월~2014년 5월)으로 설정하였고, 이 기간 동안 주택매
매가격지수의 변동 값을 변수화했다. 기간을 1년으로 설정한 것은 유권자가
주택가치 변동을 인식하고 이를 정책선호에 반영할 수 있는 기간으로 추정
한 것이다. 박원호(2009)의 경우에도 선거 전 6개월 기간의 주택가격변동을
변수화 했지만 별도의 근거를 제시하지는 않았다. 본 설문조사 자료에서 분
류된 응답자의 거주지 최소범위는 시·군·구 단위로 수도권 전체 총 66개
단위2)가 포함되어 있었는데, 주택매매가격지수가 제공하는 행정단위 데이
터는 61개였기 때문에 5개 지역3) 응답자의 응답 값은 결측값으로 처리하여
변수화했다. 지수의 변동폭은 −2.8~4.1까지 분포했고 평균값은 0.62, 표준
편차는 1.22였다.

〈연구가설 2〉 주택 관련 객관적 조건은 투표결정에 유의한 영향을 미칠 것이다.
　〈가설 2-1〉 자가 거주자들은 차가 거주자들보다 새누리당에 더 투표했을 것이다.
　〈가설 2-2〉 총자산이 많은 유권자들일수록 새누리당에 더 투표했을 것이다.
　〈가설 2-3〉 선거 전 1년간 주택가격이 상승한 지역에 거주하는 유권자들일수록 새
　　　　　　누리당에 더 투표했을 것이다.

한국의 역대 정부들은 주기적인 부동산경기부양책을 통해 주택가치의 상
승이나 최소한 하락방지를 위한 정책방향을 추진해 왔으며, 이 점에서 현재
박근혜 정부 역시 예외는 아니었다.4) 따라서 〈연구가설 2-1〉은 자가 거주
자일수록 중앙정부 집권당의 주택정책 방향에 선호를 가질 것으로 가정하였
고 지방선거에서도 현직 집권당에 더 투표했을 것이라고 보았다. 또한 주택

---

2) 서울 25개 자치구, 인천 8개 자치구와 2개 군, 경기 28개 자치시와 3개 자치군이었다.
3) 인천의 강화·옹진군, 경기의 연천·가평·양평군의 매매지수는 포함되어 있지 않았다.
4) 박근혜 정부는 집권 1년차인 2013년에 '4.1대책' '7.23대책' '8.28대책' '12.3대책'에 걸
　쳐 총 4회에 이르는 부동산정책을 발표·추진했으며, 2014년에도 '2.26대책' '7.24대책'
　'9.1대책' 총 3회에 걸쳐 부동산정책을 발표했다. 각 대책의 초점은 조금씩 달랐지만,
　전체적인 방향은 다주택자 양도소득세 중과세 폐지, 주택구입자 양도세 한시 폐지, 주
　택담보인정비율·총부채상환비율 상향조정, 재건축 연한단축 등 주택소유자 입장에서
　주택가치 상승에 기여할 것으로 기대되는 정책방향을 취해왔다.

자산의 규모가 클수록 선호강도는 더 높을 것으로 가정하여 〈가설 2-2〉를 수립하였다. 그리고 한국 유권자들이 주택가치의 상승이나 하락을 기준으로 집권당에 보상을 하거나 제재를 하는 투표행태를 보여 왔다는 기존연구의 발견이 개별유권자 수준에서도 확인될 수 있는지를 검증하기 위해 〈가설 2-3〉을 수립하였다.

〈연구가설 3〉 유권자의 주택정책 인식은 투표결정에 유의한 영향을 미칠 것이다.
　〈가설 3-1〉 지역개발정책을 중요시하는 유권자들일수록 새누리당을 더 선택했을 것이며, 지역주거정책을 중요시하는 유권자들일수록 새누리당을 덜 선택했을 것이다.
　〈가설 3-2〉 유권자의 주택정책 인식은 주택 관련 객관적 조건들과는 독립적으로 투표결정에 영향을 미쳤을 것이다.

〈연구가설 3〉은 〈연구가설 1〉과 〈연구가설 2〉의 검증결과를 토대로 하여, 유권자의 주택정책인식이 객관적인 주택자산 조건과 독립적으로 지방선거 투표결정에 영향을 미쳤는지를 확인하기 위한 것이다. 앞선 가설검증 결과에 따라 만약 주택정책인식에 주택자산의 조건에 따른 선호나 제재보상 유인이 반영되었다면, 실제 투표 선택에서도 정책인식이 유의한 영향을 미쳤을 것으로 가정할 수 있다.

3. 통제변수의 설정

본 연구는 〈연구가설 1〉을 검증하기 위한 통제변수로 성, 연령, 학력, 이념, 소득변수를 사용했으며, 〈연구가설 2〉와 〈연구가설 3〉을 검증하기 위해 대통령 국정 지지도, 세월호 사건 영향력 변수를 추가하였다. 일반적으로 주택가격변동에 대해서는 남성보다 여성이 더 민감한 것으로 알려져 있으므로 주택정책인식 및 투표결정에서도 성별 영향력을 통제하였다. 연령변수도 정책인식 및 투표결정에 반드시 통제가 필요한 변수다. 집권당인 새누리당

의 주요 세대적 기반이 노령층으로 확인된 바 있으므로, 주택변인 및 주택정
책변인의 영향력을 확인하기 위해서는 통제가 필요하다. 또한 노령층일수록
같은 지역에 거주기간이 길 가능성이 높고 거주기간이 길수록 지역개발정책
이나 주거정책에 대한 특정방향의 정책선호를 형성하고 있을 가능성이 높기
때문이다.[5] 연령변수는 10세대별 6급 간 자료를 활용했다.

　학력변수는 정책인식에 필요한 정보의 차이를 야기할 수 있어 통제가 필
요하다고 판단했으며 중졸, 고졸, 전문대 재학이나 졸업, 4년제 대학 재학이
나 졸업의 4급 간 자료를 사용했다. 소득변수는 자가 소유자의 경우 주택
관련 대출이자와 연관성이 있을 수 있고 차가 거주자의 경우 지역주거정책
인식과 연관성을 가질 수 있다. 예컨대 공공임대주택 확대 등의 정책은 월
세 임대 가구의 생계비 감소와 직결될 수 있기 때문이다. 소득변수는 0~120
만 원, 120~250만 원, 250~350만 원, 350~450만 원, 450~700만 원, 700만
원 이상의 6급 간 자료를 사용했다. 이념변수는 투표결정에 독립적인 영향
력을 미치는 것으로 오래 확인되어 왔으며, 정책인식에서도 특정방향의 영
향을 미칠 수 있어 통제변인으로 포함했다. 문항은 진보-보수 0~10까지 11
급 간으로 측정된 자료를 사용했다.

　투표결정과 관련하여, 대통령 국정 지지도와 현안평가변수로서 세월호
변수를 반영한 것은 기존 지방선거연구의 연구 성과에 기초한 것이다. 기존
지방선거 연구들은 전국동시선거로 시행되는 우리나라 지방선거가 집권정
부에 대한 중간평가 성격을 띠고 있으며 대통령 국정 지지도 변수가 매우
유의한 영향을 미친다고 보고해 왔다(김형준 2010). 또한 지방선거를 즈음
하여 전국적으로 이슈가 되는 사건이나 정책이 유권자의 투표결정에 특정한
방향의 영향을 미쳐왔다는 경험적 결과들도 다수 발표된 바 있다(이현우
2011). 본 자료에서 대통령 국정 지지도는 잘함, 못함, 유보의 3가지 문항으
로 측정되었기 때문에 긍정 평가를 1, 부정 평가와 평가유보를 0로 더미변

---

5) 해외에서는 주택변수의 정치적 영향력을 검증하는 데 거주기간 변수를 포함하는 연구
　들이 많이 제출된 바 있는데, 본 연구가 사용하는 자료에는 거주기간 변수가 포함되어
　있지 않아 활용할 수가 없었다.

수화하였다. 2014년 지방선거에서 가장 큰 현안이슈는 세월호 사건이었으며, 본 자료에는 세월호 사건이 지방선거에 미친 영향력 정도를 4급 간으로 측정한 문항이 있어 이 변수를 사용하였다.

IV. 분석결과

1. 주택변수와 주택정책인식의 관계

〈표 5-2〉는 주택정책인식 중 지역개발정책 중요도 인식에 영향을 미치는 요인을 OLS 회귀분석을 통해 검증한 결과를 나타낸 것이다. 모형 1)~모형 3)은 자가 거주 변수, 총자산변수, 주택가격변동 변수 각각이 정책인식에 미친 영향을 살펴본 것으로, 자가 거주자들은 차가거주자들에 비해 지역개발정책을 더 중요하게 고려하고 있었고, 가구 총자산이 많은 유권자일수록 더 유의하게 지역개발정책을 고려했다. 반면 주택가격의 변동은 지역개발정책에 독자적인 영향을 미치지 않는 것으로 확인된다.

모형 설명력을 기준으로 볼 때, 모형 1)과 모형 2)의 R^2 값이 0.01정도의 미미한 차이를 보이고 있어 자가 거주 변수와 총자산 변수를 각각 포함한 모형의 설명력에 큰 차이가 없음을 확인할 수 있다. 그러나 모형 1)에서 자가 거주 변수의 표준화 회귀계수(B) 값은 0.138로 다른 모든 통제변인들의 B값보다 큰 것으로 나타난 반면, 모형 2)에서 총자산의 B값은 이념변수 계수 값보다 작은 0.101에 그친다. 이런 결과는 모형 4)에서도 확인할 수 있는데, 두 변수를 한 모형에 포함한 결과 여전히 자가 거주 변수의 영향력은 유의하지만 총자산 변수의 영향력은 사라진다. 유권자 입장에서 지역개발정책은 총자산 측면에서보다 주택자산 측면에서 고려되고 있음을 확인할 수 있다. 5개의 모형 가운데 모형 4)의 R^2 값이 0.058, 모든 변수를 포함한 모

〈표 5-2〉 지역개발정책 중요도 인식에 미치는 영향 요인 분석

	모형 1	모형 2	모형 3	모형 4	모형 5	모형 6
상수	2.584*** (.207)	2.508*** (.233)	2.652*** (.209)	2.454*** (.234)	2.598*** (.208)	2.477*** (.236)
성별 (남0, 여1)	.041 (.058)	.081 (.063)	.044 (.058)	.076 (.063)	.039 (.058)	.073 (.063)
연령 (저 → 고)	.018 (.025)	.033 (.028)	.035 (.024)	.029 (.029)	.017 (.025)	.028 (.029)
이념 (진보 → 보수)	.047*** (.013)	.051*** (.014)	.049*** (.013)	.051*** (.014)	.048*** (.013)	.052*** (.014)
학력 (저 → 고)	-.067* (.034)	-.070 (.037)	-.081* (.035)	-.063 (.038)	-.075* (.034)	-.072 (.038)
소득 (저 → 고)	.024 (.022)	.004 (.027)	.038 (.021)	.010 (.027)	.026 (.022)	.013 (.028)
자가거주 (비자가0, 자가1)	.260*** (.063)			.226** (.074)	.255*** (.063)	.225** (.074)
총자산 (저 → 고)		.046* (.020)		.020 (.021)		.018 (.022)
주택가격변동 (하락 → 상승)			.026 (.024)		.023 (.024)	.013 (.025)
N	920	815	922	809	914	803
F	7.912	6.785	5.512	7.050	7.084	6.302
R^2	.049	.048	.035	.058	.052	.060

* $p < 0.05$, ** $p < 0.01$ *** $< p < 0.001$ 수준에서 유의함
※ 표시된 계수 값은 비표준화 계수 값이며, 표준화 계수 값(B)은 본문서술에서 필요할 경우 제시함

형 6)의 R^2 값이 0.060으로, 지역개발정책인식에 관한 한 주거지의 주택가격변동이 유의한 영향을 미치지 않았을 뿐 아니라 모형의 설명력 상승에도

큰 기여를 하지 않는 것으로 나타난다.

통제변인 가운데는 이념이 모든 모형에서 높은 유의도를 나타내고 있는데, 주관적 이념성향이 보수적이라고 인식할수록 지역개발정책을 더 중요하게 고려했다는 것이다. 학력변인은 모형 1), 모형 3), 모형 5)에서만 약한 영향력이 확인되는데, 세 모형의 특징은 모두 총자산 변인이 포함되어 있지 않다는 점이다. 학력과 총자산 규모 사이의 상관성이 존재하지만 종속변수에 미치는 영향력의 크기에 있어 총자산 규모의 영향력이 더 크기 때문에, 두 변수를 모두 포함할 경우 학력변인의 영향력이 사라진다고 추정할 수 있겠다. 실제 두 변인의 양변인 상관관계는 −0.43(**)로, 나이가 많을수록 학력이 낮은 유의한 상관성을 보였다.

〈표 5-3〉은 지역주거정책인식을 종속변인으로 한 모형들이다. 모형 1)과 모형 2)에서 자가거주 변수와 총자산규모 변수를 각각 포함했을 때 두 변수는 모두 지역주거정책 중요도 인식에 영향을 미치는 것으로 확인된다. 자가거주자가 아닐수록 주거정책을 더 중요하게 고려했으며 자산규모가 작을수록 주거정책을 더 중시했다. 모형 1)과 모형 2)의 R^2 값은 각각 0.024와 0.020으로 자가 거주 변수를 포함한 모형의 설명력이 조금 더 큰 것으로 나타나며, 각 모형에서 회귀계수 값도 자가 거주 변수 값이 훨씬 큰 것으로 확인된다. 이런 결과는 모형 4)에서 두 변수를 함께 포함했을 때 자가 거주 변수는 여전히 유의하지만 총자산 규모 변수의 영향력은 사라지는 패턴으로 나타난다. 지역개발정책 중요도 인식에서와 마찬가지로 주택가격변동은 지역주거정책 중요도 인식에 유의한 영향을 미치지 않았으며, 모형 설명력에도 기여하지 않는 것으로 확인된다.

통제변인을 기준으로 〈표 5-2〉와 〈표 5-3〉을 비교해 보면, 지역개발정책은 이념에 따라 중요도 인식이 영향을 받았지만 지역주거정책 인식에는 영향이 없는 것을 알 수 있다. 반면 모형 4)에서 약하지만 연령변수의 영향력이 확인된다. 자가 거주 여부와 자산규모를 통제했을 때 연령대가 높을수록 주거정책을 중요하게 고려했다는 것은, 공공임대주택 등 주거복지정책에 대한 수요가 젊은 층보다 노령층에 더 발견된다고 해석할 수 있겠다.

〈표 5-3〉 지역주거정책 중요도 인식에 미치는 영향 요인 분석

	모형 1	모형 2	모형 3	모형 4	모형 5
상수	3.394*** (.188)	3.113*** (.206)	3.427*** (.190)	3.153*** (.207)	3.195*** (.209)
성별 (남0, 여1)	-.017 (.053)	.038 (.055)	-0.13 (.053)	.040 (.056)	.045 (.056)
연령 (저 → 고)	.041 (.022)	.047 (.025)	.038 (.022)	.051* (.025)	.046 (.025)
이념 (진보 → 보수)	-.013 (.012)	.002 (.012)	-.013 (.012)	.003 (.012)	.003 (.012)
학력 (저 → 고)	-.058 (.031)	-.022 (.033)	-.055 (.031)	-.029 (.033)	-.026 (.033)
소득 (저 → 고)	-.002 (.020)	.018 (.024)	-.007 (.020)	.015 (.024)	.009 (.024)
자가거주 (비자가0, 자가1)	-.196** (.057)		-.186*** (.057)	-.158* (.065)	-.147* (.066)
총자산 (저 → 고)		-.053** (.017)		-0.35 (.019)	-0.35 (.019)
주택가격변동 (하락 → 상승)			-.031 (.021)		-.035 (.022)
N	919	816	913	809	804
F	3.733	2.766	3.330	3.243	2.968
R^2	.024	.020	.025	.028	.029

* p<0.05, ** p<0.01 *** <p<0.001 수준에서 유의함
※ 표시된 계수 값은 비표준화 계수 값이며, 표준화 계수 값(B)은 본문서술에서 필요할 경우 제시함

이상의 결과를 토대로 할 때, 〈연구가설 1〉에서 〈가설 1-1〉과 〈가설 1-2〉는 지지된 것으로 볼 수 있지만 〈가설 1-3〉은 기각되었다. 유권자들은 단기

간의 주택가격변동에 대한 이해관계를 정책중요도 평가에는 반영하지 않고 있는 것으로 나타나며, 주택보유 여부나 총자산이라는 보다 장기적인 경제적 이해관계 측면에서 고려하고 있는 것으로 해석할 수 있다.

2. 주택변수와 투표 선택의 관계

다음으로 〈연구가설 2〉를 검증하기 위하여 광역단체장과 기초단체장, 광역의회 정당비례 투표결과를 종속변수로 하여 주택변인들의 영향력을 분석했으며, 새누리당 투표(1)와 새정치민주연합 투표(0)를 더미변수로 한 로지스틱 회귀분석방법을 사용하였다.

먼저 〈표 5-4〉는 광역단체장 투표에 미친 각 변수의 영향력을 분석한 결과다. 모형 1)~모형 3)을 보면, 다른 변수들을 통제할 경우 자가 거주 여부와 주택가격변동은 각각 광역단체장 투표에 유의한 영향을 미친 반면 총자산 규모는 그렇지 않았다. 자가 거주자는 차가 거주자에 비해 새누리당 광역단체장 후보를 더 지지했지만 총자산규모에 따른 차이는 발견되지 않는다. 이런 결과는 유권자가 주택이라는 구체적 기반을 토대로 광역단체장 투표 선택을 했던 것으로 해석할 수 있다. 한편 모형 3)에서 선거일 전 1년 동안 주택가격이 상승한 지역에 거주하는 유권자일수록 새누리당 후보를 더 지지한 것으로 나타나, 주택가치 변동을 기준으로 집권당에 보상을 하거나 제재를 한다는 가설이 지지될 수 있음을 확인해 주었다. 〈표 5-2〉나 〈표 5-3〉을 통해 정책인식에는 단기변동보다 장기적 자산기반이 더 중요하게 고려되고 있음을 확인했지만, 투표 선택에서는 단기 정책성과에 대한 회고적 평가가 중요한 기준이 될 가능성을 보여준다.

그러나 가설을 확증하기 위해서는 주택자산의 규모와 주택가격변동 변수 사이의 상관성을 추정할 수 있기 때문에 별도의 검증이 필요하다. 예컨대 원래 집값이 비싼 지역일수록 집값 상승폭이 더 높게 나타났을 가능성이 있으며, 이 경우 총자산 규모가 그 자체로 독립적 영향을 미치지는 못하더라

〈표 5-4〉 광역단체장 투표 선택에 미치는 영향요인 분석: 주택변수의 영향

	모형 1		모형 2		모형 3		모형 4	
	B (s.e)	Exp(B)	B (s.e)	Exp(B)	B (s.e)	Exp(B)	B (s.e)	Exp(B)
상수	-5.167*** (.732)	.006	-4.154*** (.786)	.016	-5.178*** (.740)	.006	-4.443*** (.807)	.012
성별 (남0, 여1)	-.200 (.185)	.819	-.267 (.195)	.766	-.184 (.185)	.832	-.271 (.196)	.762
연령 (저 → 고)	.312*** (.083)	1.367	.291** (.094)	1.337	.353*** (.083)	1.424	.297** (.094)	1.346
이념 (진보 → 보수)	.290*** (.046)	1.336	.239*** (.048)	1.270	.283*** (.046)	1.327	.238*** (.049)	1.268
학력 (저 → 고)	.178 (.111)	1.194	.084 (.117)	1.088	.160 (.112)	1.173	.093 (.119)	1.098
소득 (저 → 고)	-.046 (.068)	.955	-.080 (.083)	.923	-.012 (.067)	.988	-.066 (.085)	.936
대통령국정평가 (긍정1, 기타 = 0)	2.366*** (.199)	10.656	2.461*** (.212)	11.719	2.441*** (.200)	11.486	2.469*** (.216)	11.808
세월호 영향 (크다 → 작다)	.267** (.088)	1.306	.229* (.093)	1.257	.280** (.088)	1.323	.227* (.094)	1.255
자가거주 (비자가0, 자가1)	.560** (.230)	1.750					.459* (.235)	1.583
총자산 (저 → 고)			.081 (.061)	1.085			.027 (.068)	1.028
주택가격변동 (하락 → 상승)					.182* (.076)	1.200	.172* (.080)	1.188
N	897		810		894		795	
-2 Log likelihood	758.274		689.180		761.433		675.498	
Cox & Snell R²	.393		.389		.392		.392	

* p〈0.05, ** p〈0.01 *** 〈p〈0.001 수준에서 유의함

도 두 변수를 동시에 고려했을 때 주택가격변동이 미치는 영향력이 사라질 수도 있다. 그런데 자가거주, 총자산 규모, 주택가격변동 변수를 모두 포함한 모형 4)에서도 여전히 주택가격변동 변수는 자가 거주 변수나 총자산 변수와 독립적인 영향을 미치는 것으로 나타나, 단기성과에 대한 회고적 평가변인이 작동하고 있음을 추정케 한다.

통제변수들을 보면, 모형에 관계없이 연령, 이념, 대통령 국정평가, 세월호 변수들이 모두 유의한 영향을 미치는 것으로 확인된다. 나이가 많을수록, 주관적 이념이 보수적이라고 생각할수록, 대통령국정평가가 긍정적일수록, 세월호 영향력이 작다고 생각할수록 새누리당 광역단체장에 더 투표를 한 것이다. 반면 성별이나 학력, 소득은 영향을 미치지 못했다.

다음으로 광역의회 정당투표에 주택변수가 미친 영향에 대한 분석결과를 나타낸 것이 〈표 5-5〉다. 모형 1)~모형 3)에서, 정당투표에서는 광역단체장 투표와 달리 자가거주 여부나 주택가격변동이 영향을 미치지 않는 대신 총자산 변수가 영향을 미치는 것으로 확인되며, 이런 결과는 모형 4)를 통해서도 확인이 가능하다. 두 선거를 비교해 보면, 광역단체장 후보를 선택할 때는 총자산에 기초한 이해관계보다 자가나 주택가격변동이라는 구체적 이해관계가 반영된 반면, 정당투표에서는 주택 가치를 넘어서는 총자산 가치가 중요하게 고려된 것으로 추정할 수 있다. 수도권 유권자들은 새누리당 수도권 광역단체장 후보들이 내건 공약에서 주택 가치와 관련된 구체적인 정책적 이해관계를 발견한 반면, 정당 지지에서는 보다 넓은 맥락에서 각 정당이 추구해온 정책들에 포괄적 이해관계를 반영했을 수 있다는 것이다.

〈표 5-5〉의 통제변수와 관련하여, 흥미로운 것은 총자산과 연령, 학력 사이의 관계다. 모형 1)과 모형 3)에서는 연령효과와 학력효과가 발견되는 반면 모형 2)와 모형 4)에서는 그 관계가 발견되지 않는 것이다. 차이는 총자산규모 변수의 포함 여부였다. 지역개발정책인식에 영향요인을 분석했던 〈표 5-2〉에서도 학력과 총자산 규모 사이에 유사한 관계가 발견된 바 있었는데, 〈표 5-5〉에서는 연령과 총자산 사이에도 유의한 관계를 추정할 수 있다. 양변인 상관관계 검증에서 연령과 총자산 규모 사이에는 0.12(**) 정

〈표 5-5〉 광역의회 정당투표에 미치는 영향요인 분석: 주택변수의 영향

	모형 1		모형 2		모형 3		모형 4	
	B (s,e)	Exp(B)	B (s,e)	Exp(B)	B (s,e)	Exp(B)	B (s,e)	Exp(B)
상수	-4.495*** (.764)	.011	-3.790*** (.831)	.023	-4.366*** (.764)	.013	-3.666*** (.841)	.026
성별 (남0, 여1)	-.260 (.192)	.771	-.316 (.206)	.729	-.255 (.192)	.775	-.328 (.207)	.720
연령 (저 → 고)	.261** (.088)	1.299	.171 (.099)	1.187	.267** (.087)	1.306	.172 (.099)	1.188
이념 (진보 → 보수)	.297*** (.048)	1.346	.274*** (.051)	1.315	.296*** (.048)	1.344	.269*** (.052)	1.308
학력 (저 → 고)	.277* (.118)	1.320	.167 (.127)	1.182	.265* (.119)	1.303	.161 (.128)	1.174
소득 (저 → 고)	-.104 (.070)	.902	-.207* (.087)	.813	-.096 (.070)	.909	-.205* (.088)	.815
대통령국정평가 (긍정1, 기타 = 0)	2.552*** (.219)	12.836	2.670*** (.235)	14.439	2.580*** (.219)	13.202	2.646*** (.237)	14.100
세월호 영향 (크다 → 작다)	.254** (.092)	1.289	.230* (.098)	1.258	.250** (.091)	1.285	.218* (.098)	1.243
자가거주 (비자가0, 자가1)	.198 (.205)	1.219					.006 (.240)	1.006
총자산 (저 → 고)			.180** (.098)	1.198			.172** (.070)	1.188
주택가격변동 (하락 → 상승)					-0.11 (.079)	.989	.001 (.084)	1.001
N	797		721		794		706	
-2 Log likelihood	695.963		612.551		697.716		608.131	
Cox & Snell R²	.397		.408		.397		.403	

* p〈0,05, ** p〈0.01 *** 〈p〈0.001 수준에서 유의함

도의 낮은 상관관계를 나타내고 있지만, 나이가 많을수록 총자산규모는 커진다. 총자산을 통제하지 않을 경우 연령이 많을수록 새누리당 정당투표 가능성은 높아지지만, 총자산을 통제할 경우 총자산 규모변수의 영향력이 더 크기 때문에 연령변수의 효과는 사라지는 것이다.

반면, 기초자치단체장 투표에서는 주택 관련 3가지 변수가 각각 유의한 영향을 미치지 않는 것으로 나타났으며, 2개 혹은 3개 변수 간 상호 통제효과를 고려하여도 독립적인 영향을 미치는 변수는 발견되지 않았다. 〈연구가설 2〉와 관련하여 자가거주 여부와 주택가격변동 변수는 광역단체장 투표에, 총자산 변수는 광역단체장 투표에 영향을 미쳐 유권자가 인식하는 선거의 특성에 따라 각각 부분적인 효과만을 확인할 수 있었으며, 기초단체장선거에서는 모든 가설이 기각되었음을 알 수 있다.

3. 주택정책인식과 투표 선택의 관계

마지막으로 〈연구가설 3〉을 검증하기 위한 모형 분석결과를 나타낸 것이 〈표 5-6〉이다. 광역단체장과 기초단체장 투표에서 모두, 다른 변수들을 통제하고서도 개발정책과 주거정책인식은 투표 선택에 유의한 영향을 미치는 것으로 확인되어 〈연구가설 3〉을 지지했다. 개발정책을 중요하게 고려할수록 새누리당을 더 지지했으며, 주거정책을 중요시할수록 새누리당을 지지하지 않았다. 반면 광역의회 정당투표에서는 주거정책인식만이 유의한 영향을 미치는 것으로 나타났다.

광역단체장 투표를 보면 정책인식변수가 포함된 후 〈표 5-4〉에서 확인된 자가 거주와 주택가격변동 변수의 영향력이 사라졌는데, 이런 결과는 주택을 둘러싼 개인적 이해관계가 정책적 고려를 매개로 투표 선택에 영향을 미쳤음을 확인해준다. 반면 기초단체장 투표에서는 객관적 주택변인의 효과는 발견되지 않았음에도 불구하고 개발정책과 주거정책인식은 유의한 영향을 미치는 것으로 나타나 광역단체장 투표와는 다른 패턴을 나타내고 있다. 두

〈표 5-6〉 주택정책인식이 지방선거 투표 선택에 미친 영향 분석

	광역단체장		기초단체장		광역의회 정당투표	
	B (s.e)	Exp(B)	B (s.e)	Exp(B)	B (s.e)	Exp(B)
상수	-4.451*** (.936)	.012	-2.870*** (.888)	.057	-2.914** (.959)	.054
성별 (남0, 여1)	-.292 (.200)	.747	-.375 (.193)	.687	-.313 (.210)	.731
연령 (저 → 고)	.312*** (.095)	1.366	.029 (.093)	1.029	.182 (.100)	1.200
이념 (진보 → 보수)	.217*** (.049)	1.243	.250*** (.050)	1.284	.258*** (.052)	1.294
학력 (저 → 고)	.141 (.121)	1.151	.064 (.117)	1.066	.182 (.130)	1.200
소득 (저 → 고)	-.069 (.086)	.933	-.195* (.082)	.823	-.209* (.088)	.811
대통령국정평가 (긍정1, 기타 = 0)	2.491*** (.225)	12.070	2.154*** (.222)	8.623	2.691*** (.244)	14.751
세월호 영향 (크다 → 작다)	.234* (.097)	1.264	.411*** (.093)	1.508	.211* (.100)	1.235
개발정책중요도 (안중요 → 중요)	.458*** (.130)	1.581	.432*** (.123)	1.540	.162 (.134)	1.176
주거정책중요도 (안중요 → 중요)	-.409** (.143)	.665	-.308* (.139)	.735	-.378* (.151)	.685
자가거주 (비자가0, 자가1)	.323 (.243)	1.382	-.174 (.230)	.840	-.078 (.248)	.925
총자산 (저 → 고)	.007 (.069)	1.007	.066 (.066)	1.069	.158* (.071)	1.172
주택가격변동 (하락 → 상승)	.143 (.082)	1.154	.031 (.078)	1.031	-.029 (.086)	.971
N	777		733		689	
-2 Log likelihood	652.965		686.941		592.303	
Cox & Snell R^2	.401		.357		.408	

* p〈0.05, ** p〈0.01 *** 〈p〈0.001 수준에서 유의함

선거에서 투표 선택의 차이는 유권자들의 서로 다른 경제투표 양식에서 기인한 결과라고 추정해 볼 수 있다. 광역단체장 투표에서는 개인적 경제투표 (pocketbook voting) 경향이 지배적이었던 반면 기초단체장 투표에서는 사회적 경제투표(sociotropic voting) 경향이 우세했다는 것이다. 유권자 개인은 개인경제상황에 대한 회고적 평가나 전망적 기대를 투표에 반영할 수도 있지만 국가나 지역공동체 전체의 경제상황에 대한 평가나 기대를 기준으로 투표를 할 수도 있는데, 유권자 개인의 특성이나 각 선거의 조건에 따라 어떤 경향이 더 우세하게 작용하는지는 달라질 수 있다. 예컨대 교육수준이 높은 유권자들은 사회적 경제투표보다 개인적 경제투표를 하는 경향이 더 강하다(Gomez and Wilson 2006)는 발견은 유권자 개인의 특성에 따른 차이를 설명한다. 반면 전국선거와 지방선거에서 유권자는 서로 다른 기준을 사용하며 지방선거에서는 지역 실업률 등 지역경제 상황을 인지하게 하는 독립적인 요인들이 투표결정에 더 유의한 영향을 미친다(Ansolabehere et al. 2012)는 설명은, 선거의 성격 차이에 따라 유권자의 투표기준이 달라질 수 있다는 가설에 해당한다.

이러한 기존연구들에 입각할 때, 2014년 지방선거에서 수도권 유권자들은 광역단체장 투표를 할 때는 개인경제투표 경향을 더 강하게 반영한 반면 기초단체장 투표를 할 때는 지역공동체를 기준으로 한 사회적 경제투표 경향을 보였기 때문에, 투표분석의 서로 상이한 결과가 나타난다는 가설을 수립할 수 있다. 하지만 본 연구의 분석모델로는 차이에 관한 원인을 직접 규명할 수는 없으며, 이는 차후 다른 자료와 모형을 통해 검증해야 할 문제다.

한편 광역의회 정당투표에서 개발정책인식은 유의한 영향이 없었던 반면 주거정책인식은 유의한 효과를 나타냈는데, 이런 결과는 총자산규모의 영향이 여전히 유의한 것과 연관지어 생각해 볼 수 있다. 객관적 주택변인만 포함했던 〈표 5-5〉에서 자가 여부나 주택가격변동 변수는 유의하지 않았던 반면 총자산규모만 유의한 영향을 나타냈는데, 이런 경향은 〈표 5-6〉에서도 발견된다. 이로부터 생각해 볼 수 있는 추론은, 정당투표에서 유권자들은 선거에 제출된 구체적 개별정책이 아니라 보다 넓은 맥락에서 정당의 정책

경향을 보고 투표결정을 했으며, 주거정책 역시 해당 자치단체의 정책 차원이 아니라 각 정당의 일반적인 복지정책 선호 경향 차원에서 인지하고 투표결정에 반영했을 가능성이다. 공공임대주택 건설 등의 정책을 주거복지정책차원에서 인지했다면, 총자산 수준에 따른 다양한 정책선호들 가운데 한 차원으로 인지되고 주거정책인식이 독립적인 영향을 미치는 결과에 이르렀을수 있다. 물론 이 가설 역시 향후 다른 모형을 통해 확인이 필요한 가설일뿐이지만, 단체장 투표와 정당투표의 성격 차이를 고려할 때 충분히 생각해볼 수 있는 가설이다.

V. 결론 및 함의

본 연구는 우리나라 정치, 특히 지방정치에서 집값의 정치가 중요한 작동메커니즘으로 자리한다는 직관적 인식을 경험적으로 검증한 것에 1차적 의의가 있다. 논문의 발견으로는 첫째, 역대 중앙정부나 지방정부가 주거와 개발정책을 정부의 성패에 관건적 요소로 인식했던 것에 대하여 유권자의 실질적 이해관계와 그에 입각한 정책태도로부터 미시적 근거를 확인한 것이다.

둘째, 주택자산의 가치를 중심으로 형성되어 있는 대다수 한국 유권자들의 자산구조로부터 주택정책에 대한 민감도나 중요도를 충분히 추론할 수있었지만, 실제로 투표 선택에서도 유의한 기준으로 사용하고 있다는 점을확인하였다.

셋째, 유권자들이 단체장 후보와 정당에 대해 주택정책의 정체성 차이를인지하고 이를 투표 선택 기준으로 삼았다는 부분 역시 논문의 발견이다.유권자 수준에서 자신의 이해관계에 따라 정책태도가 상이하게 형성될 수는있지만, 두 정당의 정책 차이가 실제로 없었거나 유권자들에게 인지되어 있지 않았다면 주택정책 태도가 투표 선택의 기준으로 작동하지는 않았을 것이기 때문이다.

넷째, 개발정책뿐 아니라 주거정책 역시 유권자들에게 중요한 선택기준으로 작동한다는 점을 확인한 것이다. 오랫동안 한국인들에게 주거안정성을 확보하는 유일한 방안은 열심히 노력해서 자기 소유의 주택을 갖는 것이었다. 이런 열망을 활용해 역대 정부들은 선(先)분양 방식으로 대단지 아파트들을 지어 공급을 확대하는 정책을 추진했고, 이를 통해 주거문제뿐 아니라 건설업 확장, 금융시장 확대, 단기 경기부양정책 효과들을 노렸다. 공공임대 방식으로 주거문제 안정화를 모색했던 역사는 그에 비하면 매우 짧다. 그러나 인구 고령화와 저출산 현상으로 신규 주택구매 수요는 줄어들고 소득과 자산의 양극화가 진행되면서 점점 더 노력으로 자가 구입이 어려워지는 상황에 직면했다. 이런 사회변동은 과거의 방식이 아닌 다른 방식의 주거 안정화 정책에 대한 인식과 선호를 형성시켰고 그 한 결과가 본 연구를 통해 확인된 것으로 볼 수 있다.

본 연구의 한계로는 수도권 유권자 조사 자료를 사용하였기 때문에 전국 수준의 일반화를 할 수는 없다는 점이다. 전국적 수준에서 주택변수와 주택정책 태도의 관계, 주택정책태도와 투표 선택의 관계를 확인하기 위해서는 동일한 문항이 있는 별도의 자료를 활용한 후속연구에 기댈 수밖에 없을 것이다. 직관적으로 추론해 보자면, 지역개발정책은 비수도권지역 지방정부에서도 중요한 정책영역이며 대단지 신규주택건설이나 재건축, 재개발을 통한 주택공급정책 중심의 비교적 유사한 정책수단을 사용해 왔기 때문에 유권자들의 정책선호 역시 유사하게 형성되어 있을 것으로 생각된다. 반면 지역주거정책은 비수도권지역일수록 정책의 격차가 클 수밖에 없을 것이기 때문에 수도권과 동일한 결과가 나올 수 있을지는 추정하기 어렵다.

그러나 주택자산과 정책선호, 그리고 선거에서 투표 선택이 유의한 관계를 가질 수 있다는 발견은 그 자체로 중요한 학술적 함의와 정책적 함의를 가질 수 있기 때문에 후속연구를 통한 반복적 검증이 필요해 보인다. 지금까지 한국 선거에서 투표 선택을 매개하는 정책변수의 효과는 충분히 검증되지 못했다. 특히 무상급식 등 선거 캠페인 과정에서 갑자기 등장한 정책변수들이 아닌 자산이나 소득, 직업 등 유권자들의 삶에 일상적인 영향을 미치는 정책영역들의 효과가 향후 더 풍부하게 탐색될 필요가 있다. 이를 위해서는 유권자들의 일상을 구성하는 사회현실로부터 보다 체계화되고 세분화된 정책적 매개를 찾고 이를 경험적으로 분석하는 접근이 필요할 것이다.

제6장

2014년 지방선거 패널조사의 방법 소개와 타당성 검토

박종선 · 최선아 | 한국리서치

I. 2014년 지방선거 개관 및 특징

내일신문 · 서강대 현대정치연구소 · 한국리서치 3개 기관은 2014년 지방선거를 맞아 선거 패널조사를 기획 · 실시하였다. 3개 기관은 그동안 여러 차례에 걸쳐 선거 및 정치 관련 여론조사를 공동으로 수행한 경험이 있으며, 과거 실시된 선거 패널조사에 직 · 간접적으로 참여한 경험이 풍부하다는 장점이 있다. 이러한 장점을 바탕으로 지방선거운동기간 동안 유권자들의 의식과 태도 변화, 이슈에 따른 반응 등을 파악하고자 패널조사를 기획하였으며, 2014년 지방선거의 유일한 패널조사로 실시하게 되었다.

그동안 국내 선거 패널조사라 하면, 동아시아연구원과 SBS, 중앙일보, 한국리서치가 2006년 이후 5차례에 걸쳐 실시한 패널조사가 국내 최초이자 최고의 패널조사로 실시되었으나, 2014년 지방선거에서는 해당 조사가 여러 이유로 진행되지 못하였다. 이러한 상황에서, 내일신문과 서강대 현대정치연구소의 결단과 희생으로 이번 지방선거에서도 선거 패널조사가 실시될 수 있었다는 점에서 큰 의미가 있는 것이다. 나아가 주관기관과 조사 설계에 변화가 있었다 하더라도 큰 틀에서 과거 선거 패널조사와의 비교 연구가 가능한 수준으로 조사가 이루어졌다는 것은 선거를 연구하는 많은 연구자들에게 큰 행운이라 하겠다.

2014년 지방선거의 공식명칭은 '제6회 전국동시지방선거'이다. 1995년 이후 여섯 번째 동시지방선거이면서, 4년 주기로 진행된 다섯 번째 선거에 해당한다. 이번 선거는 2014년 6월 4일(수) 실시되었으며, 유권자는 시·도 교육감, 시·도지사, 구·시·군의 장, 지역구 시·도의원, 비례대표 시·도 의원, 지역구 구·시·군 의원, 비례대표 구·시·군 의원 등 모두 7개의 선거에 대해 투표하였다. 2014년 지방선거의 총 유권자 수는 41,296,228명으로 전체 인구의 80.4%에 해당하며, 유권자 중 투표에 참여한 비율(최종 투표율)은 56.8%이다. 이러한 투표율은 최근 10년 내 선거 중에서는 17대 대선, 17대 총선 다음으로 높은 수준이며, 지난 2010년 지방선거 투표율 54.5%보다 2.3%p 높은 수치이다.

투표율과 관련하여 이번 지방선거에서의 가장 큰 차별점은 사전투표제의 도입을 들 수 있다. 사전투표제는 기존의 부재자투표의 문제점을 개선하고 보완하기 위한 목적으로 실시되었으며, 종전 부재자투표가 사전 신고 절차를 거쳐야 한 반면, 사전투표제는 신고 없이 누구나 가까운 사전투표소에

〈표 6-1〉 2014년 지방선거 투표율과 역대 선거 투표율

(단위: %)

선거명	제17대 국회의원 선거 (2004.4.15)	제4회 전국동시 지방선거 (2006.5.31)	제17대 대통령선거 (2007.12.19)	제18대 국회의원 총선거 (2008.4.9)	제5회 전국동시 지방선거 (2010.6.2)	제6회 전국동시 지방선거 (2014.6.4)
투표율	60.6	51.6	63.0	46.1	54.5	56.8

* 출처: 중앙선거관리위원회

〈그림 6-1〉 부재자투표와 사전투표제

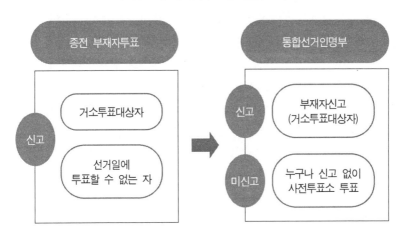

방문하여 투표할 수 있다는 차이가 있다. 사전투표는 선거일 전 5일부터 2일 동안 실시되었으며, 유권자 입장에서는 총 3일의 선거일이 주어지는 효과를 가져왔다.

실제 전체 투표자 수 중 20.2%가 사전투표제를 통해 제6회 전국동시지방선거에 참여한 것으로 나타나 투표율 제고에 일정 부분 기여한 것을 볼 수 있다. 이외에 선거제도의 변화와 관련하여 '교육감 직선제 개선 문제'와 '기초단체장과 기초의회 의원에 대한 정당공천제 폐지 문제'가 논란이 되었다. 두 가지 사안 모두 여야 간 대립과 논쟁이 있었으나, 결과적으로 기존 제도에 변화를 가져오지는 못하였다.

특히 '기초단체장과 기초의회 의원에 대한 정당공천제 폐지 문제'는 야당이 단독으로 무공천을 추진하며 여당을 압박하였으나, 야당 내부에서의 반발에 밀려 결국 공천을 실시하면서 선거 일정에 큰 차질이 빚어지기도 하였다. 지방선거를 한 달 반 정도 앞두고 일어난 세월호 참사는 304명의 무고한 생명을 앗아가면서, 국가적 비상 상황을 초래하였으며 선거 일정 역시 혼란이 불가피하였다. 선거운동은 전면 중단되었고, 뒤늦게 기초자치단체 후보를 공천하기로 결정한 야당은 후보자 공천일정이 늦어지는 결과를 초래

하였다.

세월호 참사가 선거에 어떠한 영향을 미쳤는지는 여전히 논란이 되고 있으나, 선거 일정이나 선거운동의 방식과 내용 등에 있어서의 영향은 분명해 보인다. 이번 지방선거에서는, 투표 직전까지 세월호 참사에 대한 정부의 대응력 부재를 비판하는 여론으로 인해 야당에 유리할 것이라는 전망이 우세하였으나, 최종 결과는 여야 어느 누구의 승리를 말하기 어려울 정도로 대등하게 나타났다. 혹자는 '유권자의 절묘한 균형'이라 표현하기도 하고, '여당의 선전과 야당의 실질적 패배'로 표현하기도 하였다. 어느 해, 어느 선거이든 특별한 이슈나 쟁점이 있어 왔다. 특히, 선거운동기간 중에 발생한 사건으로 인해 선거결과가 변화하는 여러 사례들이 있었지만, 2014년 지방선거는 세월호 참사라는 국가적 비극으로 인해 그 어느 때와도 비교하기 어려운 특별한 상황에서 선거가 치러졌다.

특정 이슈에 의한 선거 영향을 분석하는 데 가장 효과적인 조사 방법이 패널조사라는 점에서, 이번 조사 결과가 세월호 참사의 영향을 보다 면밀히 분석하기 위한 중요한 자료가 될 것이다.

II. 조사 설계 시 고려사항

패널조사는 여론조사의 다양한 방법 중에서도 가장 까다롭고 비용이 많이 드는 조사 방법이다. 때문에 다양한 know-how를 활용하지 않으면 성공적인 진행이 어렵다는 것이 일반적인 상식이다. 내일신문·서강대 현대정치연구소·한국리서치 3개 기관의 담당자들은 과거 직·간접적으로 참여한 여러 패널조사에서의 경험을 바탕으로 2014년 패널조사를 위한 가장 효과적인 조사 설계를 기획하였다. 특히, 이번 조사의 설계는 다음의 내용들을 고려한 결과이다.

첫째, 조사 지역은 어디로 할 것인가?

이번 선거와 같은 전국동시지방선거는 대통령선거나 국회의원선거보다 조사 지역의 선정이 까다로운 편이다. 선거의 특성상 전국을 포괄하기 어렵다는 점에서 특정 지역을 선정해야 하며, 다양한 선거가 치러지기 때문에 조사 지역 외에 조사 선거를 선정하는 문제까지 고려해야 하기 때문이다. 이러한 지방선거에서 조사 지역은 결과의 일반화가 용이하도록 지역적 특색이 크게 영향을 끼치지 않아야 할 필요가 있으며, 언론보도 상황을 고려하여 전국적인 주목을 받을 수 있는 지역이어야 한다.

둘째, 조사 횟수는 어떻게 할 것인가?

조사 횟수는 예산문제와 밀접한 관련이 있다. 하지만 그뿐 아니라 응답자의 피로도에 따른 패널손실, 조사 결과 분석의 깊이와 이슈 대응력 등과 밀접한 연관이 있다. 조사 횟수가 지나치게 많을 경우, 응답자들이 피로를 느껴 패널손실이 커지는 문제가 발생하는 반면, 조사 결과의 분석이 용이하고 이슈 발생에 신속하게 대응할 수 있는 장점이 있다. 조사 횟수가 지나치게 적을 경우, 패널손실은 줄일 수 있으나 조사 결과 분석에 한계가 있고 이슈에 대응하기 어렵다는 단점이 있다.

셋째, 조사 시기는 언제로 할 것인가?

조사 시기는 조사 횟수와 깊은 연관이 있다. 조사 횟수가 많다면 여러 차례 조사를 할 수 있기 때문에 조사 시기 선정이 다소 쉽지만, 조사 횟수가 적을 경우 신중한 결정이 필요하다. 자칫하면 핵심 이슈에 관한 결과를 얻지 못할 수도 있다. 이 외에 패널손실에 대비한 조사 표본의 할당, 패널관리 및 조사 방법 등의 문제도 함께 고려함으로써, 정확한 결과를 얻을 수 있는 가장 효과적 설계를 목표로 하였다.

III. 조사 개요

1. 조사 지역

조사 지역은 서울, 경기, 인천지역을 포함하는 수도권을 대상으로 하였다. 앞서 언급한 바와 같이, 지방선거에서 전국을 포괄하는 것은 한계가 있을 뿐 아니라 분석 측면에서 의미도 크지 않다. 때문에 특정 지역을 선정하였으며, 결과의 일반화 및 전국적인 주목도를 감안하여 수도권지역을 조사 지역으로 선정하였다. 그중에서도 지방선거에서 가장 규모가 큰 광역단체장선거(즉, 서울시장과 인천시장, 경기도지사선거)를 주요 조사 대상으로 하였다.

2. 조사 대상

조사 대상은 서울, 경기, 인천지역에 거주하는 만 19세 이상 성인남녀로 삼았다. 조사 대상자의 범위는 투표권을 가지는 유권자의 구성비와 유사성, 모집단 구성비를 알 수 있는 객관적 자료의 확보여부 등을 감안하였다.

3. 조사 규모

조사 규모는 예산과 함께, 2차 조사에서의 최소 조사 표본을 감안하여 결정하였다. 지역별 조사 결과의 허용 표본오차가 ±4.9% 수준에 해당하는 400명을 2차 조사 규모로 계획하였으며, 패널 유지율을 감안하여 25%를 추가한 500명씩을 1차 조사 규모로 확정하였다. 최종 유효표본 목표를 1,200명으로 한 것은 수도권 전체 분석 이외에 서울, 인천, 경기 각 지역별 분석시 과소표본으로 인한 분석의 한계를 극복하기 위한 목적이었으며, 3개 지역에서 동일하게 500명씩 조사를 진행한 것 역시 수도권의 인구비율에 비례하여 표본을 할당할 경우, 인천지역의 과소표본으로 인해 분석에 어려움을 겪는 것을 방지하고자 함이었다.

4. 조사 횟수

조사 횟수는 조사의 목적과 현실적인 제약요건인 비용을 고려하여 결정하였다. 본 조사의 목적은 개별 이슈에 대한 민심의 변화나 선거운동기간 동안의 유권자 태도의 변화보다는 선거 전후의 유권자의 후보자나 정책에 대한 평가와 이슈에 대한 태도 변화, 투표 참여자와 기권자 간의 인식 차이를 살펴보는 것이라 할 수 있다. 따라서 조사 횟수는 선거 전과 후 2회로 결정하였다. 가장 적은 비용으로 최대의 효과를 얻을 수 있는 조사 횟수라 할 수 있다.

5. 조사 시기와 일정

조사 시기와 일정은 두 가지 사항을 고려하여 결정하였다. 첫 번째는 지방선거에 대한 유권자의 투표행태 및 인식을 전반적으로 파악할 수 있어야 한다는 점이며, 두 번째는 응답자의 피로도를 최소화해야 한다는 점이다. 이를 감안하여, 첫 번째 조사는 후보자 등록 완료시점에 맞추어 진행하였다. 지방선거의 후보자 등록은 선거일 전 20일부터 2일간 진행되며, 제6회 지방선거의 경우 5월 15일과 16일 양일간에 걸쳐 후보자 등록이 진행되었다. 본 조사는 5월 16일부터 시작하여 20일까지 5일 동안 실시하였다. 패널조사의 특성상 응답자에게 2회에 걸쳐 조사가 이루어짐을 공지하고 양해를 구해야 한다는 점과, 각종 선거 관련 조사의 급증으로 응답률이 저조해 응답자 접촉이 어려웠다는 이유에서 조사 완료까지 총 5일이 소요되었다. 2차 조사

〈표 6-2〉 선거 일정 및 조사 시점

시행 일정	내용
2월 4일~	예비후보자등록 신청 – 시·도지사 및 교육감선거
2월 21일~	예비후보자등록 신청 – 시·도의원 및 구·시의 장 선거
3월 2일~	예비후보자등록 신청 – 구·시의원선거
3월 23일~	예비후보자등록 신청 – 군의원 및 장의 선거
5월 15일~5월 16일	후보자등록 신청
5월 16일~5월 20일	1차 조사
5월 29일~6월 4일	여론조사 결과 공표 금지 기간
5월 30일~5월 31일	사전투표소 투표
6월 4일	선거일
6월 5일~6월 8일	2차 조사

는 선거 후라는 시점 때문에 투표일 당시의 태도나 의견을 회고하여 응답해야 하는 한계가 있다. 때문에 응답자의 기억이 가장 정확한 시기에 조사하는 것이 필요하다. 이를 감안하여 선거 직후 실시하였으며, 조사 기간은 4일이 소요되었다.

IV. 표본의 할당 및 추출

패널조사 표본은 할당 추출(quota sampling)을 하였다. 표본 할당을 위한 자료는 안전행정부 2014년 4월 말 기준 주민등록인구현황을 근거로 삼았으며, 지역별/성별/연령별 인구 구성비에 따라 할당하였다. 지역은 서울을 4개, 경기는 5개, 인천은 4개 권역으로 나누어 권역별로 할당의 기준을

설정하였다. 성별(남자·여자), 연령별(19~29세 이하, 30~39세 이하, 40~49
세 이하, 50~59세 이하, 60대 이상), 권역별(서울 4개, 경기 5개, 인천 4개
권역) 교차 비율에 따라 표본을 할당하였다. 표본의 추출은 유무선 RDD
(Random digit dialing) 방법과 한국리서치 자체 보유 패널인 마스터 샘플
을 대상으로 한 무작위추출을 병행하였다. 한국리서치 자체 보유 패널인 마
스터 샘플은 30만 명 규모이며, 응답자의 자발적 가입이나 추천을 통해 구
축되었다. 가입 시 한국리서치에서 실시하는 조사에 응답해 주기로 약속하
였기 때문에 일반 무작위 샘플에 비해 상대적으로 패널 유지율이 높으므로
패널손실에 대비해 한국리서치 패널을 일부 사용하였다.

V. 조사 표본과 표집오차

1차 조사에서 구축한 패널은 전체 1,500명이었으며, 지역별로 각각 500
명씩 구축하였다. 이 중, 유무선 RDD로 추출한 패널이 1,116명(74.4%)이
었으며, 한국리서치의 마스터 샘플에서 추출한 패널이 384명(25.6%)이었
다. 1,116명 중 유선 RDD로 추출한 패널이 302명(27.1%), 무선 RDD로
추출한 패널이 814명(72.9%)이었다. 1차 조사에서는 2차 조사에서의 패널
손실에 대비하여, 25% 표본을 추가 모집한 것 외에도 각 셀별로 할당된 표
본 수를 최대한 채우도록 하였다.

일반적인 여론조사에서 현실적으로 조사가 어려운 20~30대를 할당된 표
본 수보다 적게 조사한 뒤 가중치로 보정하는 데 비해, 본 조사에서는 셀별
표본을 98% 이상 조사함으로써 2차 조사 패널손실에도 대비할 수 있도록
조치하였다. 1차 조사에서 가중치로 보정할 경우, 2차 조사에서 패널손실이
발생하면 이를 보정하기 위한 가중치가 더 커지는 것을 방지하기 위함이다.

앞서 언급한 바와 같이, 1차 조사에서는 패널손실을 대비하여 2차 조사

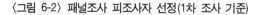

〈그림 6-2〉 패널조사 피조사자 선정(1차 조사 기준)

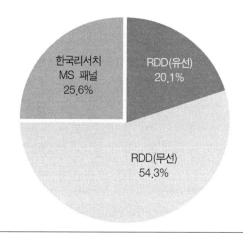

	패널	무선	유선	Total
	사례 수(%)	사례 수(%)	사례 수(%)	
서울	29(5.8)	375(74.9)	97(19.4)	501
인천	310(62.4)	93(18.7)	94(18.9)	497
경기	45(9.0)	346(68.9)	111(22.1)	502
전체	384(25.6)	814(54.3)	302(20.1)	1,500

목표 표본보다 25%를 초과하여 조사하였다. 즉, 2차 조사에서 패널 성공률을 80%로 예정한 것이다. 하지만, 선거 직후 실시한 2차 조사에서 응답자의 피로도 과중과 응답자의 전화번호 차단으로 인해 목표에 미달하는 1,128명만이 2차 조사에 참여하였다. 패널 성공률이 최초 목표에 미달한 원인은 일반인 구축 패널의 비율이 높다는 점과, 선거 직후가 연휴였다는 점 등에서 찾을 수 있을 것이다.

〈표 6-3〉 목표할당 사례 수와 조사완료 사례 수

(단위: 명)

	서울			인천			경기		
	조사완료 사례 수	목표할당 사례 수	가중값 배율	조사완료 사례 수	목표할당 사례 수	가중값 배율	조사완료 사례 수	목표할당 사례 수	가중값 배율
전체	501	501	1.00	497	497	1.00	502	502	1.00
성별									
남자	246	245	1.00	249	248	1.00	253	251	0.99
여자	255	256	1.00	248	249	1.00	249	251	1.01
연령									
19~29세	95	95	1.00	93	94	1.01	92	92	1.00
30~39세	105	104	0.99	100	100	1.00	105	105	1.00
40~49세	104	104	1.00	113	113	1.00	119	120	1.01
50~59세	96	96	1.00	102	102	1.00	96	96	1.00
60세 이상	101	102	1.01	89	89	1.00	90	89	0.99
거주지역									
권역1	158	159	1.01	106	105	0.99	116	117	1.01
권역2	87	86	0.99	138	138	1.00	80	79	0.99
권역3	151	151	1.00	156	156	1.00	211	211	1.00
권역4	105	105	1.00	97	98	1.01	37	37	1.00
권역5	-	-	-	-	-	-	58	57	0.98

<표 6-4> 조사 표본 및 표집오차

지역	구분	조사 표본	표집오차
수도권	1차 조사	1,500명	±2.5%
	2차 조사	1,128명	±2.9%
서울	1차 조사	501명	±4.4%
	2차 조사	370명	±5.1%
인천	1차 조사	497명	±4.4%
	2차 조사	406명	±4.9%
경기	1차 조사	502명	±4.4%
	2차 조사	352명	±5.2%

※ 이번 조사는 비확률표집인 할당 추출을 적용하였으나, 무작위추출을 전제하고 95% 신뢰수준에
서 산정한 표집오차임

VI. 조사 방법

지방선거 패널조사는 컴퓨터를 이용한 전화면접조사(CATI: Computer Assisted Telephone Interview) 방법을 활용하였다. 컴퓨터를 이용한 전화면접조사는 자료수집과 처리는 컴퓨터를 이용하여 수행하지만 일반 전화조사와 마찬가지로 면접원이 전화를 이용하여 조사하는 방식이다. 컴퓨터를 이용한 전화면접조사의 자료수집은 면접원이 진행하되 컴퓨터를 이용하여 조사 진행 시간, 응답자 접촉 현황, 면접원별 조사 진행 상황 등과 관련한 사항을 실시간으로 관리할 수 있으며 조사 내용이 컴퓨터 서버에 저장되어 조사 후 검증 등을 실증적인 데이터에 근거하여 수행할 수 있는 장점이 있다. 또한 컴퓨터를 이용한 전화면접조사는 응답자 재접촉 예약, 응답자 접촉 횟수 지정, 패널 참여 거부 횟수 등을 자동으로 축적되는 정량적인 자료를

통해 확인할 수 있다는 점에서 전화를 통한 패널조사에 특히 유용하다.

최근 일부조사에서 자료수집 과정까지 컴퓨터가 진행하는 ARS 방법이 사용되고 있다. 그런데 컴퓨터가 임의로 전화를 걸어 녹음된 음성으로 질문하고 응답자가 전화기 번호를 눌러 답하는 방식으로 진행되는 ARS 조사는 성, 연령 등을 거짓 응답해도 확인할 방법이 없어 응답자 선정과정에서 비표본 오차가 크며 응답률이 매우 낮다[1]는 점에서 (사)한국조사협회를 중심으로 사용을 지양하고 있으며, 특히 패널조사에는 적합하지 않은 방법이라 할 수 있다.

VII. 패널구축과 관리

패널구축은 1차 조사와 동시에 진행하였다. 패널손실을 최소화하기 위해, 1차 조사 시 5월과 6월 초 두 차례에 걸쳐 조사가 진행된다는 점을 공지하고 2차 조사까지 참여가 가능하다는 응답자에 한해 조사를 진행했다. 조사 참여의 유인을 제공하기 위해 면접원으로 하여금 조사의 의의와 중요성을 소개하도록 하였으며, 사례금을 제공하였다. 이번 조사의 패널관리는 다음 네 가지 방안을 활용하였다.

첫째, 패널 모집 과정에서 응답자에게 이번 조사의 중요성을 강조하고, 2차 조사가 예정되어 있다는 점을 설명하여 사전에 양해를 구했다.

둘째, 1차 조사 직후 사례비를 지급하여 2차 조사 참여에 대한 동기를 부여하였다.

---

1) KORA(한국조사협회), 「ARS 여론조사관련 KORA 보도자료」, 『한국조사협회』, 2014. 9.25(http://www.ikora.or.kr/N/Board/notice_view.asp?idx=10).

<표 6-5> 2014년 지방선거 패널조사 패널 유지율

(단위: 명)

	1차 조사	2차 조사	패널 유지율(%)
전체	1,500	1,128	75.0
성별			
남자	748	570	76.2
여자	752	558	74.2
연령			
19~29세	280	206	73.6
30~39세	310	238	76.8
40~49세	336	257	76.5
50~59세	294	218	74.1
60세 이상	280	209	74.6
학력			
중졸 이하	120	81	67.5
고졸	422	322	76.3
2~3년제 대학 재학/졸업	218	152	69.7
4년제 대학 재학/졸업	732	568	77.6
모름/무응답	8	5	62.5
직업			
농/임/어업	14	12	85.7
자영업	212	167	78.8
판매/영업/서비스직	143	107	74.8
생산/기능/노무직	77	58	75.3
사무/관리/전문직	481	369	76.7
주부	318	232	73.0
학생	135	98	72.6

무직/퇴직/기타	118	84	71.2
모름/무응답	2	1	50.0
권역			
서울	501	370	73.9
인천	497	406	**81.7**
경기	502	352	70.1
응답자 구분			
MS 패널	384	337	**87.8**
일반 응답	1,116	791	70.9
선거 관심			
관심 있다	1,110	847	**76.3**
관심 없다	379	272	71.8
모름/무응답	11	9	81.8
투표의향			
투표할 것이다	1,326	1,005	75.8
투표하지 않을 것이다	69	52	75.4
아직 결정하지 못했다	104	70	67.3
모름/무응답	1	1	100.0

셋째, 패널이 조사 일정을 예정할 수 있도록 2차 조사 전 안내문자를 발송하였다.

넷째, 패널이 통화 중이나 부재 중일 경우 접촉 횟수를 제한하지 않고 연결이 될 때까지 재접촉을 시도하였다. 일부 응답자는 접촉시도 횟수가 10회를 넘기도 하였다.

패널조사의 최종 패널 유지율은 75.0%로, 설계단계에서 목표로 삼은 80.0%에는 미달하였다. 응답자 특성별로는 △남자(76.2%), △30대(76.8%)

와 40대(76.5%), △고졸(76.3%)과 4년제 대학 재학/졸업(77.6%), △농/임/어업 종사자(85.7%)에서 상대적으로 높게 나타났다. 한국리서치 MS 패널의 유지율은 87.8%로 일반 무작위 샘플(70.9%)에 비해 높은 것으로 나타났다. 패널 유지율과 관련하여 선거에 대한 관심도나 투표에 대한 관심도가 패널 유지율에 영향을 미친다는 분석이 있는데[2] 이번 조사에서 역시 선거에 대해 '관심이 있다(매우+대체로)'는 응답자의 패널 유지율이 76.3%로 '관심이 없다(별로+전혀)'는 응답자(71.8%)보다 높게 나타났다.

반면, '투표할 것이다(반드시 투표할 것이다+아마 투표할 것이다)'는 응답자의 패널 유지율은 75.8%, 투표하지 않을 것이다(아마 투표하지 않을 것이다+투표하지 않겠다)는 응답자의 패널 유지율(75.4%)과 차이를 보이지 않았다. 하지만 아직 결정을 하지 못했다는 응답자(67.3%)보다는 패널 유지율이 높게 나타났다. 투표하겠다는 패널의 유지율이 투표하지 않겠다는 패널의 유지율과 차이가 없는 것은 투표하겠다는 응답(75.8%)이 실제 투표율보다 훨씬 높다는 점에 그 원인이 있는 것으로 추정된다.

기존에 진행된 유사 패널조사와 비교할 때 서울의 경우, 동아시아연구원(EAI)·SBS·중앙일보·한국리서치가 공동으로 진행한 2006년 5.31 지방선거 패널조사의 2차 조사 패널 유지율인 81.9%보다 8.0%p 낮게 나타났으며 2010년 지방선거 패널조사에 비해서는 1.1%p 낮게 나타났다. 경기지역 역시 패널 유지율이 70.1%로 2010년 지방선거 패널조사의 2차 유지율인 75.3%보다 5.2%p 낮게 나타났다. 이는 2014년 지방선거 패널조사의 서울과 경기지역 조사 표본이 대부분 무작위 추출에 의해 구축된 패널이라는 패널적 특성에서 기인한 결과로 보인다. 2007년 대선 조사에서는 상대적으로 패널 유지율이 높은 한국리서치 마스터 샘플을 50% 이상 활용하였으며, 2008년과 2010년 지방선거에서는 2007년 조사의 최종 응답자를 재접촉하여 패널을 구축하여 한국리서치 마스터 샘플이 다수 포함되었다. 뿐만 아니라 패널 유지율은 횟수를 거듭할수록 높아지는 경향이 있으므로, 2008년과 2010년의

---

2) 이현우 외, 『변화하는 한국 유권자 2』(서울: EAI, 2007), p.34.

〈표 6-6〉 유사 패널조사 패널 유지율 비교(2차 기준)

	2006년 지방선거	2007년 대선	2008년 총선	2010년 지방선거	2012년 총선과 대선	2014년 지방선거
서울	81.9	-	-	75.0	-	73.9
인천	-	-	-	-	-	81.7
경기	-	-	-	75.3	-	70.1
지역 전체	82.2	-	-	76.3	-	75.0
전국	77.1	83.1	84.2	-	83.3	-

※ 2006년 지방선거: 서울 818명, 부산 773명, 광주 784명, 충남 793명, 전국 1,299명
　2007년 대선: 전국 3,503명(한국리서치 마스터 샘플 1,800명, 무작위 추출 1,703명)
　2008년 총선: 전국 1,370명(2007년 대선 패널조사의 최종 유표패널을 대상으로 진행)
　2010년 지방선거: 서울 600명, 경기 600명, 충남 600명, 전북 600명, 경남 600명, 전국 1,200명
　　　　　　　　　(2007~8년 조사참여자 625명, 신규 575명)
　2012년 총선과 대선: 전국 2,000명(한국리서치 마스터 샘플 일부 사용)
　2014년 지방선거: 서울 501명, 인천 497명, 경기 502명(한국리서치 마스터 샘플 384명)

조사의 2차 패널 유지율과 본 조사의 패널 유지율을 비교하는 것은 한계가
있다고 하겠다.

VIII. 응답내용 비교

　조사 표본의 대표성과 타당성을 검증하기 위해 주요문항에 대해 비슷한
시기에 발표된 여론조사 결과와의 비교 분석을 시도하였다. 비교대상 조사
로는 2014년 지방선거 패널조사와 비슷한 시기에 JTBC,[3] 중앙일보,[4] 방송

---

3) 조사 기관·단체명: (주)현대리서치연구소, 조사 의뢰: JTBC, 조사 일시: 2014-05-14~17,
　조사 지역: 서울/인천/경기, 조사 방법: 전화면접조사+스마트폰 어플리케이션조사.

〈표 6-7〉 투표의향 응답내용 비교

		사례 수 (명)	반드시 투표할 것이다	아마 투표할 것이다	①+②	아마 투표하지 않을 것이다	투표하지 않겠다	③+④	아직 결정하지 못했다	잘 모름/ 무응답
서울	본 조사	(501)	77.0	12.7	89.8	1.2	1.8	3.0	7.0	0.2
	JTBC	(1,181)	69.1	19.5	88.6	3.6	2.2	5.8		5.5
	JTBC	(800)	76.7	14.4	91.1	2.6	2.4	5.0	3.9	
인천	중앙일보	(497)	74.0	15.7	89.7	1.6	2.4	4.0	6.2	–
	본 조사	(1,250)	67.1	20.2	87.3	4.5	2.9	7.4		5.3
	JTBC	(800)	71.6	15.4	87.0	3.0	4.8	7.8	5.1	
경기	중앙일보	(502)	69.4	16.2	85.6	3.0	3.8	6.8	7.6	–
	본 조사	(1,250)	63.1	22.5	85.6	6.1	3.2	9.3		5.1
	JTBC	(800)	68.6	15.4	84.0	3.7	5.2	8.9	7.1	

3사(KBS·MBC·SBS)[5]에서 각각 진행한 조사를 선정하였다. 이들 조사의 대상지역은 본 조사와 동일하게 서울·인천·경기이며, 조사 방법은 JTBC와 방송3사의 경우 본조사와 동일한 전화면접조사를, 중앙일보의 경우 전화면접조사와 함께 스마트폰 어플리케이션 조사를 병행하였다. 투표의향의 경우, 본 조사와 JTBC조사, 중앙일보 조사에서 모두 비슷한 문항 구조로 진행되었다. 조사 결과를 보면, 본 조사의 '투표할 것이다(반드시+아마)'는 응답은 서울 89.8%, 인천 89.7%, 경기 85.6%로 JTBC나 중앙일보 조사 결과와 유사하게 나타났다.

4) 조사 기관·단체명: 중앙일보 조사연구팀, 조사 의뢰: 중앙일보, 조사 일시: 2014-05-20~21, 조사 지역: 서울/인천/경기, 조사 방법: 전화면접조사(유선전화+무선전화).
5) 조사 기관·단체명: (주)밀워드브라운미디어리서치(서울/인천)·TNS KOREA(경기), 조사 의뢰: KBS/MBC/SBS.
조사 일시: 2014-05-17~19, 조사 지역: 서울/인천/경기, 조사 방법: 전화면접조사(유·무선 전화병행).

〈표 6-8〉 지지 후보 설문 문항 비교

구분	설문 문항(서울시장 기준)
본 조사	선생님께서는 만일 내일이 투표일이라면 서울시장 선거에서 다음 중 어느 후보에게 투표를 하시겠습니까?
JTBC	만약 내일이 지방선거이고, 서울 시장에 새누리당에서는 정몽준 후보가, 새정치민주연합에서는 박원순 후보가 각각 출마한다면 누구에게 투표하실 생각이십니까?
방송 3사	이번 서울시장선거에 출마한 다음 후보 중 누구에게 투표하시겠습니까? 〈없다/모름/무응답인 경우〉 그래도, 조금이라도 더 낫다고 생각하시는 후보는요?
중앙일보	이번 서울시장 선거에 새누리당 후보로 정몽준 전 국회의원, 새정치민주연합 후보로 박원순 시장, 통합진보당 후보로 정태흥 시당 위원장, 새정치당 후보로 홍정식 활빈단 대표 등이 출마했습니다. 님께서는 이 중 누가 서울시장이 되는 것이 조금이라도 더 좋다고 생각하십니까? 〈잘 모르겠다거나 무응답일 경우〉 굳이 말씀하신다면 누구에게 조금이라도 더 호감이 가십니까?

다음으로, 지지 후보의 경우 본 조사와 JTBC 조사에서는 단순하게 지지 후보를 묻는 방식으로 구성하였으나, 방송 3사와 중앙일보 조사에서는 모름/무응답에 대해 캐어묻기를 시도하여 차이를 보인다.

실제 조사 결과를 보면, 서울의 경우는 4개 조사 모두에서 새정치민주연합 박원순 후보에게 투표하겠다는 응답이 높게 나타났다. 하지만 세부적으로 보면 본 조사의 박원순 후보 지지율은 46.5%로 JTBC의 조사 결과인 44.8%와는 큰 차이가 없지만, 방송3사(51.0%)와 중앙일보(53.5%)에 비해서는 다소 낮게 나타났다. 인천에서는 새정치민주연합 송영길 후보에게 투표하겠다는 응답이 모든 조사에서 높게 나타났다. 하지만 지지율 면에서는 본조사와 JTBC는 큰 차이를 보이지 않았지만 방송3사(42.1%)와 중앙일보(41.7%)와는 5.5%p 이상 차이가 있었다.

마지막으로 경기지역의 경우 본 조사에서는 새누리당 후보의 지지율이 앞섰지만, JTBC와 방송3사 조사 결과에서는 두 후보의 지지율이 비슷한 수

〈표 6-9〉 지지 후보 응답 내용 비교

		사례 수 (명)	새누리당 후보	새정치 민주연합 후보	기타 후보	미결정	투표하지 않겠다	모름/ 무응답
서울	본 조사	(501)	28.0	46.5	1.2	20.8	2.4	1.2
	JTBC	(1,181)	31.7	44.8	0.9			22.6
	방송3사	(1,014)	35.4	51.0	1.5			12.1
	중앙일보	(800)	34.4	53.5	0.2			11.9
인천	본 조사	(497)	24.3	36.2	1.6	34.1	1.8	2.0
	JTBC	(1,250)	28.9	38.4	3.0			29.7
	방송3사	(800)	31.8	42.1	3.4			22.7
	중앙일보	(800)	35.1	41.7	2.5			20.7
경기	본 조사	(502)	28.3	25.2	2.8	39.4	3.0	1.2
	JTBC	(1,250)	30.9	30.2	3.3			35.6
	방송3사	(1,023)	34.8	35.7	5.5			24.0
	중앙일보	(800)	39.2	30.7	3.9			26.1

준을 보였다. 중앙일보 조사 결과가 본 조사와 유사하게 새누리당 후보의 지지율이 높게 나타났지만, 지지율 자체는 큰 차이를 보였다. 지지 후보 문항의 응답결과 역시 본 조사가 패널조사라는 점으로 인해 다른 조사와 차이를 보인다는 유의미한 결과는 찾을 수 없었다. 오히려 설문 구성 시 캐어묻기 여부에 따른 차이가 두드러지는 것으로 볼 수 있다.

다음으로, 정당 지지도의 경우 본 조사에서는 지지 정당 유무를 1차로 질문하고, 이후에 지지 정당이 있다는 응답자에게 어느 정당을 지지하는지 묻는 방식으로 진행하였다. 하지만 JTBC 조사에서는 단순하게 지지 정당을 묻는 방식으로 구성하였으며, 방송 3사와 중앙일보 조사에서는 모름/무응답에 대해 캐어묻기를 시도하여 큰 차이를 보인다.

지지 정당 조사 결과 역시 각 조사의 정당 지지 경향은 비슷하게 나타났

〈표 6-10〉 지지 정당 설문 문항 비교

구분	설문 문항
본 조사	문22. 선생님께서는 현재 지지 정당이 있으십니까? 문22-1. 그 정당은 어느 정당입니까?
JTBC	지지하는 정당이 있으십니까?
방송 3사	님께서는 현재 어느 정당을 지지하십니까? 〈없다/모름/무응답인 경우〉 그래도 조금이라도 더 낫다고 생각되는 정당은요?
중앙일보	현재 우리나라에는 새누리당, 새정치민주연합, 통합진보당, 정의당 등의 정당이 있습니다(정당의석순) 님께서는 이 중 어느 정당을 지지하십니까? 〈잘 모르겠다거나 무응답일 경우〉 굳이 말씀하신다면 어느 정당에 조금이라도 더 호감이 가십니까?

으나 정당 지지도는 차이를 보이고 있다. 하지만, 기본적으로 서로 다른 설문 구성으로 진행된 조사라는 점에서 그 결과의 차이를 조사 방법이나 패널조사 여부에 따른 차이로 해석하는 데에는 한계가 있다.

본 조사가 패널조사라는 점에서, 다른 조사와 그 결과에 차이가 발생하였다면 조사 방법의 타당성에 의문이 제기될 수 있을 것이다. 하지만 지금까지 살펴본 결과는 조사 방법의 영향보다는 설문 구성의 상이함에 따른 차이일 가능성이 높음을 확인시켜 주고 있다. 또한 본 조사에서는 한국리서치 자체 마스터 샘플을 일부 포함하여 조사하였다는 특징이 있다. 한국리서치 자체 마스터 샘플의 경우, 사전에 한국리서치 조사에 참여해주기로 하였다는 점에서 패널 유지율이 높아 패널조사에 활용하기 용이한 장점이 있다. 하지만 한국리서치 마스터 샘플 패널 자체가 가진 편향성이 있다면 조사 결과 역시 편향될 수밖에 없다는 문제의식에서, 한국리서치 마스터 샘플(이하 MS 샘플)의 사용을 최소화하고자 하였다. 특히, 서울과 경기 지역의 경우 90% 이상의 패널을 일반 응답자로 구축하였으나, 인천지역의 경우는 지역적 특성으로 인해 일반 응답자 비율을 40% 이내로 하고 한국리서치 MS 샘플의 비율을 60% 수준으로 하였다. 이에, 한국리서치 MS 샘플의 영향을

〈표 6-11〉 지지 정당 응답 내용 비교

		사례 수 (명)	새누리당	새정치 민주연합	통합 진보당	정의당	기타	모름/ 무응답	지지 정당 없음
서울	본 조사	(501)	25.7	15.8	0.6	0.6	-	1.0	56.3
	JTBC	(1,181)	28.7	15.5	1.4	1.3	0.4		52.6
	방송3사	(1,014)	40.1	30.5	3.6	2.3	2.5		20.9
	중앙일보	(800)	38.5	31.8	2.5	1.6	0.3	25.3	-
인천	본 조사	(497)	25.2	16.3	2.0	0.8	1.0	0.4	54.3
	JTBC	(1,250)	32.5	16.3	2.2	1.6	0.5		46.9
	방송3사	(800)	39.5	31.6	3.4	1.9	1.1		22.6
	중앙일보	(800)	39.6	30.5	2.2	1.0	2.8	23.9	-
경기	본 조사	(502)	27.5	18.7	1.2	0.8	0.4	1.2	50.2
	JTBC	(1,250)	28.5	18.1	2.3	1.3	1.2		48.6
	방송3사	(1,023)	42.7	27.5	5.5	2.9	1.4		20.0
	중앙일보	(800)	40.9	29.6	4.1	2.1	0.1	23.2	-

확인하고자, 아래와 같이 인천지역의 MS 패널과 일반 응답자의 응답 내용을 비교해 보았다. 각각의 응답결과는 인천지역의 성별, 연령별 모집단 분포를 반영하여 가중치를 부여한 결과로서 표본 구성에 따른 차이를 최소화한 결과이다.

투표의향 문항에서 '투표할 것이다(반드시+아마도)'는 응답은 MS 패널이 91.5%, 일반 응답자는 87.5%로 두 집단 간에 큰 차이는 없는 것으로 나타났다. 하지만 일반 응답자의 결과가 JTBC(87.3%)나 중앙일보(87.0%)와 더 유사하다고 할 수 있다. 지지 후보의 경우 새누리당 유정복 후보에게 투표하겠다는 응답은 MS 패널 24.7%, 일반 응답자 23.4%로 큰 차이를 보이지 않았다. 새정치민주연합 송영길 후보에게 투표하겠다는 응답은 MS 패널은 38.7%로 나타났으나 일반 응답자는 28.7%로 큰 차이를 보였다. 하지만,

〈표 6-12〉 MS 패널과 일반 응답내용 비교: 투표의향

(단위: %)

	반드시 투표할 것이다	아마 투표할 것이다	①+②	아마 투표하지 않을 것이다	투표하지 않겠다	③+④	아직 결정하지 못했다	Total
MS 패널	73.8	17.7	91.5	1.3	2.0	3.3	5.2	100.0
일반	73.9	13.6	87.5	1.7	4.0	5.7	6.8	100.0

MS 패널조사 결과가 JTBC(38.4%)와 비슷한 수준인 것으로 나타나 MS 패널 사용과 본 조사 운용의 타당성을 관련짓는 것은 무리가 있다고 할 수 있다.

정당 지지도는 MS 패널의 새누리당의 지지도 22.9%, 일반 27.6%로 일반 응답자의 새누리당 지지도가 더 높게 나타났지만, 일반 응답자 역시 JTBC(32.5%), 방송3사(39.5%), 중앙일보(39.6%)에 비해서는 낮게 나타났다. 새정치민주연합의 지지도는 MS 패널(17.9%)과 일반 응답자(15.1%) 사이에 큰 차이가 없는 것으로 나타났으며, JTBC 결과(16.3%)와도 비슷한 수준인 것으로 나타났다.

MS 패널과 일반 응답자 간 응답결과를 비교해 볼 때, 엄격하게 본다면 MS 패널의 응답결과가 다소 야권성향인 것으로 볼 수도 있을 것이다. 하지

〈표 6-13〉 MS 패널과 일반 응답내용 비교: 지지 후보

(단위: %)

	새누리당 유정복 후보	새정치민주연합 송영길 후보	기타 후보	아직 결정하지 않았다	투표하지 않겠다	모름/ 무응답	Total
MS 패널	24.7	38.7	3.8	31.0	1.2	0.6	100.0
일반	23.4	28.7	-	39.7	3.4	4.8	100.0

〈표 6-14〉 MS 패널과 일반 응답내용 비교: 지지 정당

(단위: %)

	새누리당	새정치 민주연합	통합 진보당	정의당	기타 다른 정당	모름/ 무응답	지지 정당 없음	Total
MS 패널	22.9	17.9	2.0	0.7	0.7	0.4	55.4	100.0
일반	27.6	15.1	2.2	1.3	1.7	0.7	51.4	100.0

만, 이를 명확하게 하기 위해서는, 두 집단의 표본 구성을 살펴볼 필요가 있다. MS 패널 응답자와 일반 응답자의 연령별 구성비를 보면 다음과 같다.

패널구축 과정에 MS 패널의 사용은 일반 응답자로 구축하기 어려운 응답자 중심으로 이루어지며, 결과적으로 20~30대 젊은 연령층이 많이 사용될 개연성이 높다고 하겠다. 실제 표본 구성 역시 그러한 특성을 보여주고 있다. 물론 가중치로 보정하여 전체 구성비를 일치시켜서 분석하였으나, 조사 표본 자체의 왜곡을 가중치로 보정하는 것에는 한계가 있다는 것이 정설임을 감안할 때 구성비의 차이가 결과에 반영된 것으로 보는 것이 타당할 것

〈표 6-15〉 MS 패널과 일반 응답자의 연령별 구성비

	MS 패널		일반 응답자	
	사례 수 (명)	비율 (%)	사례 수 (명)	비율 (%)
연령				
19~29세	71	22.9	22	11.8
30대	75	24.2	25	13.4
40대	75	24.2	38	20.3
50대	54	17.4	48	25.7
60세 이상	35	11.3	54	28.9
계	310	100.0	187	100.0

이다.

지금까지 살펴본 바에 따르면, 패널조사의 1차 구축 결과가 일반 조사 결과와 차이를 보일 수 있다는 가설을 증명할 수 있는 유의미한 조사 결과는 찾을 수 없었다. 동시에 한국리서치 MS 패널이 일반 응답자와 다른 정치적 성향을 보일 수 있다는 가설 역시 유의미한 결과를 확인하기 어려웠다.

IX. 자료의 처리와 활용

수집된 자료는 1차적으로 한국리서치 자료처리팀에서 처리하여 연구부에 이관하였다. 연구부에서는 자료처리팀에서 처리한 데이터를 SPSS파일 형식으로 받아 데이터를 검증한 후 검증 결과를 자료처리팀으로 전달하여 가중치를 부여하기 전 최종 결과를 확정하였다. 데이터가 확정된 후 연구부에서 패널할당변인인 지역별, 성별, 연령별 각각의 교차값을 기준으로 가중치를 부여하였다. 지역별, 성별, 연령별 가중치는 2014년 4월 30일을 기준으로 한 주민등록 인구현황을 기준으로 하였다. 가중치를 부여한 방식을 수식화하면 다음과 같다.

가중값은 지역별, 성별, 연령별 교차 가중값을 가중하는 방식으로 부여하였으며, 최종 결과가 최초 할당값과 유사한 수준이 될 때까지 가중값 부여 절차를 지속하였다. 한국리서치는 가중값을 부여한 최종 데이터를 두 가지 형태의 데이터를 산출하여 현대정치연구소와 내일신문에 제출하였다. 첫째는 원자료(raw data)로 통계분석 프로그램인 SPSS 파일로 전환하여 제출하였다. 두 번째는 개별문항을 사회인구학적 변인(성별, 연령, 학력, 직업, 소득 등) 및 주요 분석문항과 교차한 결과표를 한글파일로 제출하였다. 또한, 2014년 지방선거부터는 선거 관련 여론조사를 실시할 경우 결과 공표나 보도 전에 중앙선거여론조사공정심의위원회 홈페이지에 결과를 등록하도록

$$S_{ij} = \frac{P_{ij}}{N} \cdot n$$

$$W_{ij} = \frac{S_{ij}}{R_{ij}}$$

W_{ij} : ij번째 가중값

N : 전체 유권자수

n : 전체 유효표본수

P_{ij} : ij번째 유권자수

S_{ij} : ij번째 할당표본수

R_{ij} : ij번째 유효표본수

하고 있어, 중앙선거여론조사공정심의위원회에도 결과를 제출하고 홈페이지에 게재하였다.

X. 시사점 및 한계

2014년 지방선거 패널조사는 과거 패널조사 경험을 바탕으로 설계과정에 여러 가지 사항을 고려하여 보다 정교하게 실시하였다.

먼저, 조사비용과 그 결과를 감안하여 가장 효율적인 조사 설계를 위해, 패널조사 지역의 선정과 조사 횟수, 시기 등에 대해 신중하게 접근하였다.

두 번째로, 패널손실에 따른 2차 조사 대표성 문제를 고려하여, 패널구축시 표본 할당을 98% 이상 일치시키는 노력을 하였다. 동시에 패널손실 이후에도 충분한 분석이 가능하도록 25%의 추가표본을 구축하기도 하였다.

세 번째로, 한국리서치 MS 패널의 활용을 최소화하였다. 자발적으로 조사에 참여하는 응답자와 일반 응답자 간의 정치성향 차이를 확인하지 못한 상황에서 예상치 못한 편향성을 대비하여 취한 조치이다. 이와 함께 본 조사의 타당성을 검토하고자 다른 조사와의 비교, 일반 응답자와 MS 패널 응답자의 응답결과 비교 등의 사후 검증을 실시하였다.

패널구축 시 참여의사가 높은 응답자만 모집됨으로써 나타나는 표집과정에서의 대표성 문제에 대한 논란은 앞서 분석한 결과에서와 같이 문제가 되지 않는 것으로 보인다. 동시에, 일반 응답자와 MS 패널 응답자 간 응답결과의 차이 역시 유의미한 차이로 보기에는 한계가 있다는 점을 확인하였다. 오히려 설문의 구성이나 응답자 구성비 등 원칙적인 부분에 의한 영향과 결과 차이가 두드러지는 결과를 보였다.

하지만 동시에 이러한 분석이 사후 비교분석을 위해 사전에 엄밀하게 설계된 것이 아니라는 점에서 다양한 변수의 영향력을 충분히 배제한 결과로 확증하기엔 한계가 있다는 점을 명확히 하고자 한다. 그리고, 패널조사의 타당성 검토가 1차 조사에 국한된 점 또한 본 연구의 한계라 하겠다. 2차 조사가 선거 직후에 실시되면서, 비교 가능한 유사조사나 객관적인 데이터를 확인할 수 없었다는 근본적 한계로 인해 관련 분석을 시도하지 못하였다. 이번 연구가 패널조사의 타당성 논란을 완전히 불식시킬 수는 없을 것이란 점을 인정하지만, 근거없는 우려나 막연한 비판에 대해 객관적인 데이터로 반박할 수 있는 사례라 하겠다.

패널조사의 경우, 유권자의 인식이나 행태 변화를 파악하기 위한 가장 강력한 조사 방법이라 확신하며, 무조건적인 비판보다는 명확한 사실 확인과 대안 마련이 우리 사회의 발전에 도움을 줄 수 있을 것이라 믿는다. 보다 정교한 설계를 통해 패널조사의 장단점을 명확하게 파악하는 것은 다음 선거 이후로 좀 더 미루어두고자 한다.

제7장

선거조사에서 주택자산 변수의 의미와 측정

서복경 | 서강대학교
허신열 | (전) 내일신문

I. 한국 선거와 자산 문제

　유권자의 사회경제적 조건이 투표 참여와 투표 선택에 미치는 영향은 선거연구의 고전적 주제이자 핵심문제다. 자본주의와 선거민주주의가 공존하는 모델을 채택하고 있는 거의 모든 나라에서, 유권자의 투표 참여와 선택은 사회경제적 자원의 상이한 배분을 낳고 그 결과로 공동체에 속한 모든 개인들은 서로 다른 영향을 받는다고 가정되며, 합리적 유권자라면 자신이 처한 사회경제적 조건에 따라 이를 더 낫게 만들 수 있는 정책과 이를 표방하는 정당을 선택할 것이라고 가정할 수 있다.

　그러나 유권자를 둘러싼 사회경제적 조건 가운데 어떤 요소가 투표결정에 더 큰 영향을 미치는가는 그가 속한 공동체의 역사적 조건과 현재적 상황에 따라 달라진다. 예컨대 학력·직업·소득은 개인의 사회경제적 지위를 구성하는 핵심요소들이며 세계 각국 선거 경험연구에 공통적으로 사용되어 온 변수들이다. 그러나 어떤 나라에서는 학력이 높을수록 더 많이 투표하고 다른 나라에서는 그렇지 않다. 학력이 높을수록 더 많은 정치정보에 접근이 가능하고 정치적 결정에 따라 더 많이 영향을 받는 사회적 지위에 있을 수 있기 때문에 투표에 더 많이 참여할 수 있지만, 정치체제에 대한 불만이 많은 사회에서 이들은 더 많은 투표불참으로 정치적 항의를 표현할 수도 있다.

지금까지 우리나라 선거 연구에서 학력·직업·소득이라는 사회경제적 조건이 투표 참여와 투표결정에 미치는 영향은 유의하지 않거나 가끔 발견된다고 하더라도 일관성을 갖지 못했다. 왜 한국 유권자들은 사회경제적 조건에 영향을 받지 않는 것으로 나타날까? 이 문제는 오랫동안 한국 선거 연구자들의 관심이자 고민거리 가운데 하나였다. 물론 이를 설명하는 유력한 가설들이 있었다. 그 하나가 지역정당과 지역주의 가설이다. 정당이 직업이나 소득에 따른 정책 차이로 유권자를 동원하기보다 지역적 정체성에 따른 선거동원에 힘을 쏟았고 개별 유권자 역시 지역연고를 중심으로 투표결정을 했기 때문에 다른 사회경제적 변인의 효과가 나타나지 않았다는 것이다.

또 2000년대 이후에는 세대와 이념이 개별 유권자의 투표 선택에 압도적 영향을 미치기 때문에 사회경제적 요인들의 효과가 나타나지 않는다는 설명이 등장했고, 여러 경험연구들은 다양한 모델을 사용해 이 가설을 검증해 왔다. 유권자의 투표결정이 진공상태에서 이루어지는 것이 아니라 정당경쟁 체제와의 상호작용 속에서 이루어지는 것이므로, 정당경쟁의 속성에 따라 지역, 세대, 이념이라는 변인이 사회경제적 변인의 영향력을 압도한다는 주장의 설명력은 강력하다.

그럼에도 불구하고 여전히 남는 의문은 집단적 수준에서 지역이나 세대를 매개로 정당동원이 이루어지고 유권자 역시 이를 중요한 기준으로 삼는다고 하더라도, 개별유권자 수준에서 개인의 사회경제적 조건이나 지위를 개선하기 위한 정책적·정치적 고려가 전혀 작동하지 않을 수 있는가에 관한 문제다. 이런 의문은 다른 나라에서 공통적으로 발견되는 사회경제적 변인들 가운데 한국 선거 경험연구에 적용되지 않은 다른 변인은 없을까? 혹은 한국에서는 학력이나 직업, 소득이 아닌 다른 사회경제적 변인의 영향력

이 발휘되고 있음에도 연구방법의 문제로 발견되지 않는 것은 아닐까? 하는
문제의식으로 발전되었다.

서강대학교 현대정치연구소가 2009년부터 2012년까지 3년간 연속해서
진행한 유권자 설문조사는 이런 문제의식을 담을 수 있는 탐색적 기회를
제공했다. 그 3년간의 조사에서 연구팀은 기존 선거조사에서 사용되지 않은
다양한 변인들을 포함하고 그 결과를 경험적으로 검증해볼 기회를 가졌다.
총자산, 부동산 자산, 부채, 자가소유 여부, 자가거주 여부, 자가소유자의
보유주택 수 등 다양한 변인들을 포함시켰던 조사로부터 연구팀은 자산 관
련 변수들이 상당한 설명력을 가질 수 있다는 가능성을 발견했다(이갑윤·이
지호·김세걸 2013; 서복경·한영빈 2014). 또한 SSK 좋은 정부 연구단이
2010년부터 2013년까지 진행했던 설문조사는 연구팀의 탐색적 시도를 더욱
발전시킬 수 있는 기회였다.

한편 내일신문사와 서강대학교 현대정치연구소가 지속해 온 수년 동안의
기획조사는 연구팀이 탐색했던 다양한 형태의 자산변수가 유권자의 정치태
도, 정책선호, 투표결정에 미치는 영향을 좀 더 구체적으로 확인할 수 있는
소중한 계기를 제공해 주었다. 공동 기획조사를 통해 연구팀의 학술적 접근
과 언론인들의 현실 경험적 접근을 결합하여 다양한 새로운 조사디자인을
시도해 볼 수 있었고, 그 결과는 보도를 통해 정기적인 성과로 축적되었다
(2011·2014년 자영업자 정치인식 조사; 2011·2012·2013년 한국사회 정
치인식 조사; 2012년 대통령선거 사후조사 등).

공동기획의 연장선에서 2014년 6월 지방선거를 맞아 내일신문사와 연구
팀은 선거 전과 후 2차례에 걸친 패널조사를 기획했고, 기획단계에서 조사
결과를 활용한 공동연구를 수행한 후 그 성과를 출판물의 형태로 축적하기
로 결정했다. 그리고 공동연구의 주제 가운데 하나로 그동안 수차례 기획조
사를 통해 확인해 왔던 자산변수, 그 가운데에서도 주택 변수의 영향력을
검증하기로 하였고, 본 연구는 그 성과물로 투표 참여와 투표결정에 미치는
주택 자산의 효과를 분석한 것이 주된 내용이다.

II. 해외 사례

정치행태에 영향을 미치는 유권자의 사회경제적 조건 가운데 자산보유의 조건이 주목받아 왔던 경험적 사례로 영국과 미국을 들 수 있다. 영국에서 자산효과의 선거 영향력을 탐색하게 된 결정적 계기는 1979년 출범한 대처 정부의 주택정책 노선으로, 작은 정부와 민영화를 핵심 정책목표로 했던 대처 정부는 주택정책으로 이른바 '집을 살 권리(right to buy)'정책을 표방했다. 1979년 시점 영국의 자가점유율은 50% 수준이었으며, 자가가 아닌 대표적 입주형태는 공공임대주택이었다. 그 이전까지 역대 정부들은 영국식 사회복지정책의 일환으로 공공임대주택 공급을 통한 주거복지를 추진해왔고, 그 결과 공동임대주택 거주는 영국 가구의 보편적 주거형태를 이루어 되었다.

대처 정부는 작은 정부와 민영화를 연계하는 대표적 정책으로 공공임대주택을 개인소유주택으로 전환시키는 정책을 추진했다. 당시 영국의 공공임대주택은 지방정부 소유이거나 공적 주택조합 소유였는데, 이런 거주형태가 정부의 방만한 공공서비스를 낳고 있기 때문에 민간소유로 전환하면서 정부의 개입범위를 축소해 작은 정부를 실현하겠다는 것이었다. 이런 맥락에서 추진된 '집을 살 권리(right to buy)'정책은 공공임대주택 거주 가구가 일정한 조건을 충족하면 가구소유 주택으로 전환할 수 있도록 보장한 것이었다. 이를 통해 주택시장 경기부양을 꾀했고 다른 한편으로 자가 소유자의 경제적 이익기대에 따른 보수당 지지 기반 확대를 노린 것이다.

이 정책에 따라 1979년 50%이던 자가보유율은 1987년 70%까지 상승하게 되었고, 1980년대 중반 이후부터 영국의 선거 연구자들은 자가보유 가구가 급증한 결과가 선거에 미치는 영향력을 탐색하기 시작했다. 선거 여론조사를 통해 자기 집이 있는 가구의 유권자들은 자기 집이 없는 가구 유권자들보다 더 투표에 참여하고 더 보수당에게 투표한다는 사실이 발견되었고, 자가보유자들이 더 투표하고 보수당을 지지하는 이유들도 탐색되어 왔다.

첫째, 주택가격 상승에 대한 기대 때문에 정부정책에 민감해진다는 가설, 둘째, 거주기간이 길기 때문에 지방정부나 지방 공동체에 더 많은 정보를 얻게 되고 이것이 투표로 이어진다는 가설, 셋째, 자가보유자일수록 자산가치 상승에 대한 기대가 높고 이런 기대는 거시경제전망, 개인경제전망을 더 낙관적으로 만들며 경제전망이 낙관적인 사람들일수록 보수당을 더 지지한다는 가설 등이 등장했고, 지금도 여러 가지 방법으로 검증작업이 이루어지고 있다.

한편, 1979년 이후 추진된 영국 정부의 경기부양정책은 결국 주택가격의 급등을 낳았고 이는 2008년 이후 경제위기에 자가보유자들의 재앙으로 이어졌다. 1995년부터 2007년까지 영국의 주택가격은 180% 이상 급등했으나, 2008년 이후 경제위기에 집값 폭락과 주택 관련 부채가 높은 가구들의 대규모 파산을 가져왔기 때문이다. 부채를 안고 집을 사는 사람들은 집값이 계속 올라가기를 기대하고 정부는 이런 기대에 부응하는 부동산 경기부양책을 시행하면서 기대와 정책이 맞물려 집값은 계속 상승했지만, 결국 부채로 버틴 부동산시장이 가라앉으면서 정부정책에 따라 집을 산 사람들이 피해를 고스란히 떠안은 것이다.

미국 선거연구에서 주택보유 변수가 특히 주목을 받게 된 것도 영국과 마찬가지로 정치적 계기가 있었다. 2002년 공화당 부시 대통령은 '자산보유자 사회(ownership society)'라는 슬로건을 정책목표로 내걸었고, 주택과 주식, 채권 등의 신규 구매를 촉진하는 정책을 추진하였다. 그 결과로 부시 정부의 주택담보대출 확대와 대출요건 완화, 원리금 상환 유예 등 정부의 대규모 지원정책에 힘입어 많은 중산층·서민들이 자기 집을 마련했으며, 이는 부시 정부가 연임을 하는 데 토대가 되었다고 평가된다.

그런데 연방제를 채택하고 있는 미국에서 각 주의 주택가격에 미치는 영향은 연방정부의 정책보다 지방정부의 정책의 형태로 나타나게 된다. 따라서 미국 선거연구에 정부 주택정책이 미치는 영향이나 주택가격변동이 정치행태에 미치는 영향은 지방정부 수준에서 주된 관심사가 되고 있다. 또한 주 정부의 경우 민주당 집권 정부도 있고 공화당 집권 정부도 있으며, 집권당에 관계없이 주택정책을 통한 경기부양책을 쓰는 정부와 그렇지 않은 정부가 있기 때문에 관련 연구들은 주로 주 단위나 몇 개 주를 사례로 한 연구들이 주를 이루고 있다. 이 연구들은 지방정부 상황에 따라 자가보유자들일수록 투표에 더 참여하고 공화당을 더 지지하는 경향이 나타난다는 발견도 있고, 자가보유자들이 더 투표하긴 하지만 공화당 지지경향은 발견되지 않기도 한다.

미국에서도 부시 정부의 정책은 결국 2008년 서브프라임 사태를 불러왔다고 평가되며, 2008년 당시 220만이 넘는 가구들이 집을 압류 당했고 파산을 경험했다. 영국과 미국의 정치상황이 다르기 때문에 주택보유 여부가 정치행태에 미치는 영향은 다양한 경로와 방식으로 나타나지만, 투표 참여에 미치는 영향에 대해서는 일관된 발견이 등장하고 있다. 한국에서도 최근 들어 자가보유자들이 그렇지 않은 유권자들보다 더 투표에 참여하거나 특정 정당을 더 지지하는 경향이 간헐적으로 발견되고 있다.

III. 주택자산과 한국 유권자

1. 자산의 구조

통계청·금융감독원·한국은행이 전국 2만 표본가구를 대상으로 조사한 결과(2013년 3월 말 기준) 가구당 보유자산(평균값)은 3억 2,557만 원, 부채는 5,818만 원으로 나타났다. 자산에서 부채를 뺀 순자산(평균값)은 2억 6,738만 원, 자산 중앙값[1]은 1억 8,078만 원이었다. 평균자산에서 금융자산

---

1) 자산·부채와 같이 분포의 불균등도가 큰 경우에는 이상치의 영향을 많이 받는 평균보다 중앙값을 대표값으로 많이 사용한다. 다만 자산·부채의 분포상태 분석, 순자산 산출 등에는 평균을 사용하며 자산 중앙값은 자산을 보유한 가구에 대해서만 산출된 금

은 8,700만 원으로 전체의 26.7%인 반면, 실물자산은 2억 3,856만 원으로 73.3%를 차지하였는데 특히 부동산 자산은 2억 2,060만 원으로 67.8%에 달했다. 자산의 대부분을 부동산으로 보유하고 있는 것이 특징이다.

입주형태별로 가구당 자산(평균값)은 자가거주자 4억 4,574만 원, 전세입주자 2억 6,439만 원, 월세 등 기타거주자 6,982만 원이었다. 자산 중 부동산은 자가거주자가 3억 4,112만 원(자산의 76.5%), 전세거주자는 9,827만 원(37.2%)으로 3.5배였다. 그러나 전세보증금을 뺀 금융자산을 비교하면 자가거주자는 8,063만 원(18.1%), 전세거주자는 5,790만 원(21.9%)으로 1.4배

〈표 7-1〉 가구특성 및 자산 유형별 가구당 보유액 및 점유율, 구성비

(단위: 만 원, %)

구분		자 산		금 융 자 산				실 물 자 산			
			점유율	저축액	적립식	예치식	전·월세보증금	부동산	거주주택	거주주택이외[1]	기타
전체		32,557	100.0	8,700 (26.7)	6,343	3,415	2,394	2,357	23,856 (73.3)	22,060	11,826	10,234	1,796
소득 5 분위별	1분위	10,075	6.2	2,160 (21.4)	1,166	559	530	993	7,915 (78.6)	7,730	4,846	2,884	186
	2분위	17,801	10.9	4,519 (25.4)	2,849	1,495	1,136	1,670	13,282 (74.6)	12,570	7,770	4,800	711
	3분위	24,115	14.8	6,606 (27.4)	4,459	2,585	1,473	2,147	17,509 (72.6)	16,093	9,487	6,605	1,417
	4분위	35,345	21.7	9,831 (27.8)	6,995	3,929	2,345	2,836	25,514 (72.2)	23,578	13,622	9,956	1,936
	5분위	75,438	46.3	20,384 (27.0)	16,244	8,505	6,485	4,140	55,054 (73.0)	50,323	23,402	26,921	4,731

액이다.

구분		금액	비율										
순자산 5분위별	1분위	2,705	1.7	1,515 (56.0)	705	576	69	811	1,189 (44.0)	920	568	353	269
	2분위	9,180	5.6	4,169 (45.4)	1,976	1,494	337	2,193	5,011 (54.6)	4,350	3,394	956	661
	3분위	18,894	11.6	6,283 (33.3)	3,893	2,597	957	2,390	12,611 (66.7)	11,479	8,751	2,728	1,132
	4분위	33,757	20.7	9,541 (28.3)	6,727	3,906	2,194	2,813	24,216 (71.7)	22,353	15,390	6,963	1,863
	5분위	98,235	60.4	21,991 (22.4)	18,412	8,500	8,412	3,579	76,244 (77.6)	71,189	31,023	40,166	5,056
입주형태별	자가	44,574	77.1	8,063 (18.1)	8,063	4,202	3,233	–	36,511 (81.9)	34,112	20,987	13,125	2,399
	전세	26,439	18.3	15,367 (58.1)	5,790	3,288	1,945	9,577	11,072 (41.9)	9,827	–	9,827	1,244
	기타 (월세 등)	6,982	4.5	3,265 (46.8)	2,337	1,448	631	928	3,717 (53.2)	2,941	–	2,941	776

* ( )은 구성비임. 1) '거주주택 이외'에는 '계약금 및 중도금'이 포함됨. 2013년 가계금융·복지조사 결과, 통계청·금융감독원·한국은행, 2013년 11월 19일 배포, p.9

로 줄어들었다. 자가거주자와 기타(월세 등)를 비교해도 저축액은 3.5배였지만 부동산 자산의 격차는 11.6배에 달했다.

소득1분위에 비해 소득5분위의 자산은 7.5배 격차를 보였지만 순자산1분위에 비해 순자산5분위 자산은 36.3배 많았다. 역시 소득분위와 순자산분위의 자산격차를 만드는 것은 금융자산이 아니라 부동산자산이었다. 소득의 격차에서 발생하는 한국사회의 불평등보다 부동산 보유에 따라 발생하는 불평등의 정도가 훨씬 크다는 점을 보여주는 것이다.

2. 수도권과 비수도권 사이의 격차

자산은 수도권과 비수도권이 서로 다른 양상을 보였다. 수도권 가구당 보유자산 평균값은 4억 112만 원이었던 반면, 비수도권 자산 평균값은 2억 5,688만 원으로 수도권은 64.0%에 불과했다. 부채를 제외한 순자산은 수도권이 3억 2,173만 원, 비수도권이 2억 1,798만 원으로 줄었다. 이 같은 격차는 수도권과 비수도권 부동산 가격에 따른 격차에 기인한다. 수도권-비수도권 거주자의 금융자산은 각각 6,790만 원과 5,937만 원으로 차이가 크지 않았지만, 부동산 자산은 2억 7,774만 원과 1억 6,865만 원으로 1.65배에 달했다.

수도권 자가보유자의 평균자산은 6억 181만 원으로 비수도권 자가보유자의 3억 3,938만 원으로 전체 평균에 비해 더 큰 격차를 보였다. 부채를 뺀 수도권 자가보유자의 순자산은 4억 9,403만 원이었으며, 비수도권 자가보유자는 2억 9,117만 원이었다. 부동산자산은 수도권 자가보유자가 4억 8,701만 원, 비수도권 자가보유자가 2억 4,168만 원으로 2.02배였다.[2]

전체 가구를 대상으로 한 보유자산 대비 부동산자산 비중은 수도권 69.2%, 비수도권 65.7%로 비슷한 수준을 기록했다. 반면 수도권 자가보유자의 보유자산 대비 부동산자산 비중은 80.9%로, 비수도권 자가보유자의 71.2%에 비해 9.7%p 높았다. 부동산 가격이 수도권과 비수도권 자산격차를 만드는 핵심 요소이며 수도권으로 갈수록 부동산자산을 더 많이 보유하는 경향을 보였다. 수도권이 비수도권에 비해 부동산 정책에 대한 민감도가 높다는 점을 방증하는 요소 중 하나로 볼 수 있다.

자가 소유여부에 따른 빈부격차도 비수도권에 비해 수도권이 훨씬 강하게 나타났다. 자가보유자와 월세 등 기타 거주자의 자산격차는 비수도권 (5.78배)에 비해 수도권(7.42배)로 훨씬 컸다. 그 차이는 월세 보증금을 제외한 저축액의 격차(수도권 2.32배, 비수도권 2.81배)에 비해 부동산자산

---

2) 본 조사에서 순자산 4억 원을 기준으로 지지 후보와 지지 정당, 정치성향이 격차를 보이고 있는 것은 부동산, 특히 자가보유 여부에 따른 격차로 받아들일 수 있는 대목이다.

<표 7-2> 입주형태 및 자산 유형별 가구당 보유액

(단위: 만 원, %)

구분		자산	점유율	자산(중앙값)	금융자산	저축액	전월세보증금	실물자산	부동산	거주주택	거주주택이외[1]	기타	순자산액
수도권	자가	60,181	72.0	38,215	9,095	9,095	-	51,086	48,701	31,512	17,190	2,385	49,403
	전세	31,465	23.6	16,216	18,115	6,230	11,884	13,350	12,191	-	12,191	1,160	24,481
	기타(월세 등)	8,113	4.4	2,680	3,919	2,519	1,400	4,193	3,412	-	3,412	781	5,066
비수도권	자가	33,938	84.5	22,717	7,360	7,360	-	26,578	24,168	13,814	10,355	2,409	29,117
	전세	17,695	10.8	9,552	10,587	5,023	5,564	7,108	5,716	-	5,716	1,392	14,512
	기타(월세 등)	5,871	4.6	1,628	2,622	2,158	464	3,249	2,479	-	2,479	770	4,366

* 1) '거주주택 이외'에는 '계약금 및 중도금'이 포함됨. 2013년 가계금융·복지조사 결과 데이터 재가공

(수도권 14.28배, 비수도권 9.75배)에서 기인한 바가 컸다.

3. 주거의 특징

한국토지주택공사 토지주택연구원이 국토해양부 의뢰를 받아 전국 3만 3,000가구를 대상으로 실시한 2012년도 주거실태조사(기준일 2012년 5월 31일)에 따르면, 자가점유율은 전국 평균이 53.8%였지만 수도권은 45.7%로 떨어졌다. 자가보유율[3]도 전국 평균은 58.4%였지만 수도권은 52.3%로 역시 낮았다. 상대적으로 주택가격이 낮고 자가보유율[4]과 자가점유율이 높

은 농촌지역이 변수였다.

부동산 정책에 대한 민감도를 알 수 있는 현재 거주주택 이외 타지 주택 소유여부(주택소유가구 대비)는 수도권은 17.6%로 전국 평균 13.1%에 비해 높았다.(광역시는 9.8%, 도지역 9.7%였음) 타지 주택 소유목적은 임대사업 등의 투자목적이 51.2%가 가장 많았으며 특히 수도권은 투자목적 비중이 54.2%로 전국 평균을 상회했다.

주택유형은 전국적으로는 △단독주택 39.6%(일반단독 26.4%, 다가구단독 13.2%) △아파트 46.9% 등이었지만 수도권은 단독주택 비중이 32.8%(일반단독 19.8%, 다가구단독 13.0%)로 떨어졌고, 아파트 비중은 47.7%로 높아졌다. 시장상황에 따라 변동이 있긴 하지만 일반적으로 아파트는 단독주택에 비해 가격비교가 용이하고, 환금성도 높은 것으로 평가받고 있다.

4. 주택과 자산 4억 원의 관계

수도권 가구 자산 4억 원은 주택 소유여부와 밀접한 관련을 갖고 있다. 수도권 자가보유자의 부채를 뺀 순자산은 4억 9,403만 원이며, 이들이 보유한 부동산 자산은 4억 8,701만 원(거주자택 3억 1,512만 원+거주주택 이외 1억 7,190만 원)이다. 2014년 지방선거가 실시된 6월을 기준으로 조사된 월간KB주택가격동향에 따르면, 수도권의 주거용 부동산 평균가격은 3억 2,979만 원(서울 4억 4,239만 원, 인천 1억 7,648만 원, 경기 2억 7,343만 원)이었다. 같은 조사의 중위값도 전국은 2억 4,249만 원이었지만 수도권은 3억 1,460만 원(서울 4억 2,323만 원, 인천 1억 7,420만 원, 경기 2억 5,800만 원)으로 유사했다. 이 수치는 2013년 가계금융·복지조사 결과와 매우 근접한 수치다.

---

3) 자가보유율은 '(자가 점유가구 수+임차가구 중 타지주택 소유가구 수)/전체 가구'로 계산한다.

4) 통계청의 2010년 인구주택총조사 결과 전국 자가보유율은 61.3%였다.

204 • 지방선거와 지방정부

2012년 주거실태조사 결과 전용면적을 기준으로 가구당 주거면적은 전국이 78.1m², 수도권이 79.0m²이라는 점을 고려해 KB주택가격동향의 m²당 평균가격을 대입하면 평균 면적의 주거공간은 전국은 2억 2,610만 원, 수도권은 3억 8,962만 원이다. 평균면적 정도의 거주공간을 소유한 수도권 거주자의 평균적인 부동산자산은 3억~4억 원 수준이라는 점을 다시 한번 확인할 수 있다. 여기에 부동산을 제외한 자동차 등 실물자산과 예금 등 금융자산을 더할 경우 4억 원 수준이 될 것으로 추정할 수 있다.

5. 부동산 보유와 부동산 정책 민감도

소득의 증가는 금융자산의 증가로 이어지면서 총자산에서 부동산 자산 비중이 낮추는 원인이 된다. 하지만 한국노동패널을 분석한 김헌수·김경하(국민연금연구원, 2013년)는 2001년에 비해 2010년에는 총자산에서 차지하는 부동산 자산 비중이 오히려 높아졌다는 점을 발견했으며, 이에 대해 △금융자산 보유에 대한 선호 하락, △부동산 가격 하락에 따른 고소득층의 주택소유 증가 등의 가능성을 제시한 바 있다.

KB금융지주 경영연구소가 한국은행 금융자산 통계, 통계청 가구자산 분포, KB국민은행 개인별 예치자산 분포 등을 분석해 발간한 '2014 한국 부자 보고서(2014년 7월)'에 따르면 금융자산 10억 원 이상의 부자는 2013년 말 기준으로 16만 7,000명이며 이들 중 11만 6,300명은 서울(7만 9,100명), 인천(4,900명), 경기(3만 2,300명) 등 수도권 거주자였다.

이들의 현재의 자산을 축적한 가장 주된 수단(1순위)은 사업체 운영(32.5%)와 부동산 투자(25.8%)였지만 1순위와 2순위를 합하면 부동산 투자가 63.0%로 가장 많았다. 또한 총자산의 규모가 커질수록 금융자산 비중은 줄고 부동산 자산의 비중은 늘어나는 경향을 보였다. 특히 부동산자산 보유 목적은 투자용이 54.9%였는데, 자산규모가 큰 부자일수록 전체 부동산 자산 중에서 투자용 비중도 높아졌다. 예컨대 총자산 50억 원 미만인 경우 투자용 부동산 비중은 44.4%, 50~100억 원의 경우 65.3%, 100억 원 이상의 경우 74.6%로 나타났다.

이런 결과는 1997년 외환위기와 2008년 금융위기를 거치는 과정에서 상 대적으로 안전한 자산에 대한 선호가 증가한 결과로 추정해 볼 수 있다. 역으로 시장의 상황변화도 중요하지만 보수/진보 성향 정권의 정책적 선호 가 명확하게 갈리고, 정책에 따라 가격이 상당하게 영향을 받을 수 있다는 측면에서 보면 부동산과 정치성향 사이의 상관관계를 추정할 수 있다.

안전자산의 선호는 노후에 대한 불안이 작용하고 있다고 볼 수 있다. 2014년을 기준으로 국민연금의 소득대체율은 47%에 불과하다. 국민연금연 구원의 '국민연금 생생통계 2012'에 따르면 2012년 12월 말을 기준으로 18~ 59세 총인구 3,284만 8,000명 중에서 '국민연금의 잠재적 사각지대'에 있는 인구는 1,711만 2,000명으로 전체의 52.1%에 달한다. 특히 국민연금 적용 대상자 중에서 591만 8,000명(전체의 18.0%)는 공적연금 사각지대에 속하 는 것으로 추정되고 있다. 안정적인 노후를 위해 연금 등의 안정금융자산보 다는 부동산 등 실물자산을 선호할 가능성이 높고, 주거용 부동산 등을 소유 하게 된 이후에는 부동산 정책에 더욱 민감하게 반응할 가능성이 높다고 볼 수 있다.

IV. 자료와 변수

본 연구는 지난 5월과 6월 2차례에 걸쳐 진행된 지방선거 패널조사 결과 가운데 선거 직후에 조사된 2차 조사 결과자료를 중심으로 수행되지만, 경 향 분석을 위해 이전 선거에서 나타난 자산변수와 투표행태의 관계를 추적 하기 위하여 다른 조사 자료들을 함께 활용했다. 2014년 지방선거 조사에서 사용할 자료는 내일신문-서강대학교 현대정치연구소 조사 자료로, 1차 조사

총 1,500명 표본 가운데 2차 조사에서 연속해 남은 표본은 1,128개다. 조사
는 서울, 경기, 인천의 수도권 유권자 대상으로 이루어졌다.

수도권 유권자로 조사 대상을 한정한 이유는, 기존연구에서 16개 광역시·
도를 모두 포괄할 경우 지역변수의 영향이 매우 크기 때문에 상대적으로
다른 변수들의 효과를 추출해내기가 어려웠다는 점을 고려한 것이다. 전국
단위 조사의 표본크기가 충분히 크다면 지역변수를 통제하고도 다양한 사회
경제적 변인의 효과를 검증해볼 수 있겠지만, 1,000~1,500명의 표본크기로
는 각 지역 내 변인들의 효과를 탐색하는 작업이 현실적으로 어렵다. 이런
이유로 수도권 유권자 표본 크기를 충분히 확보함으로써 변인의 효과를 확

〈표 7-3〉 분석에 사용한 데이터 설명

선거명	조사자료 중 변수유무 및 변수내용			조사 기관과 연도
	주택	투표 참여	투표 선택	
2007대선	자가소유	○	○	2011 서강대학교 현대정치연구소 자료
2008총선	자가거주	○	×	2010년 서강대학교 현대정치연구소 자료
2010지선	자가소유	○	○	2011 서강대학교 현대정치연구소 자료
2012총선	자가소유	○	○	한국정치학회 선거 직후 조사
2012대선	자가소유	×	○	내일신문-현대정치연구소 선거 직후 조사
2014지선	자가거주	○	○	한국선거학회 선거 직후 조사(전국)
2014지선	자가거주	○	○	내일신문-서강대현정연 선거 직후 조사(수도권)

인하고자 했다. 한편, 이전 다른 선거와 2014년 지방선거 전국단위 조사에서 주택변수의 효과가 있었는지의 경향을 탐색하기 위해 과거 다른 조사 자료를 사용하였는데, 자료의 내용은 다음과 같다.

2014년 지방선거 조사를 제외하고 다른 조사 자료들은 모두 전국단위 유권자 조사 결과이며, 〈표 7-3〉에 조사 기관과 조사연도를 표기하였다. 2007년 대선과 2008년 총선, 2010년 지방선거 투표행태 변수는 모두 선거 시행 이후 1~4년 뒤 이루어진 조사 결과이므로, 회고적 응답의 오류를 감안해야 한다. 투표 참여에 대한 응답도 그러하지만 특히 투표 선택에 대한 응답은 응답자 기억의 오류가 반영되었을 수 있고 투표시점이 아닌 조사시점의 정치상황에 따라 실제 투표 선택과 다른 응답을 할 수도 있다. 따라서 2010년 이전 조사 자료들은 이런 오류를 감안하여 가능성 정도 수준에서 해석하도록 한다.

한편 〈표 7-3〉에 나타나듯이 각 조사에서 사용된 주택변수는 2014년 지방선거 후 조사를 제외하고 자가소유 변수와 자가거주 변수의 2가지 유형 가운데 하나만 사용되었다. 2014년 수도권 조사와 전국조사 자료는 거주와 소유 두 가지 변수를 모두 포함한 하나의 변수를 사용했는데, 자가소유/자가거주, 자가소유/차가거주, 자가비소유/차가거주, 기타의 4개 항목에 대한 응답을 묻는 문항을 사용했다. 이 변수와 종속변수와의 관계를 검증해 본 결과 자가소유/차가거주자들은 자가소유/자가거주자가 아니라 자가비소유/차가거주자와 더 유사한 패턴을 나타내는 것이 확인되어 자가거주를 중심으로 2개의 변수로 조작화하여 사용했다.

V. 총자산과 투표 참여, 투표 선택은 관계가 있나?

2014년 수도권 유권자 조사 결과 유권자 가구의 총자산과 투표 참여 사이에는 유의한 관계가 있는 것으로 나타났는데, 총자산이 많아질수록 투표 참여가 기권보다 많았으며 특히 4억 원 이상 구간은 5천만 원 미만 구간보다 11% 투표 참여가 높은 것으로 확인되었다.

총자산 4억 원 이상 가구 유권자들이 4억 원 미만 가구 유권자들과 차별적인 투표행태를 보이는 현상은 〈그림 7-1〉~〈그림 7-3〉을 통해서도 확인이 되었다. 〈그림 7-3〉은 새누리당 투표자와 새정치연합 투표자의 합은 100으로 할 때 총자산 구간별로 각 정당 및 정당 소속 후보자에 투표한 비율을 나타낸다. 특히 광역정당비례 투표에서 그 경향이 가장 두드러지게 나타나고 있는 것을 확인할 수 있다.

〈표 7-4〉와 〈그림 7-1〉~〈그림 7-3〉을 통해 앞서 살펴본 가설과 정치행태의 연관성하에서 추론이 가능해진다. 앞서 한국 유권자의 자산구조에서 부동산 자산이 차지하는 비중이 압도적이며, 특히 자가보유자들에서 그 비중이 더욱 크고 1가구 이상 자가보유자의 평균 자산을 추정하면 4억 원이

〈표 7-4〉 자산총액과 투표 참여_2014 수도권 조사

(단위: %)

	5천만 원 미만	5천~1억	1억~2억	2억~3억	3억~4억	4억~7억	7억 이상	합계
투표	85	90	92	93	93	96	96	92
기권	15	10	8	7	7	4	4	8
합계	100	100	100	100	100	100	100	100
N	164	114	159	146	110	138	125	953

Chi-Square = 0.013*

〈그림 7-1〉 총자산과 광역단체장 투표_2014 수도권 조사

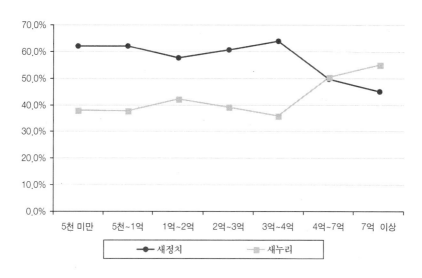

※ Chi-Square = 0.025*

〈그림 7-2〉 총자산과 기초단체장 투표_2014 수도권 조사

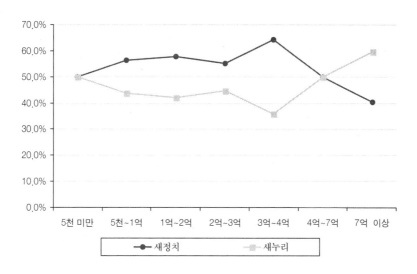

※ Chi-Square = 0.027*

〈그림 7-3〉 총자산과 광역정당비례 투표_2014 수도권 조사

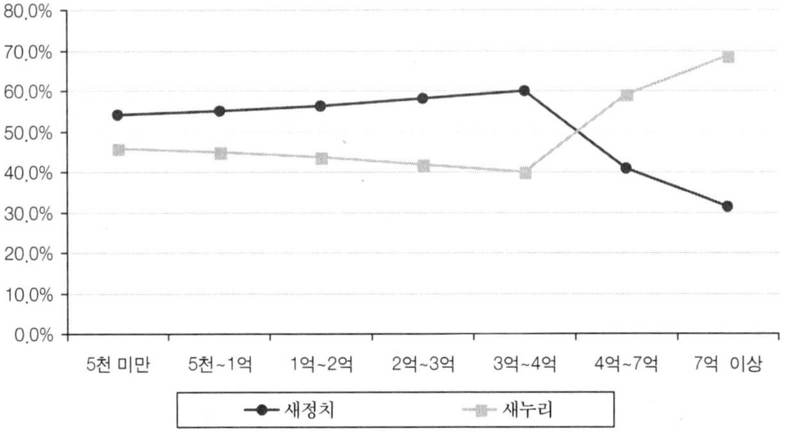

※ Chi-Square = 0.000***

자가보유 여부를 가르는 기준이 될 수 있다고 보았다. 그런데 개별 유권자 조사 자료에서도 4억 원을 기준으로 투표 참여와 투표 선택이 달라지는 현상이 유의한 것으로 발견된 것이다. 이하에서는 2014년 지방선거뿐 아니라 그 이전 선거 투표 참여 및 투표 선택 자료들을 종합하여 주택자산이 투표 행태와 유의한 관계가 있는지를 살펴보도록 하겠다.

VI. 주택자산은 투표 참여와 관계가 있나?

현재 확보한 자료를 통해 검증해 본 결과, 〈표 7-5〉에서 나타난 바와 같이 2007년 대선 이후 모든 선거에서 주택변수는 투표 참여와 유의한 관계를 나타냈다. 2014년 지방선거 수도권 조사에서 주택변수와 투표 참여의 관계

〈표 7-5〉 주택변수와 투표 참여의 관계

(단위: %)

선거명	투표 참여	자가거주 (소유)	차가거주 (비소유)	합계	Chi-Square test 유의도
2014지선_수도권	투표	93.3	89.8	92.1	0.041*
	기권	6.7	10.2	7.9	
	합계	100.0	100.0	100.0	
2014지선_전국	투표	77.9	59.6	74.1	0.000***
	기권	22.1	40.4	25.9	
2012총선_전국	투표	80.4	70.0	77.9	0.001***
	기권	19.6	30.0	22.1	
2010지선_전국※	투표	70.7	61.9	68.3	0.001***
	기권	29.3	38.1	31.7	
2008총선_전국※	투표	79.9	66.8	76.4	0.000***
	기권	20.1	33.2	23.6	
2007대선_전국※	투표	81.8	74.4	79.8	0.002**
	기권	18.2	25.6	20.2	

※ 표시된 3개 선거결과는 앞서 밝힌 바 있듯이 선거 1~4년 후 조사 결과임
* 0.05 수준 유의, ** 0.01수준 유의, *** 0.001 수준 유의

는 0.05 수준에서 유의한 것으로 나타나긴 했지만, % 숫자를 보면 투표자가 압도적임을 알 수 있다. 그 이유는 이 조사가 2차에 걸친 패널조사이기 때문이다. 패널조사의 특성상 선거 전 응답자 가운데 기권자는 2차 응답에 응하지 않을 확률이 높아지며, 실제로 본 조사 2차에서 확보한 1,128명의 표본 가운데 기권자는 91명에 불과했다. 다른 선거에 비해 양자 간 관계의 유의도가 가장 낮게 나타난 것은 조사 데이터의 표본 숫자 때문인 것으로 추정된다.

2014년 지방선거 전국조사 결과를 보면, 차가거주자는 자가거주자에 비

해 기권비율이 19% 정도 높았다. 2012년 총선에서는 자가소유자가 자가를 소유하지 못한 가구의 유권자보다 기권한 비율이 10% 정도 높으며, 2010년 지방선거에서도 9% 정도 자가소유 유권자의 기권비율이 낮게 나타난다.

〈표 7-5〉를 통해 확인할 수 있는 것은, 2007년 이후 선거에서 자기 집이 있거나 자기 집에 거주하는 사람은 그렇지 못한 가구의 유권자보다 투표에 더 참여할 가능성이 유의하게 높다는 것이다. 이는 앞서 살펴본 미국이나 영국 사례에서와 유사한 발견이다.

VII. 주택자산은 투표 선택과 관계가 있나?

〈표 7-6〉에서 각 선거 투표 선택은 제1당과 제2당만을 대상으로 고려하였으며, 각 선거에서 두 정당에 대한 선택 합계는 100.0%로, 제3당 이하 정당 투표와 모름/무응답을 모두 결측 처리한 결과다. 2012년 19대 국회의 원선거와 2007년 대통령선거에서 투표 선택은 주택변수와 유의한 관계가 없었으며, 나머지 선거에서는 유의한 관계가 있는 것으로 확인되었다. 위 결과에 포함된 2회의 지방선거 가운데 2010년 지방선거 결과는 광역단체장 투표 선택 문항만 포함하고 있었으므로 이를 활용하였다.

2014년 지방선거 결과는 광역단체장, 광역정당비례, 기초단체장 3개 투표결과를 조사하였고 〈표 7-6〉에 표시된 광역정당비례 투표 외에 광역단체장, 기초단체장 투표결과에서도 유의한 차이를 나타내는 것으로 확인되었다. 다만 수도권 조사와 전국조사에서 모두 유의한 차이를 나태는 것으로 확인되긴 했으나, 수도권 조사 결과는 모두 0.001수준에서 유의하였고 전국조사 결과는 0.05수준에서 유의한 것으로 나타나 유의도의 차이를 보였다.

2번의 대통령선거 가운데 2007년 대선은 유의하지 않았던 반면, 2012년 대선은 유의한 차이를 나타내는 것으로 확인된다. 2012년 대선에서 자가소

〈표 7-6〉 주택변수와 투표 선택의 관계

(단위: %)

선거명	투표 선택	자가거주 (소유)	차가거주 (비소유)	합계	Chi-Square test 유의도
2014지선_수도권 광역정당비례	새누리당	53.1	40.9	48.9	0.001***
	새정치민주연합	46.9	59.1	51.1	
	합계	100.0	100.0	100.0	
2014지선_전국 광역정당비례	새누리당	56.7	45.8	54.9	0.029*
	새정치민주연합	43.3	54.2	45.1	
2012대선_전국	박근혜	58.3	42.9	53.3	0.000***
	문재인	41.7	57.1	46.7	
2012총선_전국	새누리당	55.9	47.9	54.1	0.093
	새정치민주연합	44.1	52.1	45.9	
2010지선_전국※	한나라당	59.6	47.4	56.6	0.002**
	민주당	40.4	52.6	43.4	
2008총선_전국※	한나라당	60.7	53.1	58.9	0.044*
	민주당	39.3	46.9	41.1	
2007대선_전국※	이명박	72.6	68.1	71.4	0.188
	정동영	27.4	31.9	28.6	

※ 표시된 3개 선거결과는 앞서 밝힌 바 있듯이 선거 1~4년 후 조사 결과임
* 0.05 수준 유의, ** 0.01수준 유의, *** 0.001 수준 유의

유 가구의 유권자는 그렇지 않은 유권자보다 17% 정도 더 박근혜 후보에게 투표한 것으로 나타났다. 반면 2008년과 2012년 총선의 투표 선택은 정당 비례가 아니라 지역구 후보투표를 기준으로 한 것인데, 유의하지 않거나 유의하더라도 약한 관계를 보였다. 〈표 7-6〉을 통해 확인할 수 있는 것은, 투표 선택에서 최소한 2012년 대통령선거 이후엔 주택변수와 투표 선택에 유의한 관계가 있는 것으로 해석할 수 있다.

VIII. 자산 변수 효과와 함의

한국 유권자의 사회적 지위를 구성하는 요인은 직업, 학력, 소득, 자산, 주택 등 다양하지만, 자산 특히 보유하고 있는 주택의 유무와 주택가격이 핵심이라는 것은 이미 사회적 상식으로 널리 자리 잡고 있다. 또한 소위 '강남 3구'현상 등으로 인지되는 것은, 거주주택의 가격이 비싼 지역에 거주하는 유권자일수록 더 투표하고 새누리당을 더 지지한다는 것으로, 주택가격이나 자산 정도가 정치행태와 매우 밀접한 연관을 가진다는 사회적 직관을 나타낸다. 이상의 분석을 통해 가구 총자산과 투표행태는 유의한 관계가 있다는 점, 특히 가구보유 주택자산과 투표행태 사이에는 일관된 관계가 발견되는 점을 확인하였다.

그러나 개별 유권자 수준에서 이를 경험적으로 확인하는 작업은 이제 시작단계이며, 본 연구는 주택변수를 중심으로 한 자산요인이 정치행태와 유의한 관계가 있다는 점을 밝힌 것에서 의미를 찾을 수 있다. 집합자료를 활용해 이를 검증하고자 했던 시도는 있었지만(손낙구 2010), 개별 유권자 정치행태 수준에서 이를 확인하는 작업은 드물었다. 이는 개별연구자의 관심 차원에서 이유를 찾을 수도 있지만, 그보다 이를 검증할 수 있는 데이터 확보의 어려움에서 더 큰 원인이 있었던 것으로 추정된다. 자산효과를 검증하기 위해서는 총자산, 주택자산, 금융자산 등 자산변수를 포함한 조사 자료가 필요하며 동시에 충분한 수의 표본을 확보할 수 있어야 하는데, 한국적 현실에서 이런 조사 자료를 얻는 것 자체가 비용 측면에서 큰 어려움이 있기 때문이다.

이런 면에서 금번 지방선거 후 수도권 유권자 조사 자료는 자산변수를 포함했고 지역변인의 효과를 통제한 충분한 수의 표본을 제공했다는 점에서 가치가 있다. 자산 정도에 따라 투표 참여가 분기된다는 것은 한편으로 합리적 유권자 가설과 경제투표 가설에 따라 당연해 보이지만, 다른 한편으로 사회전체적인 정치 불안정과 대표의 왜곡을 야기할 수 있는 사회적 문제로 인식될 필요가 있다.

2012년 주택실태조사 결과 전국 수준 자가거주 가구는 53.8%, 수도권 기준 45.8%로 확인되는데, 전체 가구 절반 정도가 유의하게 투표불참 가능성이 더 높다는 점은 대표의 왜곡을 가져올 수밖에 없다. 차가거주자가 투표에 덜 참여하면 정당 및 정치인들은 이들보다 자가거주자들의 이해를 대변하게 될 유인을 더 갖게 되며, 이 경우 국가적 수준의 정책선택은 자가거주자를 중심으로 이루어질 수 있다. 자가 비보유자의 정책대변은 더 어려워지게 되며, 제도적 대표채널을 갖지 못한 유권자집단은 사회문제를 야기할 수 있는 것이다.

한편, 한국유권자의 투표행태와 자산이 유의한 관계에 있다는 발견은 향후 더 심층적인 후속연구의 필요성을 제기한다. 본 연구에서는 주택자산을 중심으로 투표행태와 연관성을 탐색했지만 향후에는 주택자산만이 아니라 금융자산이나 부채 등을 대상으로도 검증이 필요할 것이다. 또한 자산이 투표행태에 영향을 미치는 매개변수나 인과관계에 관한 다양한 가설들을 검증함으로써 자산이 정치행태에 작동하는 메커니즘을 밝혀나가야 할 것이다.

제8장

2014년 지방선거 1~2차 패널조사 결과 비교

서복경 | 서강대학교

I. 조사 개요

이 글에서는 2014년 지방선거 전후 2회에 걸친 수도권 유권자 패널조사 결과를 1~2차 조사의 연속성과 변화에 초점을 맞추어 분석하고자 한다. 조사는 후보등록 마감일부터 5일, 투표일 다음날부터 4일에 걸쳐 2회 실시되었으며, 1차 조사의 표본 규모는 1,500명, 2차 조사의 규모는 1,128명이었다. 표본은 성별, 연령별, 각 광역권 내 지역별 비례에 따른 할당표집방식으로 구성되었고, 1차 조사에서 서울지역 표본은 501, 인천지역 497, 경기지역 502명이었으며, 2차 조사에서 서울지역 370, 인천지역 406명, 경기지역 352명으로 구성되었다.[1]

선거 일정	조사 일정
5월 15~16일 후보 등록	5월 16~20일 1차 조사
6월 4일 투표	6월 5~8일 2차 조사

이하에서는 후보자 인지도 및 선거관심도 변화, 투표의향과 실제 투표결과의 차이, 후보자 지지의향 변화에 초점을 맞추어 1~2차 조사 결과를 비교할 것이며, 필요에 따라 수도권 전체 혹은 서울, 인천, 경기 각 지역별 변화를 분석한다.

II. 후보자 인지도의 변화

2014년 전국동시지방선거에서 유권자는 총 7개의 투표권을 행사했다. 이 가운데 광역의회와 기초의회 정당비례 투표는 정당투표였고 나머지 5개의 투표는 모두 출마한 후보자 가운데 지지 후보를 선택하는 후보자 투표였다. 조사팀은 후보등록 시점과 투표 시점에서 유권자들의 후보자 인지도에 어떤 변화가 발생하는지를 추적하기 위하여 기초단체장 후보와 광역의회 지역구 후보에 대한 인지도를 2회 연속 조사하였다.

유권자가 출마 후보자에 관해 어느 정도 정보를 가지고 투표권을 행사하는가는 선거제도의 효과성과 민주적 대표성을 평가하는 데 중요한 준거가된다. 제도의 효과성이란 현행 선거제도가 유권자들의 투표를 의미 있는 정책선택으로 전환시키는 데 충분한 정보를 제공하고 있는가에 관한 문제다. 민주적 대표성의 관점에서 보면, 유권자가 후보와 후보의 정책에 대한 충분한 인지를 한 상태에서 선택을 할 때 다수 대표성이 보장될 수 있는데 그렇지 않은 조건에서 선택이 이루어진다면 그 결과를 민주적 대표성의 실현이

<표 8-1> 후보자 인지도 1~2차 비교(%)

후보	응답내용	1차	2차(투표자)
기초 단체장	2명 또는 그 이상 알고 있(었)다	32.3	58.7
	1명 정도 알고 있(었)다	25.9	23.1
	아무도 모른다(몰랐다)	**41.8**	**18.1**
	모름/무응답	0.0	0.1
	합계	100.0	100.0
광역의회 지역구	2명 또는 그 이상 알고 있(었)다	22.4	36.7
	1명 정도 알고 있(었)다	18.7	22.4
	아무도 모른다(몰랐다)	**58.9**	**40.3**
	모름/무응답	0.0	0.5
	합계	100.0	100.0

라고 해석하기에는 어려움이 따른다. 특히 정책선거를 강조하는 입장에서 보면 유권자가 후보자들의 정책적 차이를 인지하고 자신의 정책선호에 비추어 가장 가까운 정책을 판단할 수 있는 정보가 중요한데, 후보자 인지도는 후보의 정책내용을 평가하기 이전 단계에 선행되어야 하는 정보로서 현행 선거제도와 환경이 정책선거를 어느 정도 보장하고 있는가를 가늠할 수 있는 지표가 될 수 있다.

후보 등록일 시점 수도권 유권자들 가운데 기초단체장 후보를 1명 이상 알고 있는 사람은 10명 가운데 6명, 단 1명의 후보도 모른다는 응답자는 4명이었고, 광역의회 지역구 후보에 대해서는 그 반대로 10명 중 6명이 아무도 모른다고 답했으며 4명만이 1명 이상 알고 있다고 응답했다. 투표일 직후인 2차 조사에서는 두 선거 후보자에 대한 인지도가 모두 상승했고 기초단체장 후보자의 인지도가 광역의회 후보자 인지도보다 더 높게 상승한 것으로 확인된다. 기초단체장 후보자에 대해 '아무도 모른다'는 응답은 1차 41.8%에서 2차 18.1%로 23.7%가 줄어든 반면, 광역의회 후보자를 아무도 모른다는 응답은 58.9%에서 40.3%로 18.6%가 줄어들었다. 후보 등록일과 투표일 사이에 높아진 후보자 인지도의 정도는 캠페인 효과로 볼 수 있다.

그런데 다른 면에서 보면, 유권자 10명 중 2명은 기초단체장 후보들에 대해, 10명 중 4명은 광역의회 지역구 후보들에 대해 어떤 정보도 갖지 못한 상태에서 투표를 했다. 후보자에 대한 정보가 없는 상태에서 그 후보자가 내건 정책 정보를 인지했다고 보기는 어렵다. 그러면 투표결정의 기준으로 남는 것은 그 후보가 속한 정당에 대한 선호가 될 가능성이 높다. 유권자가 정당선호를 기준으로 투표결정을 하는 것 자체가 문제는 아니다. 유권자가 정당에 대해 갖는 선호는 정치집단이 표방하는 정책노선과 방향을 집약하여 형성될 수 있고, 후보자의 이력이나 표방하는 정책에 대한 정보를 가지고도 정당을 더 중요한 기준으로 삼을 수 있기 때문이다.

그러나 유권자가 후보자에 대한 정보 자체를 갖지 못한 채 투표장에 들어가는 선거상황은 문제라 하지 않을 수 없다. 1차 조사에는 포함되지 않았지만 2차 조사에서는 기초의회 지역구 후보자에 대한 인지도도 포함시켰는데, 역시 응답자의 43.6%는 후보자에 대한 정보가 전혀 없는 상태에서 투표했다고 답하고 있었다. 〈표 8-2〉는 캠페인 효과를 보다 세분화해서 살펴보기 위하여 1차 조사에서 후보자 중 아무도 모른다고 응답했던 집단을 대상으로 2차에서의 인지도 변화를 살펴본 것이다. 구청장 후보에 대해서 1차 조사 결과 정보가 없었던 집단 중 66.2%는 인지도가 높아졌지만 33.6%는 2차 조사에서도 역시 마찬가지 상태였던 것으로 확인되며, 광역의회 의원 후보자의 경우 57.6%가 캠페인 전과 후에 후보자 인지도가 높아지지 않은 것으로 확인된다. 이 집단에서는 선거운동기간 동안 정보제공효과가 없었거나 미미했다고 해석할 수 있다.

유권자 10명 중 4명이 후보자 정보가 전혀 없이 투표를 하게 되는 상황을 낳은 원인은 여러 가지로 진단될 수 있다. 14일이라는 선거운동기간이 7개 투표권을 행사하는 데 충분한 선거정보를 제공하기에 너무 짧은 것에서 원인을 찾을 수도 있고, 광역자치정부와 기초자치정부, 교육감선거를 한꺼번에 진행하는 동시선거에서 원인을 찾을 수도 있다. 광역자치정부는 광역자

〈표 8-2〉 후보자 정보 없음 집단의 1~2차 변화(%, 2차 응답 투표자 기준)

후보	1차	2차	
기초 단체장	아무도 모른다	아무도 몰랐다	<u>33.6</u>
		1명 정도 알았다	29.4
		2명 이상 알았다	36.8
		모름/무응답	0.2
		합계	100.0
광역의회 지역구	아무도 모른다	아무도 몰랐다	<u>57.6</u>
		1명 정도 알았다	17.5
		2명 이상 알았다	24.8
		모름/무응답	0.2
		합계	100.0

치정부대로, 기초자치정부는 기초자치정부대로, 시·도 교육감은 그 차원에서 각기 다른 정책현안들이 있을 수 있는데, 서로 다른 현안과 정책들에 관한 정보가 동시에 제공됨으로써 오히려 유권자들에게 정보회피를 하게 만드는 결과를 야기할 수도 있다는 것이다.

또는 정당이나 후보자, 유권자의 정치활동 규제가 만들어낸 결과로 볼 수도 있다. 정당이나 후보자가 선거운동기간이 아닌 일상적인 시기에도 자유롭게 유권자를 만나고 정치활동을 할 수 있었다면 캠페인기간 이전에라도 충분한 정보를 얻을 수 있었을 것인데, 선거운동기간이 아닌 시기에 정치활동이 어려운 제도적 환경 때문에 후보 등록일 이전에는 유권자에게 정보제공의 기회가 제약된 결과로 해석할 수도 있다. 이런 상황에 이른 원인을 진단하기 위해서는 별도의 경험 분석과 제도효과에 관한 논의가 있어야 하겠지만, 위 결과를 토대로 할 때 어떤 원인에서 기인한 것이든 현재의 지방선거 환경이 유권자에게 충분한 정보를 제공하고 있다고 보기는 어렵기 때문에 제도개선과 대안마련이 필요하다고 하겠다.

III. 선거관심도의 변화

후보자 인지도 변화가 객관적 정보제공 효과를 보여주는 한 지표라면, 선거관심도 변화는 유권자의 주관적 심리에 미친 효과를 보여준다는 점에서 이 역시 선거 캠페인 효과를 가늠할 수 있는 지표가 될 수 있다. 선거에 대한 관심은 유권자가 가진 정보량과 반드시 비례하는 것은 아니다. 물론 후보자나 정책에 대한 정보를 많이 접할수록 선거에 대한 관심이 높아지거나, 선거에 관심이 높을수록 더 많은 선거정보를 수집하게 되는 것이 일반적이다. 그러나 선거에 대한 관심이 높다고 응답한 유권자가 선거에 대한 관심이 낮다고 응답한 유권자보다 더 많은 선거정보를 가지고 있다는 식의 단순 비례관계가 성립하는 것은 아니며, 선거관심은 선거 캠페인의 전반적인 분위기나 선거운동기간 중 발생한 현안이슈 효과 등 후보자정보 이외의 요인으로부터도 영향을 받는 주관적 심리상태로 볼 수 있다. 일반적으로 선거운동이 시작되기 이전보다 선거운동이 진행된 이후에 선거관심도는 높아지는데, 선거에 따라 선거관심에 미치는 캠페인 효과는 달라질 수 있다.

수도권 전체를 기준으로 보면, 광역단체장선거와 기초단체장선거 모두에서

〈표 8-3〉 선거관심도 1~2차 변화: 수도권 전체(%)

선거관심도	광역단체장선거		기초단체장선거	
	1차	2차	1차	2차
매우 관심이 있다	34.6	51.7	25.0	38.2
대체로 관심이 있다	38.3	36.0	34.9	36.8
별로 관심이 없다	21.5	9.6	31.9	20.6
전혀 관심이 없다	5.0	2.2	6.7	3.8
모름/무응답	0.7	0.5	1.5	0.6
Total	100.0	100.0	100.0	100.0

후보 등록일 시점보다 투표 직후 선거관심도는 높아졌으며, 관심이 있다는 응답자들이 각각 15%가량 늘어난 것을 확인할 수 있다.[2] 1차 조사에서 광역단체장선거에 관심이 있다는 응답자는 72.9%, 관심이 없다는 응답자는 26.5%였으나 2차 조사에서는 관심이 있다는 응답자가 87.7%로 15% 정도 많아졌다. 기초단체장선거에서도 1차 조사에서 관심이 있다는 응답자는 59.9%였으나 2차 조사에서는 75.0%로 15%가량 증가한 것으로 나타났다. 두 선거를 기준으로 선거관심도 15% 증가는 캠페인 효과로 볼 수 있을 것이다.

그러나 〈표 8-4〉와 〈표 8-5〉를 통해 서울, 경기, 인천 각 권역단위에 따라 광역단체장과 기초단체장선거에 대한 관심의 편차를 확인할 수 있다.

광역단체장선거를 보면, 1차 조사에서 서울 응답자의 81.4%가 관심이 있

〈표 8-4〉 광역단체장, 선거관심도 1~2차 변화: 각 권역별(%)

지역	서울		경기		인천	
조사 횟수	1차	2차	1차	2차	1차	2차
관심 있다	81.4	91.0	64.9	84.1	75.7	91.2
관심 없다	18.0	9.0	34.5	14.9	23.3	8.8
모름/무응답	0.6	0.0	0.6	1.1	1.0	0.0
합계	100.0	100.0	100.0	100.0	100.0	100.0

---

2) 본 조사는 패널조사이며 1차 조사 응답자 1,500명 가운데 372명은 2차 조사에 응하지 않았다. 패널조사에서 일정한 2차 조사 응답회피는 일반적 현상이지만, 만약 2차 조사 회피자가 응답자에 비해 정치성향의 편향을 노정하게 된다면 해석에 어려움이 발생할 수 있다. 예컨대 선거관심도가 낮고 선거정보도 많이 갖지 못한 응답자들이 그렇지 않은 응답자보다 2차 조사에서 응답회피를 더 많이 했다면, 투표 참여나 지지 후보 등에서 편향을 발생시킬 수 있고 조사 결과 해석에서 전체 모집단의 통계적 대표성을 확보했다고 가정하는 데 어려움이 발생할 수 있는 것이다. 그러나 본 조사 자료를 후보자 인지도와 선거관심도, 투표의향 등을 통해 검증한 결과 이런 편향은 나타나지 않았다. 1차 조사에서 나타난 선거관심도의 등급 간 분포와 2차 조사 응답자의 1차 조사 응답 분포 사이에는 유의한 차이가 발견되지 않았으며, 후보자 인지도, 투표의향 변수에서도 마찬가지였다.

〈표 8-5〉 기초단체장, 선거관심도 1~2차 변화: 각 권역별(%)

지역	서울		경기		인천	
조사 횟수	1차	2차	1차	2차	1차	2차
관심 있다	54.9	71.0	64.5	78.5	59.0	74.6
관심 없다	43.3	28.7	34.3	20.4	39.6	25.2
모름/무응답	1.8	0.3	1.2	1.1	1.4	0.2
합계	100.0	100.0	100.0	100.0	100.0	100.0

다고 답했으며 인천 75.7%, 경기 64.9%순으로 나타났다. 2차 조사에서 서울, 인천, 경기 각각 9.6%, 15.5%, 19.1%로 선거관심도가 증가하여 선거 캠페인기간 동안 관심도 증가는 경기지역이 월등히 높았다. 그러나 1차 조사 시점 경기지역의 선거관심도가 가장 낮았기 때문에 투표 직후 시점에서도 경기지역 응답자의 84.1%가 선거에 관심이 있었다고 응답해 서울 91.0%나 인천 91.2%보다는 낮은 것으로 확인되었다. 반면 기초단체장선거에 대한 관심은 1, 2차 조사에서 모두 경기지역이 가장 높은 것으로 나타났다. 1차 조사에서 경기지역 응답자의 64.5%가 선거에 관심이 있다고 응답했지만 서울은 54.9%만이 관심 있다는 응답을 내놓아 10% 정도의 차이를 보였다. 2차 조사에서 서울지역 16.1%, 인천 15.7%, 경기 14.0%의 선거 관심도가 증가해 비슷한 증가율을 보였다.

후보 등록일 시점 광역단체장선거에서 서울과 인천에 비해 경기지역의 관심도가 상대적으로 낮았던 이유는 기존 연구에 비추어 2가지 정도로 추정해볼 수 있다. 한 가지는 현역 재출마 여부다. 2014년 광역단체장선거에서 서울과 인천은 현직 시장이 재출마하여 도전자와 경쟁했던 반면, 경기는 현직자가 출마하지 않는 상태에서 새로운 도전자들이 경쟁을 하는 구도였다. 경쟁후보 가운데 어느 한쪽이 일찍 확정되었던 상황에서 유권자는 선거경쟁에 대한 더 안정적인 정보를 가지고 있고 관심도 후보 등록일 이전에 높아져 있었다고 가정할 수 있다. 반면 새로운 도전자들의 경쟁에서 유권자는 정당의 후보공천 이후에야 선거정보를 얻게 되므로 상대적으로 늦게 관심이 집중되는 효과가 있을 수 있다.

다른 한 가지 이유는 권역의 지리적·행정적 조건의 차이다. 기존 연구들은 대도시 지역에 비해 도농복합지역이나 농촌지역에서는 상대적으로 기초단체장선거에 대한 관심이 높은 반면 광역단체장선거에 대한 관심은 낮다는 사실을 발견해 왔다. 노동복합이나 농촌지역을 포괄하는 도 지역은 특별시나 광역시에 비해 지리적 범위가 넓고 인구밀도는 상대적으로 낮다. 인구밀도가 조밀하고 지리적 범위는 좁은 대도시 지역에서는 기초자치 단위마다 특화된 현안이나 이해관계 등이 형성되기보다 광역자치단위 수준에서 밀접하게 연계된 이슈들이 많고 문제해결주체도 광역자치정부로 인식될 가능성이 높다. 반면 도농복합지역이나 농촌지역에서는 기초자치 단위마다의 현안이 상대적으로 뚜렷하고 해결주체도 기초자치정부로 특정될 수 있는 사안이 많기 때문에, 광역자치정부에 대한 관심은 상대적으로 낮게 형성된다는 것이다. 28개 시와 3개 군으로 구성된 경기도는 대도시인 서울시나 인천시에 비해 지리적 범위가 넓고 노동복합지역이 많은데, 이런 특성이 다른 도농복합권역과 유사한 특성을 나타냈을 수 있다.

수도권 전체로 보면 선거운동기간 광역단체장, 기초단체장 각각 15% 정도의 선거관심도가 증가한 것으로 확인되지만, 각 권역에 따라 광역-기초자치 정부 구성에 대한 관심에는 차이가 있었다. 투표일 직후에도 12% 정도의 유권자는 광역단체장선거에 관심이 없다고 응답했고 24% 정도의 유권자들은 기초단체장선거에 관심이 없다고 답했는데, 유권자 100%가 모든 선거에 관심을 가질 수는 없지만 선거에 대한 유권자의 관심을 더 높이기 위한 제도적, 행태적 노력이 더 필요할 것으로 판단된다.

IV. 투표·지지의향과 투표 참여의 비교

민주주의에서 유권자는 왜 투표에 참여하는가? 오랫동안 연구자들은 이 문제의 해답을 얻기 위해 여러 가설을 수립하고 경험적으로 검증하려는 노력을 지속해 왔다. 기존 연구들에 의하면, 유권자는 크게 두 가지 이유에서 투표에 참여한다. 투표 참여로 인해 발생하는 효용과 시민적 의무감이다.

전자는 투표에 참여함으로써 공동체의 정책방향을 바꾸는 데 기여할 수 있고 그로부터 정책이익을 기대할 수 있기 때문에 투표에 참여한다는 것이다. 유권자인 내게 정책이익을 약속한 특정 정당(후보)이 당선되면 나는 그 정책시행으로 혜택을 볼 수 있을 것이며, 설사 그 후보가 낙선한다 하더라도 당선자의 일방적 정책시행에 제동을 걸어줄 수 있을 것이라는 합리적 기대감을 말한다. 유권자는 지지 후보가 있으면 투표장에 가고 그렇지 않으면 기권을 선택하게 된다는 것이다. 이 가설에 따르면 유권자의 투표 참여를 높이기 위해서는 일상적인 시기에 정당(정치인)과 유권자가 긴밀히 만나고 서로에 대해 기대하는 바를 확인할 수 있도록 제도와 구조를 갖추는 것이 중요해진다.

시민적 의무감에 의한 투표 참여란 내가 지지하는 정당(후보)이 있든 없든 민주주의에서 투표 참여는 중요한 가치이며, 투표에 불참하는 것은 공동체 구성원으로서 의무를 이행하지 않는 행위라는 인식에서 투표에 참여한다는 것이다. 혹은 투표 참여 자체가 시민적 의무를 성실히 이행하는 행위이므로 투표 참여로부터 시민적 만족감을 얻을 수 있다. 이 가설에 따르면, 민주주의 제도가 잘 작동하기 위해서는 투표 참여가 중요하며 투표는 시민적 의무라는 사회적 인식의 확산이 이루어져야 투표 참여가 높아진다.

현실에서 유권자가 투표에 참여할 때는 어느 한 원인에만 일방적으로 영향을 받는 것이 아니라 두 가지 요인에 복합적으로 영향을 받게 된다. 그런데 선거 캠페인 과정은 투표 참여의 의무를 각인시키는 사회적 분위기를 제고하고 선거정보가 더 집중적으로 제공됨으로써 투표로 인한 효용감도 높

〈표 8-6〉 1차 조사 투표의향과 2차 조사 투표/기권 관계(%)

		1차 조사_투표의향					합계
		반드시 투표할 것이다	아마 투표할 것이다	아마 투표하지 않을 것이다	투표하지 않겠다	아직 결정하지 못했다	
1차 조사 결과		73.1	14.7	2.1	2.8	7.2	100.0
2차 조사_ 투표 여부	투표	97.0	89.9	50.0	43.2	75.3	91.8
	기권	3.0	10.1	50.0	56.8	24.7	8.2
합계		100.0	100.0	100.0	100.0	100.0	100.0

df = 4, x^2 = 224.401(p〈0.001)

여 캠페인 이전보다 투표 참여 의지를 높일 수도 있지만, 그 반대의 효과를 야기할 수도 있다. 예컨대 네거티브 캠페인 전략의 경우 상대후보 지지자의 투표효용감을 떨어뜨림으로써 상대적인 지지극대화를 추구하는 전략으로 볼 수 있다. 모든 후보가 네거티브 전략을 추구하는 선거 캠페인은 시민적 의무감조차 떨어뜨려 전반적인 투표 참여 하락을 야기할 수도 있다.

2014년 지방선거 선거 캠페인은 투표 참여에 어떤 영향을 미쳤을까? 본 조사는 이를 확인하기 위해 1차 조사에서 유권자의 투표의향과 후보지지의향을 조사하였고, 2차 조사에서 실제 투표 여부와 지지선택을 조사하였다. 먼저 〈표 8-6〉은 1차 조사의 투표의향과 2차 조사 투표 참여의 관계를 나타낸 것이다.

후보 등록일 시점에서 응답자의 73.1%는 반드시 투표하겠다, 14.7%는 아마도 투표할 것이라고 응답하여 87.8%의 응답자들이 투표 참여 의사를 밝혔고, 투표 직후 2차 조사에서는 응답자의 91.8%가 투표에 참여했다고 답했다.[3] 수치상으로만 보면 투표의향자보다 실제 투표 참여자가 4% 정도

---

3) 중앙선거관리위원회 집계 2014 지방선거 최종 투표율은 56.8%, 수도권은 이보다 조금

늘어났다. 세부내역을 보면, 1차 조사에서 반드시 투표하겠다는 응답자의 97%, 아마 투표할 것이라는 응답자의 89.9%가 투표에 참여했고, 투표 참여를 결정하지 못했다는 응답자 중 75.3%가 투표에 참여한 것으로 나타난다. 1차 조사 시점 투표 참여를 유보했던 응답자들은 전체 응답자 중 7.2%였는데, 이 가운데 3/4은 실제 투표에 참여한 것이다. 또, 1차 조사에서 4.9%의 응답자는 투표에 참여하지 않겠다고 응답을 했는데(투표하지 않겠다+아마 투표하지 않을 것이다), 이 가운데 45.8%는 실제 투표에 참여한 것으로 나타났다. 1차 조사 투표 미(未)결정층과 투표 불참의사를 가졌던 응답자들 가운데 실제 투표에 참여한 유권자들은, 선거캠페인기간 동안 어떤 영향으로 인해 투표 참여결정을 하게 되었거나 불참의사를 번복했다. 그것이 투표 효용감이든 시민적 의무감이든 간에 선거 캠페인으로 인한 긍정적 효과로 해석할 수 있을 것이다.

〈표 8-7〉은 후보 등록일 시점 지지 후보가 이미 결정되어 있었던 유권자들과 그렇지 않은 유권자들의 투표의향에 어떤 차이가 있었고 그것이 실제 투표결과로 이어졌는지를 살펴본 것으로, 투표효용감과 투표 참여의 관계를 유추할 수 있는 지표가 될 수 있다.

1차 조사 시점 '내일이 투표일이라면 다음의 어떤 광역단체장 후보에게

낮은 55.5%였다. 2차 조사 응답자의 투표 참여율은 집합자료를 통해 확인된 수치보다 매우 높다. 이런 현상은 선거 여론조사에서 일반적으로 나타나는 현상이기도 하지만, 특히 패널조사에서는 매우 강하게 나타난다. 패널조사는 1차 조사를 시작하기 전에 응답자에게 2번 연속조사에 대한 약속을 받고서 조사를 진행하게 된다. 유권자 입장에서 1번의 조사응답에 응하기도 쉽지 않은데 일정한 시차를 두고 진행되는 2회 연속 조사에 응하기란 더 어려운 일이다. 그러다 보니 상대적으로 적극적인 태도를 가진 유권자군으로 응답자집단이 구성되기 쉬우며, 이런 특성은 응답자들이 평균 유권자들에 비해 투표에도 더 많이 참여하는 결과로 나타날 수 있다. 패널조사는 이런 점을 고려하여 응답자들의 정치태도 편향성이 나타나지 않도록 여러 가지 장치들을 마련하고 있으며, 본 데이터는 검증결과 신뢰할만한 품질을 갖추고 있었다. 또한 패널조사는 1차 응답자들에게 일정한 시민적 의무감을 부과하는 측면이 있다. 선거여론조사에 2회 연속 응답을 약속한 상황은 그 자체로 투표 참여에 대한 의무감을 형성시킬 수 있으며, 평소라면 투표에 참여하지 않았을 응답자들이 2차 응답을 고려하여 투표에 참여할 수도 있다는 것이다. 패널조사는 조사 이전 이런 한계를 고려하고도 다른 장점들 때문에 기획되는 것이며, 결과해석에서 패널조사의 한계를 반영해야 한다.

〈표 8-7〉 광역단체장 후보 지지의향과 투표의향, 실제 투표(%)

			1차 조사_투표의향					2차 조사_투표	
			반드시 투표	아마 투표	아마 기권	기권	미결정	투표	기권
1차 _광역 단체장 지지 의향[4]	새누리당	27.6	85.1	9.7	1.0	1.7	2.2	96.1	3.9
	새정치 민주연합	36.9	81.3	12.8	0.6	0.9	4.4	94.5	5.5
	기타	2.3	75.0	10.7	3.6	3.6	7.1	84.6	15.4
	미결정	29.5	59.6	23.4	3.0	0.6	13.4	89.8	10.2
	기권의향	2.4	2.8	5.6	16.7	66.7	8.3	46.4	53.6
	모름/무답	1.2	81.8	0.0	4.5	0.0	13.6	71.4	28.6
	합계	100.0	$x^2 = 622.642 (p \langle 0.001)$					$x^2 = 100.175$ $(p \langle 0.001)$	

투표하겠는가?'라는 질문에 66.8%의 응답자는 특정 후보를 지목했으며, 29.5%는 아직 결정하지 않았다고 응답했고 2.4%는 투표하지 않겠다고 답했다. 새누리당 후보를 지목한 응답자 중 94.8%는 반드시 혹은 아마 투표할 것이라고 응답했고, 새정치민주연합 후보를 지목한 응답자 가운데는 94.1%가 그렇게 대답했다. 2차 조사에서 실제 투표했다는 응답과 비교해 보면, 1차 조사에서 새누리당 후보를 지지하겠다는 응답자 가운데 96.1%가 실제로 투표를 했으며 새정치민주연합 지지의향자 중 94.5%는 투표를 했다고 응답했다.

반면 1차 조사에서 새누리당이나 새정치민주연합 후보가 아닌 다른 후보

---

4) 이 수치는 1~2차 연속 응답한 응답자 1,128명의 1차 조사 응답결과이다. 1차 1,500명 대상 조사 결과에서는 새누리당 후보 지지의향자가 26.9%, 새정치민주연합 36.0%, 기타 후보 1.9%, 미결정 31.3%였으며, 1차 조사에 비해 2차 조사에서 새누리당과 새 정치민주연합 지지의향자가 각각 0.7%, 0.9% 늘어났고 미결정층은 1.8%가 줄어들었다. 1차 조사 미결정층이 2차 조사에서 응답회피를 조금 더 함으로써 지지 후보가 있었던 응답자의 비율을 높인 결과다.

를 지지하겠다는 응답자들이 2.3% 있었는데, 이들은 1차 조사 투표의향도 85.7%로 거대 양당 지지의향자보다 낮게 나타났으며 실제 투표에서도 84.6%만이 투표에 참여해 거대 양당 지지의향자들보다 10%가량 투표 참여가 낮은 것으로 확인되었다. 작은 정당 소속 후보자나 무소속 후보자 지지자들은, 후보자의 당선가능성이 낮다고 인식하고 그로 인해 유권자의 투표효능감이 상대적으로 낮기 때문에 투표 참여의 유인도 상대적으로 떨어진다고 해석할 수 있다.

한편 1차 조사에서 아직 지지 후보를 결정하지 못했다는 응답자들은 1차 조사 시점 83.0%가 투표의향을 밝혔고 13.4%는 투표 자체도 결정하지 않았다고 응답했다. 그런데 실제 투표에는 89.8%가 투표에 참여한 것으로 나타나, 투표의향을 가졌던 비율보다 6.8%가 더 투표에 참여한 것으로 확인된다. 지지 후보 미(未)결정층 가운데 기권의사를 가졌거나 투표 참여도 유보했던 유권자들 중 실제 투표에 참여하게 된 유권자들은, 선거캠페인기간 중에 투표하고 싶은 후보를 발견했거나 투표해야 할 이유가 생겼다는 것으로 선거 캠페인의 효과로 해석할 수 있겠다.

〈표 8-7〉의 결과는 투표로 인한 효용감이 투표 참여에 중요한 영향을 미친다는 기존 가설을 뒷받침해주고 있다. 후보 등록일 시점 당선가능성이 높다고 여겨지는 후보를 이미 염두에 둔 유권자들일수록 투표 참여의향이 높았고 실제로도 투표에 더 많이 참여했기 때문이다. 이런 결과에 따른다면, 투표 참여를 높이기 위해서는 일상적인 시기에 유권자의 정당일체감이나 정치인 선호도를 높일 수 있도록 정당(정치인)과 유권자가 지금 보다 더 다양한 통로로 만날 수 있는 조건이 필요할 것이다.

V. 지지의향과 투표 선택의 비교

2014년 지방선거 선거 캠페인은 유권자의 지지의향에 어떤 변화를 일으켰을까? 1차 조사에서 이미 지지 후보를 염두에 두고 있었던 유권자들은 캠페인 과정에서 어떤 변화를 겪었으며, 지지 후보를 결정하지 못했던 유권자들은 또 어떤 변화를 겪었는가? 후보 등록일 시점 후보(정당) 지지의향과 실제 투표 결과를 비교하기 위하여, 본 조사에서는 광역단체장, 기초단체장, 광역의회 정당투표에 대한 조사를 시행하였고, 이하 그 결과를 비교한다.

1. 광역단체장선거

〈표 8-8〉은 수도권 전체와 서울, 인천, 경기 각 지역의 광역단체장 지지의향에 대한 1차 조사 결과를 나타낸 것이다. 수도권 전체 차원에서, '내일이 투표일이라면' 새누리당 후보에게 투표하겠다는 응답자가 27.7%, 새정치민주연합 후보에게 투표하겠다는 응답자가 35.3%였으며 아직 결정하지 못했다는 응답자는 31.1%였다. 지역별로 미결정층은 경기지역이 39.2%로 가장 많았고 서울지역이 20.8%로 가장 작았다.

지지 후보별로 보면, 서울지역에서는 새누리당 정몽준 후보에게 투표하겠다는 응답자가 27.9%였고 새정치민주연합 박원순 후보에게 투표하겠다는 응답자는 46.5%로 박원순 후보 지지의향자가 18.6% 더 많았다. 서울지역과 마찬가지로 현직 광역단체장이 재출마했던 인천지역에서도, 현직 송영길 새정치민주연합 후보를 지지하겠다는 응답이 36.2%, 도전자인 유정복 새누리당 후보를 지지하겠다는 응답이 24.3%로 현직 지지의향자가 11.9% 더 많았다. 반면 현직자가 재출마하지 않고 도전자 간에 경쟁이 이루어졌던 경기지역에서는 새누리당 남경필 후보를 지지하겠다는 응답자가 새정치민주연합 김진표 후보를 지지하겠다는 응답보다 3.2% 더 많았다.

〈표 8-8〉 1차 조사 결과_광역단체장 지지의향

			1차 조사_광역단체장 지지의향						합계
			새누리당	새정치민주연합	기타정당	미결정	기권의향	모름/무응답	
지역별	서울	빈도	140	233	6	104	12	6	501
		%	27.9	46.5	1.2%	20.8	2.4	1.2	100.0
	인천	빈도	121	180	8	169	9	10	497
		%	24.3	36.2	1.6%	34.0	1.8	2.0	100.0
	경기	빈도	143	127	14	197	15	6	501
		%	28.5	25.3	2.8%	39.2	3.0	1.2	100.0
수도권 전체		빈도	415	529	30	467	40	19	1,500
		%	27.7	35.3	2.0%	31.1	2.7	1.3	100.0

※ 지역별 지지의향은 지역별 조사 표본을 기준으로 한 값이며, 수도권 전체 값은 지역별 인구비례 가중치를 반영한 값임

투표 직후 2차 조사에서는, 수도권 전체에서 새누리당 광역단체장에게 투표했다는 응답자는 40.1%, 새정치민주연합 후보에게 투표했다는 응답자는 54.5%였다. 중앙선거관리위원회 발표 실제 투표결과와 비교해 보면, 새누리당 투표 유권자는 7% 정도 과소 대표되었으며 새정치민주연합 투표 유권자는 2.2% 과대 대표되어 있다.

1차 조사 새누리당 후보 지지의향자의 90.6%는 새누리당 후보에게 실제 투표를 했으며 새정치민주연합 후보 지지의향자 중 92.4%도 새정치민주연합 후보에게 표를 준 것으로 나타나, 선거운동기간 돌입 이전 유권자의 지지의향은 90% 이상 실제 투표로 연결된 것으로 확인된다. 한편 1차 조사 미결정층 가운데 38.0%는 새누리당 후보에게, 54.2%는 새정치민주연합 후보에게 투표한 것으로 나타나, 미결정층의 16% 정도가 새정치민주연합에 더 투표한 것으로 응답했다. 그런데 각 지역별 지지의향과 실제 투표 결과를 비

〈표 8-9〉 광역단체장_수도권, 1차 지지의향과 2차 투표후보(%)

			2차_투표후보 소속정당				합계
			새누리당	새정치민주연합	기타정당	모름/무응답	
2차 응답자 1차_투표 의향	새누리당	빈도	299	271	19	0	9	299
		%	28.9	90.6	6.4	0.0	3.0	100.0
	새정치 민주연합	빈도	393	23	363	0	7	393
		%	37.9	5.9	92.4	0.0	1.8	100.0
	기타 정당	빈도	16	5	6	0	5	16
		%	2.2	22.7	45.5	0.0	31.8	100.0
	미결정	빈도	297	113	161	1	22	297
		%	28.7	38.0	54.2	0.3	7.4	100.0
	기권의향	빈도	13	2	7	0	4	13
		%	1.3	15.4	53.8	0.0	30.8	100.0
	모름/무응답	빈도	11	1	5	0	5	11
		%	1.1	9.1	45.5	0.0	45.5	100.0
합계		빈도	1,036	415	565	1	55	1,036
		%	100.0	40.1	54.5	0.1	5.3	100.0

※ 2차 조사 1,128명 응답자 가운데 투표불참자는 92명, 투표자는 1,036이었음

교해 보면, 서울과 인천·경기지역의 차이가 발견된다.

〈표 8-10〉에서 서울지역 결과를 보면, 1차 조사 박원순 후보 지지의향자 중 95.7%는 박원순 후보에게 실제 투표를 한 반면, 정몽준 후보 지지의향자 중에는 86.6%만이 정몽준 후보에게 투표를 했으며 11.3%는 박원순 후보에게 투표를 했다고 응답했다. 반면 인천과 경기에서는 그 패턴이 반대로 나타났다. 인천에서 송영길 후보 지지의향자 가운데 84.8%만이 실제 송영길 후보에게 투표를 했고 14.4%는 유정복 후보를 지지했다고 밝혔는데 유정복

〈표 8-10〉 광역단체장선거, 각 지역별 1차 지지의향과 실제 투표[5]

				2차_투표(%)	
				새누리당	새정치민주연합
				정몽준	박원순
서울	1차 _지지의향	정몽준	28.6	86.6	11.3
		박원순	48.1	3.1	95.7
		미결정	19.5	28.8	60.6
	합계			32.2	63.1
				유정복	송영길
인천	1차 _지지의향	유정복	27.2	96.1	2.9
		송영길	35.2	14.4	84.8
		미결정	34.1	41.4	50.8
	합계			46.9	49.9
				남경필	김진표
경기	1차 _지지의향	남경필	29.2	92.6	3.2
		김진표	30.2	8.2	88.8
		미결정	35.1	41.2	51.8
	합계			44.9	48.3

후보 지지의향자 중에는 2.9%만이 송영길 후보로 지지를 변경했고 96.1%

---

5) 전체적으로 본 조사 결과는 새정치민주연합 지지 편향이 있다. 2014년 지방선거 공식 득표율을 기준으로 서울에서 정몽준 새누리당 후보는 43.0%, 박원순 새정치민주연합 후보는 56.1%를 획득했는데, 본 조사 결과로는 정몽준 후보 32.2%, 박원순 후보 63.1%를 기록해 정몽준 후보 투표자의 과소대표와 박원순 후보 투표자의 과대대표가 나타났다. 인천에서도 실제 결과로는 유정복 후보가 50.0%, 송영길 후보가 48.2%였으나 조사 결과로는 유정복 후보가 46.9%, 송영길 후보는 49.9%로 나타났다. 경기지역에서는 남경필 후보와 김진표 후보 모두 조사 결과보다 실제 더 득표를 한 것으로 나타나는데, 조사 결과에서 경기지역의 모름/무응답층이 7%로 가장 높았기 때문이다.

는 최초의 지지의향대로 유정복 후보에게 투표를 했다. 경기지역에서도 남경필 후보 지지의향층의 92.6%는 그대로 남경필 후보에게 투표를 했으나 김진표 후보 지지의향자 가운데에는 88.8%만이 실제 투표를 했다고 응답한 것이다.

미결정층을 기준으로 보면 서울지역에서는 압도적으로 박원순 후보에게 더 투표한 것으로 나타나고 인천과 경기에서는 9~10%정도 송영길, 김진표 후보를 더 지지한 것으로 응답했지만, 실제 득표결과와 비교해 볼 때 1차 지지 의향층의 투표 결집도가 선거결과에 더 큰 설명력을 갖는 것으로 보인다. 인천·경기지역의 당락은 각각 1.8%, 0.8%의 근소한 표차로 갈렸다. 미결정층이 좀 더 우세하게 송영길, 김진표 후보에게 투표를 했다고 하더라도 8~14%의 1차 투표 지지 의향층 이탈은 미결정층의 우세를 상쇄하였고 결과적으로 당락을 가르는 중요한 요인이 되었을 것으로 추정된다.

1차 지지의향과 2차 투표결과를 비교해 보면, 서울지역은 선거운동 출발시점부터 박원순 후보가 우세했고 선거 캠페인 과정에서 지지층의 결집과 미결정층의 지지 흡수에서도 박원순 후보가 더 성공적이었다고 평가할 수 있다. 반면 인천에서는 송영길 현직 후보가 유리한 입장에서 출발했으나 캠페인 과정에서 지지결집에 실패함으로써 미결정층의 더 우세한 지지에도 불구하고 패배에 이르게 된 것으로 보인다. 경기지역에서는 남경필 후보와 김진표 후보가 우열을 가릴 수 없는 출발을 보였지만 남경필 후보가 김진표 후보에 비해 지지층 결집에 더 성공적이었고 미결정층의 약간 열세에도 불구하고 근소한 표차로 당선에 이를 수 있었던 것으로 해석된다.

2. 기초단체장선거

〈표 8-11〉에서 2014년 지방선거 후보등록 시점 수도권 유권자의 기초단체장 지지의향을 보면, 미결정층이 37.2%로 가장 많았으며 새누리당과 새정치민주연합 소속 후보 지지의향자가 각각 27.8%, 26.1%로 오차범위 내

〈표 8-11〉 1차 조사 결과_기초단체장 지지의향(%)

| | | | 1차 조사_기초단체장 지지의향 | | | | | | | 합계 |
			새누리당	새정치민주연합	기타정당	무소속	미결정	기권의향	모름/무응답	
지역별	서울	빈도	134	122	13	6	197	16	13	501
		%	26.7	24.4	2.6	1.2	39.3	3.2	2.6	100.0
	인천	빈도	138	122	23	8	189	10	7	497
		%	27.8	24.5	4.6	1.6	38.0	2.0	1.4	100.0
	경기	빈도	144	141	11	10	175	14	7	502
		%	28.7	28.1	2.2	2.0	34.9	2.8	1.4	100.0
수도권 전체		빈도	416	391	39	25	557	43	28	1,500
		%	27.8%	26.1%	2.6%	1.7%	37.2%	2.9%	1.9%	100.0%

※ 지역별 지지의향은 지역별 조사 표본을 기준으로 한 값이며, 수도권 전체 값은 지역별 인구비례 가중치를 반영한 값임

차이를 보였다. 각 지역별로도 이런 특징을 공유했는데, 서울지역에서는 39.3%가 미결정층으로 확인되었고 새누리당과 새정치민주연합 후보 지지의향자가 각각 26.7%, 24.4%로 역시 오차범위 내 차이를 나타냈다. 인천에서도 양대 정당 후보 지지의향자가 27.8%, 24.5%로 분포했고 미결정층이 38.0%였으며 경기지역에서는 두 정당 후보 지지의향자의 차이가 가장 작은 28.7%, 28.1%의 분포였고 34.9%가 미결정층이었다.

2014년 지방선거에서 수도권지역은 총 66개의 기초자치단체장선거가 시행되었으며, 이 가운데 새누리당 후보 24곳, 새정치민주연합 후보 40곳, 무소속 후보가 2곳에서 당선되었다. 당선 비율로만 보면 새정치민주연합이 압도적이지만 득표율에서 새누리당과 새정치민주연합 후보들의 차이는 3.7%에 지나지 않았다. 득표율과 당선 비율의 격차는 특히 서울지역에서 두드러졌는데, 두 정당 후보들의 득표율 차이는 7.4%였지만 각 정당 소속 후보들

〈표 8-12〉 2014년 지방선거_수도권 기초단체장선거결과

		새누리당	새정치민주연합	무소속	기타 정당	합계
서울	당선	5	20	0	0	25
	득표율	44.2	51.6	2.8	1.4	100.0
인천	당선	6	3	1	0	10
	득표율	47.5	36.6	5.6	10.3	100.0
경기	당선	13	17	1	0	31
	득표율	44.8	48.5	5.6	1.1	100.0
합계	당선	24	40	2	0	66
	득표율	44.8	48.5	4.4	2.3	100.0

이 당선된 자치단체는 5개와 20개로 4배 차이가 났다.

〈표 8-11〉에서 후보등록 시점 수도권 유권자 10명 중 4명 정도는 기초자치단체장 지지 후보를 결정하지 못한 상태였으며 새누리당과 새정치민주연합 후보들에 대한 지지의향자들의 분포는 오차범위 내 차이를 보이고 있었다. 선거운동기간을 경과한 후 최종결과를 보더라도 두 정당 후보들은 3.7%의 차이의 접전을 벌인 것으로 나타나지만 당선된 자치단체장의 분포는 큰 차이를 보이고 있다. 결국 선거캠페인기간 동안 각 기초자치단체별 유권자들의 지지의향이 미세하게 변동된 결과가 최종 당락을 갈랐다는 것이다.

〈표 8-13〉은 1차 조사 지지의향과 2차 조사 투표결과의 관계를 나타낸 것인데, 이를 통해 선거운동기간 동안 변화의 흐름을 추정해볼 수 있다. 수도권 전체 결과를 보면 최종 투표결과에서 새정치민주연합 후보들의 득표율은 48.5%로 동일하게 나타나며, 새누리당 후보 득표율은 41.9%로 실제 투표결과와 2.9% 정도 차이가 있다.

1차 조사에서 새누리당 지지의향자의 86.1%, 새정치민주연합 후보 지지의향자의 84.8%는 최초 지지의향대로 각 정당 후보들에 투표한 것으로 확인되어 지지결집에 유의미한 차이를 보이지 않는다. 그런데 두 정당 후보

〈표 8-13〉 기초단체장_수도권, 1차 지지의향과 2차 투표후보

			2차_투표후보 소속정당					합계
			새누리당	새정치민주연합	기타 정당	무소속	모름/무응답	
2차 응답자 1차_투표 의향	새누리당	빈도	294	253	31	1	3	6	294
		%	28.4	86.1	10.5	0.3	1.0	2.0	100.0
	새정치 민주연합	빈도	297	20	252	11	5	9	297
		%	28.7	6.7	84.8	3.8	1.7	3.0	100.0
	기타 정당	빈도	25	1	18	4	1	1	25
		%	2.5	4.0	72.0	16.0	4.0	4.0	100.0
	무소속	빈도	18	6	7	0	5	0	18
		%	1.7	33.3	38.9	0.0	27.8	0.0	100.0
	미결정	빈도	365	138	180	16	5	26	365
		%	35.3	37.8	49.3	4.3	1.4	7.1	100.0
	기권의향	빈도	12	4	5	1	0	2	12
		%	1.2	33.3	41.7	8.3	0	16.7	100.0
	모름/ 무응답	빈도	23	11	9	1	1	1	23
		%	2.3	47.8	39.1	4.3	4.3	4.3	100.0
합계		빈도	1,034	433	502	34	20	45	1,034
		%	100.0	41.9	48.5	3.3	1.9	4.4	100.0

지지의향자들 중 이탈자들의 방향에서는 차이를 나타내고 있다. 새누리당 지지의향자 중 새누리당 후보가 아닌 다른 후보에게 투표했다는 응답의 분 포를 보면, 10.5%가 새정치민주연합 후보로 지지변경을 한 것으로 확인된 다. 그런데 새정치민주연합 후보 지지의향자 중 지지변경을 한 응답자 중 6.7%만이 새누리당으로 전환했으며 3.8%는 두 정당이 아닌 다른 정당으로 지지변경을 했다고 응답했다. 선거운동기간 동안 두 정당 지지의향자들 중

이탈로 새정치민주연합 후보들이 더 이득을 보았다고 해석할 수 있다.

한편 당초 두 정당이 아닌 다른 정당 후보 지지의향자들 중 72.0%는 최초 지지의향 후보가 아니라 새정치민주연합 후보에게 투표를 한 것으로 나타났다. 이는 다수대표제의 제도효과로 볼 수 있는데, 당선가능성이 없는 최선의 선호후보가 아니라 당선가능성이 있는 차선의 후보를 선택하게 되는 현상이다. 2014년 수도권 기초단체장선거에 후보를 공천했던 작은 정당들은 정의당, 통합진보당, 녹색당 등으로, 이 정당 지지의향자들이 차선을 선택할 경우 새누리당보다는 새정치민주연합과 이념적, 정책적 거리가 더 가까운 정당들이다. 작은 정당 지지의향자들의 규모는 작지만 이들의 지지변경으로 역시 새정치민주연합 후보들은 이득을 얻었다고 볼 수 있다.

〈표 8-14〉 기초단체장선거, 각 지역별 1차 지지의향과 실제 투표

				2차_투표(%)		
				새누리당	새정치민주연합	기타 정당/무소속
서울	1차 _지지의향	새누리당	27.7	**87.2**	8.5	0.0
		새정치민주연합	25.4	2.3	**93.0**	**3.5**
		미결정	37.5	**33.9**	**54.3**	5.5
	합계			39.8	51.0	4.4
인천	1차 _지지의향	새누리당	31.2	**88.9**	8.5	1.7
		새정치민주연합	24.3	12.1	**73.6**	**12.1**
		미결정	37.1	**34.5**	**49.6**	**10.1**
	합계			45.1	42.1	9.3
경기	1차 _지지의향	새누리당	28.5	**83.9**	12.9	3.2
		새정치민주연합	32.2	8.6	**81.9**	4.8
		미결정	32.8	**42.1**	**43.9**	5.6
	합계			42.6	47.5	5.5

그리고 1차 조사 미결정층의 최종 투표 분포에서도 새누리당 후보 투표 37.8%, 새정치민주연합 후보 투표 49.3%로 나타나 새정치민주연합이 11.5% 더 지지를 획득한 것으로 확인된다. 수도권 전체 차원에서 기초자치단체장선거 캠페인은 새정치민주연합 후보들이 더 성공적이었던 것으로 나타나지만, 〈표 8-14〉를 보면 지역적 편차가 발견된다.

서울지역을 보면, 1차 조사에서 새정치민주연합 기초단체장 후보 지지의향을 가졌던 응답자의 93.0%는 그대로 새정치민주연합 후보에게 투표하여 높은 지지결집을 보인 반면, 새누리당 단체장 후보 지지의향자 중 8.5%는 지지이탈을 하여 새정치민주연합 후보에게 투표를 했다. 미결정층을 기준으로 보더라도 새누리당 후보로 투표결정을 했다는 응답은 39.8%인 반면 54.3%는 새정치민주연합 후보에게 투표하여, 전반적으로 새정치민주연합 기초단체장 후보들의 선거 캠페인이 더 성공적이었음을 보여준다.

그러나 인천지역에서는 그 양상이 상이하게 나타난다. 새누리당 후보 지지의향자의 88.9%는 그대로 투표를 한 반면, 새정치민주연합 후보 지지의향자 중에는 73.6%만이 그 정당 후보에게 투표했다고 응답했고 새누리당 후보와 기타 정당, 무소속 후보로 지지변경을 한 응답자의 비율이 24.2%에 이르고 있다. 미결정층의 투표 분포에서는 새정치민주연합이 우세한 것으로 나타나지만, 기타 정당이나 무소속 후보에게 투표한 응답자의 비율이 10.1%로 다른 지역의 2배에 이르고 있다. 인천지역에서는 미결정층의 지지흡수에서 다소 불리하기는 했지만 새누리당 후보들이 1차 지지의향자들의 지지결집에 성공함으로써 선거 캠페인에서는 이득을 본 것으로 해석할 수 있다.

경기지역은 1차 조사 시점 두 정당 후보 지지의향자들의 분포가 가장 팽팽했는데, 선거 캠페인 과정에서도 이런 특징들이 그대로 유지되었고 결국 최종 선거결과에까지 이르렀다고 평가할 수 있겠다. 새누리당과 새정치민주연합 후보 지지의향자들의 지지결집과 이탈률에서 유의한 차이가 없었으며 미결정층의 지지 역시 두 정당에 고르게 분포되었음을 발견할 수 있다.

3. 광역의회 정당비례대표선거

광역의회 정당비례대표선거에 대한 1차 조사 지지의향을 보면, 수도권 전체 차원에서 새누리당 지지의향자가 35.5%, 새정치민주연합 지지의향자가 32.3%였고 19.1%의 응답자가 지지의향을 밝히지 않았다. 앞서 광역단체장이나 기초단체장 후보 지지의향 조사에서와는 달리 정당 지지의향조사에서는'아직 결정하지 않았다'는 항목을 별도로 제시하지 않았기 때문에, 19.1% 응답자들은 미결정층일 수도 있지만 선호정당이 있음에도 응답을 회피한 사람들을 포함하는 수치다.

지역별로 보면, 서울지역에서는 3% 정도 새누리당 지지의향자가 더 많았으며 인천에서는 4%, 경기는 3% 정도 새누리당 지지의향자가 더 많았다. 1차 조사에서 통합진보당 지지의향자는 4.1%, 정의당 지지의향자는 1.7%

〈표 8-15〉 2차 응답자의 1차 조사 결과_광역의회 정당비례선거 정당 지지의향

			1차 조사_광역의회 정당비례선거 정당 지지의향						합계
			새누리당	새정치민주연합	통합진보당	정의당	기타정당	모름/무응답	
지역별	서울	빈도	175	160	22	9	39	96	501
		%	34.9	31.9	4.4	1.8	7.8	19.2	100.0
	인천	빈도	187	167	20	11	28	84	497
		%	37.6	33.6	4.0	2.2	5.6	16.9	100.0
	경기	빈도	179	163	19	8	36	97	502
		%	35.7	32.5	3.8	1.6	7.2	19.3	100.0
수도권 전체		빈도	532	485	61	26	110	286	1,500
		%	35.5	32.3	4.1	1.7	7.3	19.1	100.0

※ 지역별 지지의향은 지역별 조사 표본을 기준으로 한 값이며, 수도권 전체 값은 지역별 인구비례 가중치를 반영한 값임

〈표 8-16〉 2014년 지방선거_수도권 광역의회 정당비례대표선거결과(%)

	새누리당	새정치 민주연합	통합진보당	정의당	그 외 다른 정당	합계
서울	45.4	45.4	3.0	3.9	2.2	100.0
인천	50.6	40.8	3.0	3.9	1.8	100.0
경기	47.6	43.8	3.1	3.8	1.7	100.0
합계	47.0	44.2	3.1	3.9	1.9	100.0

로 나타나 선거시점 유사한 진보정당계열로 분류되었지만 통합진보당 지지 의향자가 2배 이상 더 많은 것으로 확인되었다.

그런데 본 조사의 2차 조사 결과나 최종 선거결과를 보면 통합진보당과 정의당의 지지율은 1차 조사 결과와는 달리 역전된 것으로 나타난다. 최종 선거결과는 수도권 전체나 서울, 경기, 인천 각 지역에서 유사하게 통합진보 당 지지율이 3.0~3.1%, 정의당 지지율이 3.8~3.9%였다. 〈표 8-17〉의 2차 조사 결과를 보더라도 통합진보당 투표자가 3.2%인 반면 정의당 투표자는 5.1%로 1차 조사에 비해 늘어났음을 알 수 있다. 왜 이런 결과가 나타난 것일까?

우선 눈에 띄는 것은 1차 조사 통합진보당 지지의향자들의 이탈이다. 이 들 중 43.2%는 실제 정당투표에서 새정치민주연합에 투표했으며 통합진보 당에 투표한 사람은 29.5%에 불과했다. 이미 정부는 2013년 말 통합진보당 에 대해 정당해산심판을 청구해 놓았던 상황이었지만 유권자들은 이 사실을 인지하지 못하다가 선거 캠페인 과정에서 제공된 정보를 통해 인지하고 지 지이탈을 했을 가능성을 추정할 수 있다. 반면 정의당 지지의향자 중 72.7% 는 그대로 정의당에 투표를 했으며, 새정치민주연합, 통합진보당, 기타 다른 정당 지지의향층에서 정의당으로 지지의향을 변경한 투표자들이 모여 정의 당 지지율을 1차 조사에 비해 크게 높은 것으로 확인된다.

새누리당과 새정치민주연합 정당 지지의향자들에서는 새누리당이 6% 정

〈표 8-17〉 광역의회 정당비례 선거_수도권, 1차 지지의향과 2차 투표후보

			2차_광역의회정당투표						합계
			새누리당	새정치 민주연합	통합 진보당	정의당	기타 정당	모름/ 무응답	
2차 응답자 1차_지지 의향	새누리당	370	322	32	0	2	4	10	370
		35.7	87.0	8.6	0.0	0.5	1.1	2.7	100.0
	새정치 민주연합	353	22	287	12	20	2	10	353
		34.0	6.2	81.3	3.4	5.7	0.6	2.8	100.0
	통합 진보당	44	6	19	13	3	1	2	44
		4.2	13.6	43.2	29.5	6.8	2.3	4.5	100.0
	정의당	22	1	3	1	16	1	0	22
		2.1	4.5	13.6	4.5	72.7	4.5	0.0	100.0
	기타 정당	68	22	29	3	4	6	4	68
		6.6	32.4	42.6	4.4	5.9	8.8	5.9	100.0
	모름/ 무응답	180	59	83	4	8	2	24	180
		17.4	32.8	46.1	2.2	4.4	1.1	13.3	100.0
합계		1,037	432	453	33	53	16	50	1,036
		100.0	41.7	43.7	3.2	5.1	1.5	4.8	100.0

도 지지결집을 더 한 것으로 나타났는데 흥미로운 것은 지지이탈의 방향이
다. 기초단체장선거에서도 확인된 바 있는 패턴으로 새누리당 지지의향층의
이탈은 대개 새정치민주연합 지지로 집약하여 변경되었는데, 정당투표에서
도 마찬가지였다. 새누리당 이탈층의 8.6%는 새정치민주연합에 투표했다고
한 반면, 새정치민주연합 이탈층의 9.7%는 통합진보당, 정의당, 기타 정당
으로 지지를 변경했다고 답했다. 새누리당에서 이들 정당으로 지지변경을
한 응답자는 1.6%에 지나지 않는다. 1차 조사에서 정당 지지의향을 밝히지
않았던 응답자들의 경우, 32.8% 대 46.1%로 새정치민주연합에 더 많이 투

표한 것으로 나타나며 7.7%는 통합진보당, 정의당, 기타 다른 정당 투표로 분산되었고 여전히 13.3%는 2차 조사에서도 투표정당을 밝히지 않았다.

조사 설문과 응답 결과

2014년 지방선거 패널조사 1차 결과

2014 지방선거 수도권 패널조사 1차 설문지 _서울

안녕하세요? 저는 여론조사 전문회사인 한국리서치 면접원 _____입니다.
저희는 요즘 우리 사회의 여러 가지 문제와 지방선거에 대한 여러분의 의견을 알아
보고 있습니다. 본 조사는 5월과 6월 초 두 차례에 거쳐 진행됩니다. 조사를 끝까지
완료해주신 분께는 감사의 의미로 소정의 사례금을 제공해 드립니다.
잠시만 시간을 내어 협조하여 주십시오. 감사합니다.

■ 주관기관: 서강대학교 현대정치연구소   ■ 조사기관: (주) 한국리서치
■ 문 의 처: 한국리서치 (02) 3014-1015
■ 주   소: 서울시 강남구 논현동 192-19 H-Tower

〈선문 1〉 귀하께서 현재 사시는 곳은 어디세요?

1. 서울 동북권

1-1. 성동구(3.2)	1-2. 광진구(3.0)	1-3. 동대문구(3.0)
1-4. 중랑구(3.0)	1-5. 성북구(4.8)	1-6. 강북구(3.4)
1-7. 도봉구(5.4)	1-8. 노원구(5.8)	

2. 서울 서북권

2-1. 종로구(1.6)	2-2. 중구(1.6)	2-3. 용산구(2.2)
2-4. 은평구(4.8)	2-5. 서대문구(3.2)	2-6. 마포구(4.0)

3. 서울 서남권

3-1. 양천구(4.4)	3-2. 강서구(5.0)	3-3. 구로구(3.8)
3-4. 금천구(1.8)	3-5. 영등포구(5.0)	3-6. 동작구(5.8)
3-7. 관악구(4.4)		

4. 서울 동남권
   4-1.서초구(4.4)   4-2.강남구(6.4)   4-3.송파구(5.6)
   4-4.강동구(4.6)

〈선문 2〉 귀하의 성별은 무엇입니까? (%)
   ① 남자(49.1)   ② 여자(50.9)

〈선문 3〉 귀하의 나이는 만으로 어떻게 되시나요? (%) 만 _____세
   ① 만 19~29세(19.0)   ② 만 30~34세(10.8)
   ③ 만 35~39세(10.2)   ④ 만 40~44세(12.4)
   ⑤ 만 45~49세(8.4)   ⑥ 만 50~54세(11.4)
   ⑦ 만 55~59세(7.8)   ⑧ 만 60세 이상(20.2)

[정치관심과 투표의향]

〈문 1〉 선생님께서는 6월 4일에 있을 지방선거에 얼마나 관심이 있으십니까? 다음 각각
에 대해 말씀하여 주십시오. (%)

	매우 관심이 있다	대체로 관심이 있다	별로 관심이 없다	전혀 관심이 없다	모름/무응답 (읽지 마시오)
	①	②	③	④	㉟
1) 서울시장 선거	(45.5)	(35.9)	(14.0)	(4.0)	(0.6)
2) 구청장 선거	(23.2)	(31.7)	(36.3)	(7.0)	(1.8)

〈문 2〉 선생님께서는 이번 지방선거에 투표할 생각이십니까, 투표하지 않을 생각이십니
까? (%)
   ① 반드시 투표할 것이다(77.0)   ② 아마 투표할 것이다(12.8)
   ③ 아마 투표하지 않을 것이다(1.2)   ④ 투표하지 않겠다(1.8)
   ⑤ 아직 결정하지 못했다(7.0)   ㉟ 잘 모름/무응답(0.2)(읽지 마시오)

[선거지지와 투표요인 전망]

〈문 3〉 선생님께서는 만일 내일이 투표일이라면 서울시장 선거에서 다음 중 어느 후보에게 투표를 하시겠습니까? (%)

① 새누리당 정몽준 후보(27.9) ② 새정치민주연합 박원순 후보(46.5)
③ 통합진보당 정태흥 후보(0.2) ④ 기타 후보(1.0)
⑤ 아직 결정하지 않았다(20.8) ⑥ 투표하지 않겠다(2.4)
⑨⑨ 모름/무응답(1.2)(읽지 마시오)

〈문 3-1〉 선생님께서는 서울시장 후보를 선택하는데 있어 어떤 것을 가장 중요하게 생각하시나요? (%)

① 후보의 소속정당(11.2) ② 후보의 개인적 자질(39.5)
③ 정책과 공약(38.7) ④ 당선 가능성(3.4)
⑤ 기타(5.4) ⑨⑨ 모름/무응답(1.8)(읽지 마시오)

〈문 4〉 선생님께서는 만일 내일이 투표일이라면 구청장 선거에서 다음 중 어느 정당의 후보에게 투표를 하시겠습니까? (%)

① 새누리당(26.7) ② 새정치민주연합(24.4)
③ 통합진보당(1.2) ④ 정의당(0.6)
⑤ 기타 다른 정당(0.8) ⑥ 무소속(1.2)
⑦ 아직 결정하지 않았다(39.3) ⑧ 투표하지 않겠다(3.2)
⑨⑨ 모름/무응답(2.6)(읽지 마시오)

〈문 4-1〉 선생님께서는 구청장 후보를 선택하는데 있어 어떤 것을 가장 중요하게 생각하시나요? (%)

① 후보의 소속정당(19.4) ② 후보의 개인적 자질(28.1)
③ 정책과 공약(42.1) ④ 당선 가능성(3.0)
⑤ 기타(5.6) ⑨⑨ 모름/무응답(1.8)(읽지 마시오)

〈문 5〉 이번 선거에서는 서울시의원 비례대표 선출을 위한 정당투표도 합니다. 선생님께
서는 만일 내일이 투표일이라면 서울시의원 비례대표를 위해 어느 정당에 투표하
시겠습니까? (%)

① 새누리당(34.9) ② 새정치민주연합(31.9)
③ 통합진보당(4.4) ④ 정의당(1.8)
⑤ 기타 다른 정당(7.8) ⑨⑨ 모름/무응답(19.2)(읽지 마시오)

[후보요인]

〈문 6〉 선생님께서는 다음 후보들의 도덕성에 대해 어떻게 평가하십니까? 서울시장으로
서 도덕성이 매우 부족하다를 0, 보통이다 5, 매우 충분하다를 10이라고 할 때,
다음 각 후보별로 0에서 10 사이의 숫자로 말씀해주세요. (%)

	매우 부족				보통				매우 충분		모름/무응답 (읽지 마시오)
	0	1	2	3	4	5	6	7	8	9	10	⑨⑨
1) 정몽준	(10.8)	(2.2)	(3.0)	(10.2)	(5.0)	(31.1)	(4.4)	(8.4)	(6.6)	(2.8)	(8.6)	(7.0)
2) 박원순	(4.0)	(0.6)	(2.2)	(3.6)	(2.6)	(23.2)	(8.2)	(12.4)	(16.8)	(6.8)	(13.4)	(6.2)

〈문 7〉 선생님께서는 다음 후보들의 서울시정 운영능력에 대해 어떻게 평가하십니까?
시정운영능력이 매우 부족하다를 0, 보통이다 5, 매우 충분하다를 10이라고 할
때, 각 후보별로 0에서 10 사이의 숫자로 말씀해주세요. (%)

	매우 부족				보통				매우 충분		모름/무응답 (읽지 마시오)
	0	1	2	3	4	5	6	7	8	9	10	⑨⑨
1) 정몽준	(8.6)	(1.6)	(3.0)	(5.6)	(5.0)	(32.9)	(4.4)	(9.4)	(7.8)	(1.4)	(12.0)	(8.4)
2) 박원순	(4.4)	(0.6)	(1.4)	(4.8)	(2.8)	(23.8)	(8.4)	(10.8)	(16.2)	(8.0)	(14.8)	(4.2)

〈문 8〉 선생님께서는 다음 서울시장(인천시장/경기도지사) 후보들의 이념성향에 대해 어떻게 생각하십니까? 매우 진보를 0, 중도를 5, 매우 보수를 10이라고 할 때, 각 후보별로 0에서 10 사이의 숫자로 말씀해 주세요. (%)

매우 진보	중도									매우 보수	모름/무응답 (읽지 마시오)
0	1	2	3	4	5	6	7	8	9	10	㉟
1) 정몽준 (1.2)	(1.2)	(1.2)	(2.2)	(2.0)	(26.7)	(5.4)	(10.2)	(13.4)	(5.4)	(22.4)	(8.8)
2) 박원순 (9.4)	(3.0)	(7.6)	(10.4)	(8.4)	(35.1)	(4.2)	(4.4)	(4.8)	(1.8)	(2.4)	(8.6)

〈문 9〉 선생님께서는 다음 서울시장(인천시장/경기도지사) 후보들에 대해 얼마나 친근하게 느끼십니까? 전혀 친근하지 않게 느낀다를 0, 보통이다 5, 매우 친근하게 느낀다를 10이라고 할 때, 각 후보별로 0에서 10 사이의 숫자로 말씀해주세요. (%)

전혀 친근하지 않게 느낀다	중도									매우 친근 하게 느낀다	모름/무응답 (읽지 마시오)
0	1	2	3	4	5	6	7	8	9	10	㉟
1) 정몽준 (20.2)	(3.6)	(4.0)	(8.6)	(5.2)	(28.1)	(5.4)	(5.8)	(5.0)	(2.4)	(9.4)	(2.4)
2) 박원순 (8.4)	(1.6)	(3.0)	(3.2)	(4.2)	(27.1)	(7.8)	(10.2)	(11.8)	(6.2)	(13.8)	(2.8)

〈문 10〉 선생님께서는 이번 지방선거에 출마하는 구청장 후보들에 대해서 알고 계십니까? (%)
  ① 2명 또는 그 이상 알고 있다(21.8)   ② 1명 정도 알고 있다(26.1)
  ③ 아무도 모른다(52.1)

〈문 11〉 선생님께서는 이번 지방선거에 출마하는 선생님 지역구의 서울시의회 후보들에 대해서 알고 계십니까? (%)
  ① 2명 또는 그 이상 알고 있다(17.6)   ② 1명 정도 알고 있다(16.4)
  ③ 아무도 모른다(66.1)

[후보요인]

〈문 12〉 선생님께서는 박근혜 대통령의 국정운영에 대해 어떻게 평가하십니까? (%)
　　① 잘하고 있다(37.3)　　　　　　② 못하고 있다(44.7)
　　③ 잘 모르겠다(18.0)

〈문 13〉 선생님께서는 현재 박원순 서울시장의 업무수행에 대해 어떻게 평가하십니까? (%)
　　① 매우 잘했다(11.2)　　　　　　② 잘한 편이다(54.3)
　　③ 못한 편이다(15.2)　　　　　　④ 매우 못했다(4.8)
　　⑤ 잘 모르겠다(14.6)

〈문 14〉 선생님께서는 현직 구청장의 업무수행에 대해 어떻게 평가하십니까? (%)
　　① 매우 잘했다(4.8)　　　　　　② 잘한 편이다(31.1)
　　③ 못한 편이다(12.2)　　　　　　④ 매우 못했다(4.0)
　　⑤ 잘 모르겠다(47.9)

[지방선거의 의미와 전망]

〈문 15〉 선생님께서는 이번 지방선거에 대한 다음 의견 중 어떤 의견에 가까우세요? (%)
　　① 안정적인 국정운영을 위해 여당인 새누리당을 밀어줘야 한다(30.1)
　　② 새누리당과 대통령의 독주를 막기 위해 야당을 밀어줘야 한다(35.3)
　　③ 둘 다 동의하지 않는다(32.7)
　　⑨⑨ 모름/무응답(1.8)(읽지 마시오)

[선거 아젠다와 이슈]

〈문 16〉 선생님께서는 이번 서울시장 선거에서 지지 후보를 결정하는 데에 다음 불러드리는 각각의 문제들이 얼마나 중요하다고 생각하십니까? (%)

	매우 중요	약간 중요	별로 중요치 않음	전혀 중요치 않음	모름/무응답 (읽지 마시오)
	①	②	③	④	㉙
1) 대중교통 확충 등 지역 교통문제	(46.3)	(35.3)	(14.2)	(2.6)	(1.6)
2) 저소득층 지원 등 지역 복지문제	(51.5)	(36.1)	(8.4)	(1.4)	(2.6)
3) 지역 일자리창출 문제	(67.1)	(25.9)	(4.6)	(0.2)	(2.2)
4) 임대주택 등 지역 주거문제	(44.3)	(41.3)	(10.8)	(1.0)	(2.6)
5) 부동산 등 지역개발문제	(30.1)	(35.7)	(26.9)	(3.4)	(3.8)

〈문 17〉 선생님께서는 지방선거 서울시장 후보인 정몽준 후보가 가장 중요하게 생각하는 지역현안이 무엇이라고 보십니까? (%)
① 대중교통 확충 등 지역 교통문제(5.6)
② 저소득층 지원 등 지역 복지문제(10.4)
③ 지역 일자리창출 문제(19.4)
④ 임대주택 등 지역 주거문제(4.4)
⑤ 부동산 등 지역개발문제(25.0)
⑥ 잘 모르겠다(35.3)

〈문 18〉 선생님께서는 지방선거 서울시장 후보인 박원순 후보가 가장 중요하게 생각하는 지역현안이 무엇이라고 보십니까? (%)
① 대중교통 확충 등 지역 교통문제(8.4)
② 저소득층 지원 등 지역 복지문제(38.1)
③ 지역 일자리창출 문제(15.2)
④ 임대주택 등 지역 주거문제(6.6)
⑤ 부동산 등 지역개발문제(3.4)
⑥ 잘 모르겠다(28.3)

〈문 19〉 이번 지방선거에서 선생님의 투표결정에 '세월호 사건'이 얼마나 영향을 미치고
있습니까? (%)
① 매우 큰 영향을 미친다(37.7) → 〈문 19-1〉
② 약간 영향을 미친다(31.5) → 〈문 19-1〉
③ 별로 영향을 미치지 않는다(19.4) → 〈문 20〉
④ 전혀 영향을 미치지 않는다(10.4) → 〈문 20〉
⑨⑨ 모름/무응답(1.0)(읽지 마시오) → 〈문 20〉

〈문 19-1〉 그렇다면 구체적으로 투표결정에 어떻게 영향을 미쳤습니까? (%)
① 지지하는 후보가 바뀌었다(9.2)
② 지지하는 후보가 없어졌다(12.4)
③ 기존 지지 후보를 더 강하게 지지하게 되었다(41.2)
④ 지지 후보가 없었는데 지지 후보 선택에 도움이 되었다(24.2)
⑨⑨ 모름/무응답(13.0)(읽지 마시오)

〈문 20〉 선생님께서는 세월호 사고 이후 정부의 대처를 어떻게 평가하십니까? (%)
① 매우 잘하고 있다(3.2)   ② 잘하고 있는 편이다(16.2)
③ 못하고 있는 편이다(24.2)   ④ 매우 못하고 있다(49.7)
⑤ 잘 모르겠다(6.8)

〈문 21〉 선생님께서는 세월호 사고 이후 야당의 대응을 어떻게 평가하십니까? (%)
① 매우 잘하고 있다(0.8)   ② 잘하고 있는 편이다(7.4)
③ 못하고 있는 편이다(45.7)   ④ 매우 못하고 있다(28.3)
⑤ 잘 모르겠다(17.8)

[정당요인과 역대 투표행태]

〈문 22〉 선생님께서는 현재 지지 정당이 있으십니까? (%)
① 있다(43.7) → 〈문 22-1〉   ② 없다(56.3) → 〈문 23〉

〈문 22-1〉 그 정당은 어느 정당입니까? (%)
　　① 새누리당(58.9)　　　　　② 새정치민주연합(36.1)
　　③ 통합진보당(1.4)　　　　　④ 정의당(1.4)
　　⑤ 기타 다른 정당(0.0)　　　⑨⑨ 모름/무응답(2.3)(읽지 마시오)

〈문 23〉 선생님께서는 지난 2011년 서울시장 보궐선거에서 다음 중 어느 후보에게
　　　　투표하셨나요? (%)
　　① 나경원(23.4)　　　　　　② 박원순(49.3)
　　③ 그 외 후보(1.6)　　　　　④ 투표하지 않았음(15.4)
　　⑤ 투표권 없었음(5.8)　　　⑨⑨ 모름/무응답(4.6)(읽지 마시오)

〈문 24〉 선생님께서는 지난 2012년 대통령선거에서 다음 중 어느 후보에게
　　　　투표하셨나요? (%)
　　① 박근혜(48.1)　　　　　　② 문재인(37.7)
　　③ 그 외 후보(2.6)　　　　　④ 투표하지 않음(6.6)
　　⑤ 투표권 없었음(2.8)　　　⑨⑨ 모름/무응답(2.2)(읽지 마시오)

[배경질문]

〈배문 1〉 선생님께서 직업으로 하시는 일은 무엇인가요? (%)
　　① 농업/임업/어업(0.0)
　　② 자영업(15.6)
　　③ 판매/영업/서비스직(10.6)
　　④ 생산/기능/노무직(3.6)
　　⑤ 사무/관리/전문직(31.7)
　　⑥ 주부(20.8)
　　⑦ 학생(10.0)
　　⑧ 무직/퇴직/기타(7.4) 모름/무응답(0.4)(읽지 마시오)

〈배문 2〉 선생님께서는 학교를 어디까지 다니셨나요? (%)
　　① 중졸 이하(8.0)　　　　　　② 고졸(24.8)
　　③ 2~3년제 대학 재학 및 졸업(16.8)　④ 4년제 대학 재학 및 졸업(49.9)
　　⑨⑨ 모름/무응답(0.6)(읽지 마시오)

〈배문 3〉 선생님 가정의 가구소득은 한 달 평균 어느 정도 됩니까?(가족의 월급·상여금·
　　　　　 은행이자 모두 포함)(%)

　　① 120만 원 미만(7.6)　　　　　　② 120~250만 원 미만(18.0)
　　③ 250~350만 원 미만(20.2)　　　④ 350~450만 원 미만(14.6)
　　⑤ 450~700만 원 미만(19.4)　　　⑥ 700만 원 이상(13.6)
　　⑦ 소득 없음(2.0)　　　　　　　　⑨⑨ 모름/무응답(4.8)(읽지 마시오)

〈배문 4〉 선생님 가정의 현재 주거형태는 어떠합니까? (%)

　　① 가족 소유의 주택에서 거주(58.1) → 〈배문 4-1〉
　　② 가족 소유 주택이 있지만 남의 집에서 전·월세로 거주(16.0) → 〈배문 4-1〉
　　③ 가족 소유 주택 없이 남의 집에서 전세로 거주(16.6) → 〈배문 5〉
　　④ 가족 소유 주택 없이 남의 집에서 월세로 거주(8.2) → 〈배문 5〉
　　⑨⑨ 모름/무응답(1.2)(읽지 마시오)

〈배문 4-1〉 선생님 가족이 소유한 주택은 1채 입니까, 2채 이상입니까?

　　① 1채(73.6)　　　　② 2채 이상(24.3)　　　⑨⑨ 모름/무응답(2.2)(읽지 마시오)

〈배문 5〉 선생님 가구의 총재산액은 어느 정도입니까? 부동산, 금융자산, 부채 등을
　　　　　 모두 포함해서 말씀해 주십시오. (%)

　　① 5천만 원 미만(12.2)　　　　　② 5천만 원~1억 원 미만(8.8)
　　③ 1억 원~2억 원 미만(12.2)　　 ④ 2억 원~3억 원 미만(12.8)
　　⑤ 3억 원~4억 원 미만(9.0)　　　⑥ 4억 원~7억 원 미만(11.8)
　　⑦ 7억 원 이상(17.0)　　　　　　⑨⑨ 모름/무응답(16.4)(읽지 마시오)

〈배문 6〉 선생님께서는 자신의 사회경제적 수준이 '상층', '중상층', '중간층', '중하층',
　　　　　 '하층' 다섯 개 중 어디에 속한다고 생각하십니까?

　　① 상층(1.4)　　　　② 중상층(14.6)　　　③ 중간층(37.7)
　　④ 중하층(28.9)　　　⑤ 하층(16.0)　　　⑨⑨ 모름/무응답(1.4)(읽지 마시오)

〈배문 7〉 선생님께서는 자신의 이념 성향이 어떠하다고 생각하십니까? 매우 진보적이면
0점, 중도적이면 5점, 매우 보수적이면 10점으로 하여 0에서 10 사이의 숫자
로 말씀해 주십시오.

매우진보 ←――――――――――――――――― 중도 ―――――――――――――――――→ 매우보수											모름/무응답 (읽지 마시오)
0	1	2	3	4	5	6	7	8	9	10	㉙
(3.2)	(1.2)	(2.0)	(6.2)	(9.0)	(44.9)	(8.0)	(7.0)	(4.8)	(1.0)	(10.0)	(2.8)

2014 지방선거 수도권 패널조사 1차 설문지 _인천

안녕하세요? 저는 여론조사 전문회사인 한국리서치 면접원 _____입니다.
저희는 요즘 우리 사회의 여러 가지 문제와 지방선거에 대한 여러분의 의견을 알아
보고 있습니다. 본 조사는 5월과 6월 초 두 차례에 거쳐 진행됩니다. 조사를 끝까지
완료해주신 분께는 감사의 의미로 소정의 사례금을 제공해 드립니다.
잠시만 시간을 내어 협조하여 주십시오. 감사합니다.

- 주관기관: 서강대학교 현대정치연구소　　　■ 조사기관: (주) 한국리서치
- 문 의 처: 한국리서치 (02) 3014-1015
- 주　　소: 서울시 강남구 논현동 192-19 H-Tower

〈선문 1〉 귀하께서 현재 사시는 곳은 어디세요?

1. 인천 중앙권
   1-1. 중구(3.8)　　　　　1-2. 동구(1.8)　　　　　1-3. 남구(15.7)

2. 인천 남부권
   2-1. 연수구(11.1)　　　2-2. 남동구(16.7)

3. 인천 동부권
   3-1. 부평구(19.9)　　　3-2. 계양구(11.5)

4. 인천 서부권
   4-1. 서구(16.5)　　　　4-2. 강화군(2.6)　　　　4-3. 옹진군(0.4)

〈선문 2〉 귀하의 성별은 무엇입니까? (%)
   ① 남자(50.1)　　　　　　　　　　　② 여자(49.9)

〈선문 3〉 귀하의 나이는 만으로 어떻게 되시나요? (%) 만 _____세
   ① 만 19~29세(18.7)　② 만 30~34세(10.5)　③ 만 35~39세(9.7)
   ④ 만 40~44세(11.9)　⑤ 만 45~49세(10.9)　⑥ 만 50~54세(14.1)
   ⑦ 만 55~59세(6.4)　　⑧ 만 60세 이상(17.9)

[정치관심과 투표의향]

〈문 1〉 선생님께서는 6월 4일에 있을 지방선거에 얼마나 관심이 있으십니까? 다음 각각에 대해 말씀하여 주십시오. (%)

	매우 관심이 있다	대체로 관심이 있다	별로 관심이 없다	전혀 관심이 없다	모름/무응답 (읽지 마시오)
	①	②	③	④	㊙
1) 인천시장 선거	(33.2)	(42.5)	(19.9)	(3.4)	(1.0)
2) 구청장/군수선거	(22.1)	(36.8)	(33.2)	(6.4)	(1.4)

〈문 2〉 선생님께서는 이번 지방선거에 투표할 생각이십니까, 투표하지 않을 생각이십니까? (%)
① 반드시 투표할 것이다(74.0)　　② 아마 투표할 것이다(15.7)
③ 아마 투표하지 않을 것이다(1.6)　　④ 투표하지 않겠다(2.4)
⑤ 아직 결정하지 못했다(6.2)　　㊙ 잘 모름/무응답(0.0)(읽지 마시오)

[선거지지와 투표요인 전망]

〈문 3〉 선생님께서는 만일 내일이 투표일이라면 인천시장 선거에서 다음 중 어느 후보에게 투표를 하시겠습니까? (%)
① 새누리당 유정복 후보(24.3)　　② 새정치민주연합 송영길 후보(36.2)
③ 기타 후보(1.6)　　④ 아직 결정하지 않았다(34.0)
⑤ 투표하지 않겠다(1.8)　　㊙모름/무응답(2.0)(읽지 마시오)

〈문 3-1〉 선생님께서는 인천시장 후보를 선택하는데 있어 어떤 것을 가장 중요하게 생각하시나요? (%)
① 후보의 소속정당(19.3)　　② 후보의 개인적 자질(28.4)
③ 정책과 공약(43.1)　　④ 당선 가능성(2.6)
⑤ 기타(4.6)　　㊙ 모름/무응답(2.0)(읽지 마시오)

〈문 4〉 선생님께서는 만일 내일이 투표일이라면 구청장/군수선거에서 다음 중 어느 정당의 후보에게 투표를 하시겠습니까? (%)

① 새누리당(27.8) ② 새정치민주연합(24.4)
③ 통합진보당(2.0) ④ 정의당(1.2)
⑤ 기타 다른 정당(1.4) ⑥ 무소속(1.6)
⑦ 아직 결정하지 않았다(38.0) ⑧ 투표하지 않겠다(2.0)
⑨⑨ 모름/무응답(1.4)(읽지 마시오)

〈문 4-1〉 선생님께서는 구청장/군수 후보를 선택하는데 있어 어떤 것을 가장 중요하게 생각하시나요? (%)

① 후보의 소속정당(20.1) ② 후보의 개인적 자질(31.0)
③ 정책과 공약(40.8) ④ 당선 가능성(2.0)
⑤ 기타(4.4) ⑨⑨ 모름/무응답(1.6)(읽지 마시오)

〈문 5〉 이번 선거에서는 인천시의원 비례대표 선출을 위한 정당투표도 합니다. 선생님께서는 만일 내일이 투표일이라면 인천시의원 비례대표를 위해 어느 정당에 투표하시겠습니까? (%)

① 새누리당(37.6) ② 새정치민주연합(33.6)
③ 통합진보당(4.0) ④ 정의당(2.2)
⑤ 기타 다른 정당(5.6) ⑨⑨ 모름/무응답(16.9)(읽지 마시오)

[후보요인]

〈문 6〉 선생님께서는 다음 후보들의 도덕성에 대해 어떻게 평가하십니까? 인천시장으로서 도덕성이 매우 부족하다를 0, 보통이다 5, 매우 충분하다를 10이라고 할 때, 다음 각 후보별로 0에서 10 사이의 숫자로 말씀해주세요. (%)

	매우 부족	보통								매우 충분	모름/무응답 (읽지 마시오)
	0	1	2	3	4	5	6	7	8	9	10	⑨⑨
1) 유정복	(3.0)	(0.4)	(1.8)	(3.4)	(2.6)	(33.2)	(5.4)	(6.8)	(7.0)	(1.8)	(6.2)	(28.2)
2) 송영길	(4.8)	(0.6)	(2.4)	(4.0)	(2.2)	(31.0)	(9.9)	(12.3)	(11.9)	(3.4)	(6.2)	(11.3)

〈문 7〉 선생님께서는 다음 후보들의 인천시정 운영능력에 대해 어떻게 평가하십니까?
시정운영능력이 매우 부족하다를 0, 보통이다 5, 매우 충분하다를 10이라고
할 때, 각 후보별로 0에서 10 사이의 숫자로 말씀해주세요. (%)

매우 부족	←----------------- 보통 -----------------→									매우 충분	모름/ 무응답 (읽지 마시오)
0	1	2	3	4	5	6	7	8	9	10	⑨⑨
1) 유정복 (3.6)	(0.8)	(1.8)	(4.2)	(2.8)	(33.2)	(7.8)	(7.2)	(7.0)	(2.8)	(5.6)	(22.9)
2) 송영길 (4.4)	(1.0)	(2.0)	(4.8)	(5.6)	(28.2)	(8.5)	(16.7)	(13.1)	(4.0)	(5.4)	(6.2)

〈문 8〉 선생님께서는 다음 인천시장 후보들의 이념성향에 대해 어떻게 생각하십니까?
매우 진보를 0, 중도를 5, 매우 보수를 10이라고 할 때, 각 후보별로 0에서 10
사이의 숫자로 말씀해 주세요. (%)

매우 진보	←----------------- 중도 -----------------→									매우 보수	모름/ 무응답 (읽지 마시오)
0	1	2	3	4	5	6	7	8	9	10	⑨⑨
1) 유정복 (2.6)	(0.6)	(1.4)	(1.2)	(2.6)	(23.9)	(5.6)	(12.5)	(11.9)	(4.6)	(12.7)	(20.3)
2) 송영길 (7.0)	(2.4)	(5.0)	(10.1)	(9.3)	(33.4)	(6.0)	(8.0)	(3.0)	(2.2)	(2.6)	(10.9)

〈문 9〉 선생님께서는 다음 인천시장 후보들에 대해 얼마나 친근하게 느끼십니까? 전혀
친근하지 않게 느낀다를 0, 보통이다 5, 매우 친근하게 느낀다를 10이라고 할
때, 각 후보별로 0에서 10 사이의 숫자로 말씀해주세요. (%)

매우 진보	←----------------- 중도 -----------------→									매우 보수	모름/ 무응답 (읽지 마시오)
0	1	2	3	4	5	6	7	8	9	10	⑨⑨
1) 유정복 (19.3)	(3.2)	(5.2)	(8.7)	(5.0)	(27.0)	(4.4)	(6.6)	(3.2)	(1.6)	(4.6)	(11.1)
2) 송영길 (10.5)	(0.4)	(2.0)	(4.0)	(4.4)	(30.8)	(7.6)	(14.9)	(10.5)	(3.0)	(6.2)	(5.6)

〈문 10〉 선생님께서는 이번 지방선거에 출마하는 구청장/군수 후보들에 대해서 알고
계십니까? (%)
① 2명 또는 그 이상 알고 있다(27.2)　　　② 1명 정도 알고 있다(24.1)
③ 아무도 모른다(48.7)

〈문 11〉 선생님께서는 이번 지방선거에 출마하는 선생님 지역구의 인천시의회 후보들에
대해서 알고 계십니까? (%)
① 2명 또는 그 이상 알고 있다(19.3)　　　② 1명 정도 알고 있다(19.7)
③ 아무도 모른다(61.0)

[후보요인]

〈문 12〉 선생님께서는 박근혜 대통령의 국정운영에 대해 어떻게 평가하십니까? (%)
① 잘하고 있다(39.2)　　　② 못하고 있다(42.5)
③ 잘 모르겠다(18.3)

〈문 13〉 선생님께서는 현재 송영길 인천시장의 업무수행에 대해 어떻게 평가하십니까? (%)
① 매우 잘했다(2.4)　　　② 잘한 편이다(46.9)
③ 못한 편이다(28.6)　　　④ 매우 못했다(3.4)
⑤ 잘 모르겠다(18.7)

〈문 14〉 선생님께서는 현직 구청장/군수의 업무수행에 대해 어떻게 평가하십니까? (%)
① 매우 잘했다(2.0)　　　② 잘한 편이다(29.0)
③ 못한 편이다(22.7)　　　④ 매우 못했다(3.8)
⑤ 잘 모르겠다(42.5)

[지방선거의 의미와 전망]

〈문 15〉 선생님께서는 이번 지방선거에 대한 다음 의견 중 어떤 의견에 가까우세요? (%)
　① 안정적인 국정운영을 위해 여당인 새누리당을 밀어줘야 한다(32.0)
　② 새누리당과 대통령의 독주를 막기 위해 야당을 밀어줘야 한다(38.0)
　③ 둘 다 동의하지 않는다(28.0)
　㊾ 모름/무응답(2.0)(읽지 마시오)

[선거 아젠다와 이슈]

〈문 16〉 선생님께서는 이번 인천시장 선거에서 지지 후보를 결정하는 데에 다음 불러드
　　　리는 각각의 문제들이 얼마나 중요하다고 생각하십니까? (%)

	매우 중요	약간 중요	별로 중요치 않음	전혀 중요치 않음	모름/무응답 (읽지 마시오)
	①	②	③	④	㊾
1) 대중교통 확충 등 　지역 교통문제	(43.3)	(42.9)	(11.9)	(0.8)	(1.2)
2) 저소득층 지원 등 　지역 복지문제	(51.9)	(38.8)	(8.0)	(0.4)	(0.8)
3) 지역 일자리창출 문제	(64.6)	(26.8)	(6.8)	(0.2)	(1.6)
4) 임대주택 등 지역 주거문제	(40.0)	(41.2)	(15.1)	(0.8)	(2.8)
5) 부동산 등 지역개발문제	(34.2)	(37.2)	(22.5)	(3.2)	(2.8)

〈문 17〉 선생님께서는 지방선거 인천시장 후보인 유정복 후보가 가장 중요하게 생각하는
　　　　지역현안이 무엇이라고 보십니까? (%)
　　　① 대중교통 확충 등 지역 교통문제(8.2)
　　　② 저소득층 지원 등 지역 복지문제(10.7)
　　　③ 지역 일자리창출 문제(14.1)
　　　④ 임대주택 등 지역 주거문제(2.8)
　　　⑤ 부동산 등 지역개발문제(15.5)
　　　⑥ 잘 모르겠다(46.7)

〈문 18〉 선생님께서는 지방선거 인천시장 후보인 송영길 후보가 가장 중요하게 생각하는
　　　　지역현안이 무엇이라고 보십니까? (%)
　　　① 대중교통 확충 등 지역 교통문제(5.4)
　　　② 저소득층 지원 등 지역 복지문제(18.1)
　　　③ 지역 일자리창출 문제(20.5)
　　　④ 임대주택 등 지역 주거문제(2.8)
　　　⑤ 부동산 등 지역개발문제(15.3)
　　　⑥ 잘 모르겠다(37.8)

〈문 19〉 이번 지방선거에서 선생님의 투표결정에 '세월호 사건'이 얼마나 영향을 미치고
　　　　있습니까? (%)
　　　① 매우 큰 영향을 미친다(32.6) → 〈문 19-1〉
　　　② 약간 영향을 미친다(33.8) → 〈문 19-1〉
　　　③ 별로 영향을 미치지 않는다(22.3) → 〈문 20〉
　　　④ 전혀 영향을 미치지 않는다(10.7) → 〈문 20〉
　　　⑨⑨ 모름/무응답(0.6)(읽지 마시오) → 〈문 20〉

〈문 19-1〉 그렇다면 구체적으로 투표결정에 어떻게 영향을 미쳤습니까? (%)
　　　① 지지하는 후보가 바뀌었다(13.9)
　　　② 지지하는 후보가 없어졌다(12.1)
　　　③ 기존 지지 후보를 더 강하게 지지하게 되었다(33.3)
　　　④ 지지 후보가 없었는데 지지 후보 선택에 도움이 되었다(30.3)
　　　⑨⑨ 모름/무응답(10.3)(읽지 마시오)

〈문 20〉 선생님께서는 세월호 사고 이후 정부의 대처를 어떻게 평가하십니까? (%)
    ① 매우 잘하고 있다(1.8)   ② 잘하고 있는 편이다(16.3)
    ③ 못하고 있는 편이다(27.6)   ④ 매우 못하고 있다(48.3)
    ⑤ 잘 모르겠다(6.0)

〈문 21〉 선생님께서는 세월호 사고 이후 야당의 대응을 어떻게 평가하십니까? (%)
    ① 매우 잘하고 있다(0.4)   ② 잘하고 있는 편이다(10.9)
    ③ 못하고 있는 편이다(49.7)   ④ 매우 못하고 있다(26.8)
    ⑤ 잘 모르겠다(12.3)

[정당요인과 역대 투표행태]

〈문 22〉 선생님께서는 현재 지지 정당이 있으십니까? (%)
    ① 있다(45.7) → 문22-1   ② 없다(54.3) → 문23

〈문 22-1〉 그 정당은 어느 정당입니까? (%)
    ① 새누리당(55.1)   ② 새정치민주연합(35.7)
    ③ 통합진보당(4.4)   ④ 정의당(1.8)
    ⑤ 기타 다른 정당(2.2)   ⑨⑨ 모름/무응답(0.9)(읽지 마시오)

〈문 23〉 선생님께서는 지난 2010년 인천시장 선거에서 다음 중 어느 후보에게
      투표하셨나요? (%)
    ① 안상수(25.7)   ② 송영길(48.6)
    ③ 그 외 후보(2.0)   ④ 투표하지 않았음(12.1)
    ⑤ 투표권 없었음(7.1)   ⑨⑨ 모름/무응답(4.5)(읽지 마시오)

〈문 24〉 선생님께서는 지난 2012년 대통령선거에서 다음 중 어느 후보에게
      투표하셨나요? (%)
    ① 박근혜(47.9)   ② 문재인(41.2)
    ③ 그 외 후보(1.8)   ④ 투표하지 않음(5.0)
    ⑤ 투표권 없었음(2.0)   ⑨⑨ 모름/무응답(2.0)(읽지 마시오)

[배경질문]

〈배문 1〉 선생님께서 직업으로 하시는 일은 무엇인가요? (%)
    ① 농업/임업/어업(1.2)
    ② 자영업(11.9)
    ③ 판매/영업/서비스직(8.5)
    ④ 생산/기능/노무직(7.2)
    ⑤ 사무/관리/전문직(34.4)
    ⑥ 주부(20.9)
    ⑦ 학생(8.9)
    ⑧ 무직/퇴직/기타(7.0)
    ㊾ 모름/무응답(0.0)(읽지 마시오)

〈배문 2〉 선생님께서는 학교를 어디까지 다니셨나요? (%)
    ① 중졸 이하(7.4)
    ② 고졸(30.0)
    ③ 2~3년제 대학 재학 및 졸업(14.1)
    ④ 4년제 대학 재학 및 졸업(47.9)
    ㊾ 모름/무응답(0.6)(읽지 마시오)

〈배문 3〉 선생님 가정의 가구소득은 한 달 평균 어느 정도 됩니까?(가족의 월급·상여금·
    은행이자 모두 포함)(%)
    ① 120만 원 미만(6.8)   ② 120~250만 원 미만(16.5)
    ③ 250~350만 원 미만(21.7)   ④ 350~450만 원 미만(18.7)
    ⑤ 450~700만 원 미만(22.5)   ⑥ 700만 원 이상(7.4)
    ⑦ 소득 없음(1.4)   ㊾ 모름/무응답(4.8)(읽지 마시오)

〈배문 4〉 선생님 가정의 현재 주거형태는 어떠합니까? (%)
    ① 가족 소유의 주택에서 거주(73.4) → 〈배문 4-1〉
    ② 가족 소유 주택이 있지만 남의 집에서 전·월세로 거주(5.6) → 〈배문 4-1〉
    ③ 가족 소유 주택 없이 남의 집에서 전세로 거주(13.9) → 〈배문 5〉
    ④ 가족 소유 주택 없이 남의 집에서 월세로 거주(6.4) → 〈배문 5〉
    ㊾ 모름/무응답(0.6)(읽지 마시오)

〈배문 4-1〉 선생님 가족이 소유한 주택은 1채 입니까, 2채 이상입니까?

① 1채(81.7)　　　② 2채 이상(18.1)　　　⑨ 모름/무응답(0.3)(읽지 마시오)

〈배문 5〉 선생님 가구의 총재산액은 어느 정도입니까? 부동산, 금융자산, 부채 등을
모두 포함해서 말씀해 주십시오. (%)

① 5천만 원 미만(14.1)　　　　② 5천만 원~1억 원 미만(11.9)

③ 1억 원~2억 원 미만(22.7)　　④ 2억 원~3억 원 미만(12.1)

⑤ 3억 원~4억 원 미만(9.9)　　　⑥ 4억 원~7억 원 미만(10.7)

⑦ 7억 원 이상(6.2)　　　　　　⑨ 모름/무응답(12.5)(읽지 마시오)

〈배문 6〉 선생님께서는 자신의 사회경제적 수준이 '상층', '중상층', '중간층', '중하층',
'하층' 다섯 개 중 어디에 속한다고 생각하십니까?

① 상층(0.6)　　　② 중상층(8.7)　　　③ 중간층(35.8)

④ 중하층(36.4)　　⑤ 하층(17.3)　　　⑨ 모름/무응답(1.2)(읽지 마시오)

〈배문 7〉 선생님께서는 자신의 이념 성향이 어떠하다고 생각하십니까? 매우 진보적이면
0점, 중도적이면 5점, 매우 보수적이면 10점으로 하여 0에서 10 사이의 숫자
로 말씀해 주십시오.

매우 진보	←———————— 중도 ————————→									매우 보수	모름/무응답 (읽지 마시오)
0	1	2	3	4	5	6	7	8	9	10	⑨
(4.0)	(1.8)	(3.6)	(7.8)	(9.1)	(42.3)	(6.2)	(9.5)	(3.2)	(1.4)	(7.4)	(3.6)

2014 지방선거 수도권 패널조사 1차 설문지 _경기

안녕하세요? 저는 여론조사 전문회사인 한국리서치 면접원 _____입니다.
저희는 요즘 우리 사회의 여러 가지 문제와 지방선거에 대한 여러분의 의견을 알아
보고 있습니다. 본 조사는 5월과 6월 초 두 차례에 거쳐 진행됩니다. 조사를 끝까지
완료해주신 분께는 감사의 의미로 소정의 사례금을 제공해 드립니다.
잠시만 시간을 내어 협조하여 주십시오. 감사합니다.

- 주관기관: 서강대학교 현대정치연구소   ■ 조사기관: (주) 한국리서치
- 문 의 처: 한국리서치 (02) 3014-1015
- 주   소: 서울시 강남구 논현동 192-19 H-Tower

〈선문 1〉 귀하께서 현재 사시는 곳은 어디세요?

1. 경기 중부권

1-1. 고양시(8.8)	1-2. 성남시(8.6)	1-3. 의정부시(3.4)
1-4. 과천시(0.6)	1-5. 구리시(1.0)	1-5. 하남시(0.8)

2. 경기 서부권

2-1. 시흥시(3.8)	2-2. 김포시(1.8)	2-3. 부천시(7.2)
2-4. 광명시(3.2)		

3. 경기 남부권

3-1. 수원시(10.0)	3-2. 안양시(6.8)	3-3. 평택시(3.4)
3-4. 안산시(5.2)	3-5. 오산시(0.8)	3-6. 군포시(2.4)
3-7. 의왕시(1.8)	3-8. 용인시(6.0)	3-9. 안성시(1.6)
3-10. 화성시(4.2)		

4. 경기 북부권

4-1. 동두천시(1.8)	4-2. 파주시(4.0)	4-3. 양주시(0.2)
4-4. 포천시(1.2)	4-5. 연천군(0.2)	

5. 경기 동부권

5-1. 남양주시(3.8)	5-2. 이천시(1.6)	5-3. 광주시(3.0)
5-4. 여주시(1.8)	5-5. 가평군(0.6)	5-6. 양평군(0.8)

〈선문 2〉 귀하의 성별은 무엇입니까? (%)

① 남자(50.4)   ② 여자(49.6)

〈선문 3〉 귀하의 나이는 만으로 어떻게 되시나요? (%) 만 _____세

① 만 19~29세(18.3)   ② 만 30~34세(10.4)   ③ 만 35~39세(10.6)
④ 만 40~44세(12.7)   ⑤ 만 45~49세(11.0)   ⑥ 만 50~54세(10.0)
⑦ 만 55~59세(9.2)   ⑧ 만 60세 이상(17.9)

[정치관심과 투표의향]

〈문 1〉 선생님께서는 6월 4일에 있을 지방선거에 얼마나 관심이 있으십니까? 다음 각각
에 대해 말씀하여 주십시오. (%)

	매우 관심이 있다	대체로 관심이 있다	별로 관심이 없다	전혀 관심이 없다	모름/무응답 (읽지 마시오)
	①	②	③	④	㉙
1) 경기도지사선거	(25.7)	(39.2)	(28.3)	(6.2)	(0.6)
2) 시장/군수선거	(27.5)	(37.1)	(27.7)	(6.6)	(1.2)

〈문 2〉 선생님께서는 이번 지방선거에 투표할 생각이십니까, 투표하지 않을 생각이십니
까? (%)

① 반드시 투표할 것이다(69.5)   ② 아마 투표할 것이다(16.1)
③ 아마 투표하지 않을 것이다(3.0)   ④ 투표하지 않겠다(3.8)
⑤ 아직 결정하지 못했다(7.6)   ㉙ 잘 모름/무응답(0.0)(읽지 마시오)

[선거지지와 투표요인 전망]

〈문 3〉 선생님께서는 만일 내일이 투표일이라면 경기도지사선거에서 다음 중 어느
　　　후보에게 투표를 하시겠습니까? (%)

① 새누리당 남경필 후보(28.5)　　　② 새정치민주연합 김진표 후보(25.3)
③ 통합진보당 백현종 후보(0.8)　　　④ 기타 후보(2.0)
⑤ 아직 결정하지 않았다(39.2)　　　⑥ 투표하지 않겠다(3.0)
⑨⑨ 모름/무응답(1.2)(읽지 마시오)

〈문 3-1〉 선생님께서는 경기도지사 후보를 선택하는데 있어 어떤 것을 가장 중요하게
　　　　생각하시나요? (%)

① 후보의 소속정당(21.1)　　　② 후보의 개인적 자질(31.5)
③ 정책과 공약(33.9)　　　④ 당선 가능성(3.8)
⑤ 기타(7.4)　　　⑨⑨ 모름/무응답(2.4)(읽지 마시오)

〈문 4〉 선생님께서는 만일 내일이 투표일이라면 시장/군수선거에서 다음 중 어느 정당의
　　　후보에게 투표를 하시겠습니까? (%)

① 새누리당(28.7)　　　② 새정치민주연합(28.1)
③ 통합진보당(0.8)　　　④ 정의당(0.4)
⑤ 기타 다른 정당(1.0)　　　⑥ 무소속(2.0)
⑦ 아직 결정하지 않았다(34.9)　　　⑧ 투표하지 않겠다(2.8)
⑨⑨ 모름/무응답(1.4)(읽지 마시오)

〈문 4-1〉 선생님께서는 시장/군수 후보를 선택하는데 있어 어떤 것을 가장 중요하게
　　　　생각하시나요? (%)

① 후보의 소속정당(18.3)　　　② 후보의 개인적 자질(33.9)
③ 정책과 공약(38.8)　　　④ 당선 가능성(2.2)
⑤ 기타(5.4)　　　⑨⑨ 모름/무응답(1.4)(읽지 마시오)

〈문 5〉 이번 선거에서는 경기도의원 비례대표 선출을 위한 정당투표도 합니다. 선생님께
서는 만일 내일이 투표일이라면 경기도의원 비례대표를 위해 어느 정당에 투표하
시겠습니까? (%)
① 새누리당(35.7)　　　　　　　　② 새정치민주연합(32.5)
③ 통합진보당(3.8)　　　　　　　　④ 정의당(1.6)
⑤ 기타 다른 정당(7.2)　　　　　　㉙ 모름/무응답(19.3)(읽지 마시오)

[후보요인]

〈문 6〉 선생님께서는 다음 후보들의 도덕성에 대해 어떻게 평가하십니까? 경기도지사로
서 도덕성이 매우 부족하다를 0, 보통이다 5, 매우 충분하다를 10이라고 할 때,
다음 각 후보별로 0에서 10 사이의 숫자로 말씀해주세요. (%)

	매우 부족	←		보통						매우 충분	모름/무응답 (읽지 마시오)
	0	1	2	3	4	5	6	7	8	9	10	㉙
1) 남경필	(5.2)	(1.2)	(3.4)	(5.2)	(1.8)	(35.5)	(4.2)	(5.8)	(7.4)	(3.0)	(4.6)	(19.9)
2) 김진표	(3.6)	(1.0)	(1.6)	(3.8)	(3.4)	(30.5)	(7.4)	(9.2)	(4.4)	(2.8)	(6.4)	(26.1)

〈문 7〉 선생님께서는 다음 후보들의 경기도정 운영능력에 대해 어떻게 평가하십니까?
도정운영능력이 매우 부족하다를 0, 보통이다 5, 매우 충분하다를 10이라고 할
때, 각 후보별로 0에서 10 사이의 숫자로 말씀해주세요. (%)

	매우 부족	←		보통						매우 충분	모름/무응답 (읽지 마시오)
	0	1	2	3	4	5	6	7	8	9	10	㉙
1) 남경필	(5.0)	(1.0)	(2.6)	(4.8)	(4.4)	(35.7)	(6.2)	(7.4)	(6.0)	(3.2)	(7.6)	(16.3)
2) 김진표	(2.8)	(0.6)	(1.6)	(3.6)	(4.4)	(35.9)	(6.6)	(11.0)	(4.8)	(2.0)	(7.6)	(19.3)

〈문 8〉 선생님께서는 다음 경기도지사 후보들의 이념성향에 대해 어떻게 생각하십니까? 매우 진보를 0, 중도를 5, 매우 보수를 10이라고 할 때, 각 후보별로 0에서 10 사이의 숫자로 말씀해 주세요. (%)

	매우 진보					중도					매우 보수	모름/ 무응답 (읽지 마시오)
	0	1	2	3	4	5	6	7	8	9	10	㉙
1) 남경필	(3.0)	(0.2)	(1.0)	(1.4)	(3.2)	(29.9)	(7.2)	(9.4)	(12.0)	(2.8)	(11.6)	(18.5)
2) 김진표	(3.8)	(1.8)	(3.2)	(6.0)	(7.0)	(33.9)	(7.6)	(3.4)	(4.0)	(0.8)	(5.4)	(23.3)

〈문 9〉 선생님께서는 다음 경기도지사 후보들에 대해 얼마나 친근하게 느끼십니까? 전혀 친근하지 않게 느낀다를 0, 보통이다 5, 매우 친근하게 느낀다를 10이라고 할 때, 각 후보별로 0에서 10 사이의 숫자로 말씀해주세요. (%)

	매우 진보					중도					매우 보수	모름/ 무응답 (읽지 마시오)
	0	1	2	3	4	5	6	7	8	9	10	99
1) 남경필	(20.3)	(3.2)	(4.0)	(7.0)	(4.2)	(31.3)	(3.8)	(6.4)	(5.2)	(2.2)	(6.0)	(6.6)
2) 김진표	(16.1)	(2.4)	(3.2)	(7.2)	(5.8)	(33.7)	(6.2)	(5.8)	(3.6)	(0.4)	(5.0)	(10.8)

〈문 10〉 선생님께서는 이번 지방선거에 출마하는 시장/군수 후보들에 대해서 알고 계십니까? (%)
　① 2명 또는 그 이상 알고 있다(42.8)　　　② 1명 정도 알고 있다(26.1)
　③ 아무도 모른다(31.1)

〈문 11〉 선생님께서는 이번 지방선거에 출마하는 선생님 지역구의 경기도의회 후보들에 대해서 알고 계십니까? (%)
　① 2명 또는 그 이상 알고 있다(27.5)　　　② 1명 정도 알고 있다(20.5)
　③ 아무도 모른다(52.0)

[후보요인]

〈문 12〉 선생님께서는 박근혜 대통령의 국정운영에 대해 어떻게 평가하십니까? (%)
    ① 잘하고 있다(39.0)   ② 못하고 있다(44.0)
    ③ 잘 모르겠다(16.9)

〈문 13〉 선생님께서는 현재 김문수 경기도지사의 업무수행에 대해 어떻게 평가하십니까? (%)
    ① 매우 잘했다(5.4)   ② 잘한 편이다(46.8)
    ③ 못한 편이다(21.1)   ④ 매우 못했다(8.2)
    ⑤ 잘 모르겠다(18.5)

〈문 14〉 선생님께서는 현직 시장/군수의 업무수행에 대해 어떻게 평가하십니까? (%)
    ① 매우 잘했다(5.2)   ② 잘한 편이다(40.6)
    ③ 못한 편이다(20.7)   ④ 매우 못했다(6.2)
    ⑤ 잘 모르겠다(27.3)

[지방선거의 의미와 전망]

〈문 15〉 선생님께서는 이번 지방선거에 대한 다음 의견 중 어떤 의견에 가까우세요? (%)
    ① 안정적인 국정운영을 위해 여당인 새누리당을 밀어줘야 한다(33.1)
    ② 새누리당과 대통령의 독주를 막기 위해 야당을 밀어줘야 한다(37.1)
    ③ 둘 다 동의하지 않는다(28.1)
    ⑨⑨ 모름/무응답(1.8)(읽지 마시오)

[선거 아젠다와 이슈]

〈문 16〉 선생님께서는 이번 경기도지사선거에서 지지 후보를 결정하는 데에 다음 불러드
리는 각각의 문제들이 얼마나 중요하다고 생각하십니까? (%)

	매우 중요	약간 중요	별로 중요치 않음	전혀 중요치 않음	모름/무응답 (읽지 마시오)
	①	②	③	④	㊙
1) 대중교통 확충 등 지역 교통문제	(45.4)	(37.3)	(13.7)	(1.6)	(2.0)
2) 저소득층 지원 등 지역 복지문제	(57.6)	(31.5)	(8.4)	(1.4)	(1.2)
3) 지역 일자리창출 문제	(66.9)	(24.7)	(6.4)	(0.6)	(1.4)
4) 임대주택 등 지역 주거문제	(45.2)	(36.1)	(15.3)	(1.2)	(2.2)
5) 부동산 등 지역개발문제	(32.3)	(38.0)	(23.3)	(4.0)	(2.4)

〈문 17〉 선생님께서는 지방선거 경기도지사 후보인 남경필 후보가 가장 중요하게
생각하는 지역현안이 무엇이라고 보십니까? (%)
① 대중교통 확충 등 지역 교통문제(7.0)
② 저소득층 지원 등 지역 복지문제(15.7)
③ 지역 일자리창출 문제(22.3)
④ 임대주택 등 지역 주거문제(5.6)
⑤ 부동산 등 지역개발문제(9.6)
⑥ 잘 모르겠다(39.8)

〈문 18〉 선생님께서는 지방선거 경기도지사 후보인 김진표 후보가 가장 중요하게
생각하는 지역현안이 무엇이라고 보십니까? (%)
① 대중교통 확충 등 지역 교통문제(7.2)
② 저소득층 지원 등 지역 복지문제(21.3)
③ 지역 일자리창출 문제(18.1)
④ 임대주택 등 지역 주거문제(3.2)
⑤ 부동산 등 지역개발문제(6.6)
⑥ 잘 모르겠다(43.6)

〈문 19〉 이번 지방선거에서 선생님의 투표결정에 '세월호 사건'이 얼마나 영향을 미치고
　　　　있습니까? (%)
　　　① 매우 큰 영향을 미친다(43.2) → 〈문 19-1〉
　　　② 약간 영향을 미친다(29.9) → 〈문 19-1〉
　　　③ 별로 영향을 미치지 않는다(15.3) → 〈문 20〉
　　　④ 전혀 영향을 미치지 않는다(11.2) → 〈문 20〉
　　　㊾ 모름/무응답(0.4)(읽지 마시오) → 〈문 20〉

〈문 19-1〉 그렇다면 구체적으로 투표결정에 어떻게 영향을 미쳤습니까? (%)
　　　① 지지하는 후보가 바뀌었다(10.9)
　　　② 지지하는 후보가 없어졌다(14.4)
　　　③ 기존 지지 후보를 더 강하게 지지하게 되었다(35.1)
　　　④ 지지 후보가 없었는데 지지 후보 선택에 도움이 되었다(29.4)
　　　㊾ 모름/무응답(10.1)(읽지 마시오)

〈문 20〉 선생님께서는 세월호 사고 이후 정부의 대처를 어떻게 평가하십니까? (%)
　　　① 매우 잘하고 있다(2.6)　　　　　　② 잘하고 있는 편이다(13.7)
　　　③ 못하고 있는 편이다(27.1)　　　　④ 매우 못하고 있다(51.0)
　　　⑤ 잘 모르겠다(5.6)

〈문 21〉 선생님께서는 세월호 사고 이후 야당의 대응을 어떻게 평가하십니까? (%)
　　　① 매우 잘하고 있다(1.2)　　　　　　② 잘하고 있는 편이다(9.6)
　　　③ 못하고 있는 편이다(46.8)　　　　④ 매우 못하고 있다(27.5)
　　　⑤ 잘 모르겠다(14.9)

[정당요인과 역대 투표행태]

〈문 22〉 선생님께서는 현재 지지 정당이 있으십니까? (%)
　　　① 있다(49.8) → 〈문22-1〉　　　　　② 없다(50.2) → 〈문 23〉

〈문 22-1〉 그 정당은 어느 정당입니까? (%)
① 새누리당(55.2)　　　　② 새정치민주연합(37.6)
③ 통합진보당(2.4)　　　　④ 정의당(1.6)
⑤ 기타 다른 정당(0.8)　　⑨⑨ 모름/무응답(2.4)(읽지 마시오)

〈문 23〉 선생님께서는 지난 2010년 경기도지사선거에서 다음 중 어느 후보에게
　　　　투표하셨나요? (%)
① 김문수(44.2)　　　　　② 유시민(23.1)
③ 그 외 후보(2.6)　　　　④ 투표하지 않았음(16.3)
⑤ 투표권 없었음(9.1)　　⑨⑨ 모름/무응답(4.6)(읽지 마시오)

〈문 24〉 선생님께서는 지난 2012년 대통령선거에서 다음 중 어느 후보에게 투표하셨나
　　　　요? (%)
① 박근혜(48.6)　　　　　② 문재인(39.0)
③ 그 외 후보(2.2)　　　　④ 투표하지 않음(5.4)
⑤ 투표권 없었음(3.4)　　⑨⑨ 모름/무응답(1.4)(읽지 마시오)

[배경질문]

〈배문 1〉 선생님께서 직업으로 하시는 일은 무엇인가요? (%)
① 농업/임업/어업(1.6)
② 자영업(14.9)
③ 판매/영업/서비스직(9.6)
④ 생산/기능/노무직(4.6)
⑤ 사무/관리/전문직(30.1)
⑥ 주부(21.9)
⑦ 학생(8.2)
⑧ 무직/퇴직/기타(9.2)
⑨⑨ 모름/무응답(0.0)(읽지 마시오)

〈배문 2〉 선생님께서는 학교를 어디까지 다니셨나요? (%)
    ① 중졸 이하(8.6)
    ② 고졸(29.7)
    ③ 2~3년제 대학 재학 및 졸업(12.7)
    ④ 4년제 대학 재학 및 졸업(48.6)
    ⑨⑨ 모름/무응답(0.4)(읽지 마시오)

〈배문 3〉 선생님 가정의 가구소득은 한 달 평균 어느 정도 됩니까?(가족의 월급·상여금·
    은행이자 모두 포함)(%)

① 120만 원 미만(8.8)	② 120~250만 원 미만(16.3)
③ 250~350만 원 미만(20.5)	④ 350~450만 원 미만(16.5)
⑤ 450~700만 원 미만(19.5)	⑥ 700만 원 이상(11.0)
⑦ 소득 없음(1.4)	⑨⑨ 모름/무응답(6.0)(읽지 마시오)

〈배문 4〉 선생님 가정의 현재 주거형태는 어떠합니까? (%)
    ① 가족 소유의 주택에서 거주(65.7) → 〈배문 4-1〉
    ② 가족 소유 주택이 있지만 남의 집에서 전·월세로 거주(9.4) → 〈배문 4-1〉
    ③ 가족 소유 주택 없이 남의 집에서 전세로 거주(15.9) → 〈배문 5〉
    ④ 가족 소유 주택 없이 남의 집에서 월세로 거주(6.6) → 〈배문 5〉
    ⑨⑨ 모름/무응답(2.4)(읽지 마시오)

〈배문 4-1〉 선생님 가족이 소유한 주택은 1채 입니까, 2채 이상입니까?
    ① 1채(77.7)   ② 2채 이상(20.4)   ⑨⑨ 모름/무응답(1.9)(읽지 마시오)

〈배문 5〉 선생님 가구의 총재산액은 어느 정도입니까? 부동산, 금융자산, 부채 등을
    모두 포함해서 말씀해 주십시오. (%)

① 5천만 원 미만(15.3)	② 5천만 원~1억 원 미만(8.2)
③ 1억 원~2억 원 미만(15.1)	④ 2억 원~3억 원 미만(13.3)
⑤ 3억 원~4억 원 미만(9.6)	⑥ 4억 원~7억 원 미만(12.7)
⑦ 7억 원 이상(7.2)	⑨⑨ 모름/무응답(18.5)(읽지 마시오)

〈배문 6〉 선생님께서는 자신의 사회경제적 수준이 '상층', '중상층', '중간층', '중하층', '하층' 다섯 개 중 어디에 속한다고 생각하십니까?
① 상층(0.8)　　　② 중상층(9.6)　　　③ 중간층(36.7)
④ 중하층(34.5)　　⑤ 하층(16.7)　　　⑨ 모름/무응답(1.8)(읽지 마시오)

〈배문 7〉 선생님께서는 자신의 이념 성향이 어떠하다고 생각하십니까? 매우 진보적이면 0점, 중도적이면 5점, 매우 보수적이면 10점으로 하여 0에서 10 사이의 숫자로 말씀해 주십시오.

매우 진보				중도				매우 보수			모름/무응답 (읽지 마시오)
0	1	2	3	4	5	6	7	8	9	10	⑨
(5.0)	(1.8)	(3.4)	(8.2)	(7.0)	(40.4)	(6.4)	(7.6)	(4.6)	(1.8)	(8.6)	(5.4)

2014년 지방선거 패널조사 2차 결과

2014 지방선거 수도권 패널조사 2차 최종 설문지 _서울

안녕하세요? 저는 여론조사 전문회사인 한국리서치 면접원 _____ 입니다.
저희는 요즘 우리 사회의 여러 가지 문제와 지방선거에 대한 여러분의 의견을 알아
보고 있습니다. 이번조사는 2차 조사로, 1차 조사에 참여해 주신 분들께 한 번 더
의견을 여쭙고 있습니다.
잠시만 시간을 내어 협조하여 주십시오. 감사합니다.

- 주관기관: 서강대학교 현대정치연구소 ■ 조사기관: (주) 한국리서치
- 문 의 처: 한국리서치 (02) 3014-1015

〈선문 1〉 1차 조사에 참여해 주셨던 ㅇㅇㅇ선생님이 맞으십니까?
　　① 맞다(100.0) → 〈문 1〉　　　　　　　② 아니다(0.0) → 〈선문 1-1〉

〈선문 1-1〉 ㅇㅇㅇ선생님을 바꿔주실 수 있으십니까? 지금 통화가 어려우시다면 언제
　　　　　다시 연락드리면 될까요?
　　① 연결성공 → 〈문 1〉　　　　　　　② 연결실패 → 설문 종료

〈문 1〉 선생님께서는 6월 4일에 실시된 지방선거에 얼마나 관심이 있으셨습니까? 다음 각각에 대해 말씀하여 주십시오.

	매우 관심이 있었다	대체로 관심이 있었다	별로 관심이 없었다	전혀 관심이 없었다	모름/무응답 (읽지 마시오)
	①	②	③	④	⑨⑨
1) 서울시장 선거	(58.6)	(32.2)	(7.3)	(1.9)	(0.0)
2) 구청장 선거	(32.7)	(37.3)	(24.9)	(4.9)	(0.3)

〈문 2〉 선생님께서는 이번 지방선거에서 투표를 하셨나요?
   ① 투표를 했다(91.4) → 투표자용 설문 〈문 3〉
   ② 투표를 하지 않았다(8.6) → 기권자용 설문 〈문 3〉

【투표자용】───────────────────────────

〈문 3〉 선생님께서는 혹시 5월 30~31일에 사전투표를 하셨습니까?
   ① 그렇다(19.5) → 〈문 3-1〉   ② 아니다(80.5) → 〈문 4〉

〈문 3-1〉 혹시 사전투표제가 없었다면 6월 4일에 투표를 하셨을까요? 못하셨을까요?
   ① 했을 것이다(78.8)   ② 못했을 것이다(21.2)

[선거지지와 투표요인 전망]

〈문 4〉 이번에 서울시장 선거에서 지지 후보를 몇 번이나 바꾸셨습니까?
   ① 한 번도 바꾸지 않았다(88.8)   ② 1번 바꾸었다(8.0)
   ③ 2번 바꾸었다(2.4)   ④ 3번 이상 바꾸었다(0.9)

〈문 5〉 선생님께서는 서울시장 선거에서 다음 중 어느 후보에게 투표를 하셨습니까?
① 새누리당 정몽준 후보(32.5)　　② 새정치민주연합 박원순 후보(62.7)
③ 통합진보당 정태흥 후보(0.0)　　④ 새정치당 홍정식 후보(0.3)
㉙ 잘 모름/무응답(4.4)(읽지 마시오)
[1차 조사의 〈문 3〉 ①, ②, ③, ④ 응답자 가운데 변경이 있는 응답자는 〈문 6〉,
〈문 7〉 응답 후 〈문 8-1〉로 이동]
[1차 조사의 〈문 3〉 ⑤, ⑥,㉙(미결정, 기권, 모름/무응답층) 응답자 가운데, 2차
〈문 2〉에 ①(투표를 했다) 선택한 응답자는 〈문 6〉, 〈문 7〉 응답 후 〈문 8-2〉로 이동]

〈문 6〉 선생님께서는 서울시장 후보를 선택하는데 있어 어떤 것을 가장 중요하게
생각하셨나요? [랜덤]
① 후보의 소속정당(14.2)　　　② 후보의 개인적 능력(24.9)
③ 후보의 도덕성(21.0)　　　　④ 후보의 정책과 공약(32.0)
⑤ 기타(6.8) [랜덤고정]　　　　㉙ 모름/무응답(1.2)(읽지 마시오)

〈문 7〉 선생님께서 서울시장 후보에게 투표하신 이유는 다음 중 어느 쪽에 더 가까우신
가요?
① 좋아하는 후보의 당선을 위해서(84.0)
② 싫어하는 후보의 당선을 막기 위해서(16.0)

〈문 8-1〉 지난 번 조사와 지지 후보가 달라지셨네요. 그 이유는 무엇인가요?
① 새로 마음에 드는 후보가 생겨서(36.8)
② 새로 마음에 드는 정당이 생겨서(10.5)
③ 전에 지지한 후보에 실망해서(26.3)
④ 전에 지지한 후보의 소속정당에 실망해서(5.3)
⑤ 기타(21.1)
㉙ 모름/무응답(0.0)(읽지 마시오)
[1차 조사의 〈문 3〉 ①, ②, ③, ④ 응답자 가운데 변경이 있는 응답자만 〈문 8-1〉 응답]

〈문 8-2〉 그럼 이번 선거에서 (   )후보를 지지하게 된 이유는 무엇인가요?

    ① 마음에 드는 후보가 생겨서(40.5)

    ② 마음에 드는 정당이 생겨서(13.5)

    ③ 싫어하는 후보가 생겨서(10.8)

    ④ 싫어하는 정당이 생겨서(2.7)

    ⑤ 기타(28.4)

    ⑨⑨ 모름/무응답(4.1)(읽지 마시오)

    [1차 조사의 〈문 3〉 ⑤, ⑥, ⑨⑨(미결정, 기권, 모름/무응답층) 응답자 가운데, 2차 〈문 2〉0에 ①(투표를 했다) 선택한 응답자만 〈문 8-2〉 응답]

〈문 9〉 선생님께서는 구청장 선거에서 다음 중 어느 정당의 후보에게 투표를 하셨나요?

    ① 새누리당(39.3)   ② 새정치민주연합(51.5)

    ③ 통합진보당(1.5)   ④ 정의당(0.6)

    ⑤ 기타 다른 정당(0.6)   ⑥ 무소속(1.8)

    ⑨⑨ 모름/무응답(4.7)(읽지 마시오)

    [1차 조사의 〈문 4〉 ①~⑥ 응답자 가운데 변경이 있는 응답자는 〈문 10〉 응답 후 〈문 11-1〉로 이동]

    [1차 조사의 〈문 4〉 ⑦, ⑧, ⑨⑨(미결정, 기권, 모름/무응답층) 응답자 가운데, 2차 〈문 2〉에 ①(투표를 했다) 선택한 응답자만 〈문 10〉 응답 후 〈문 11-2〉로 이동]

〈문 10〉 선생님께서는 구청장 후보를 선택하는데 있어 어떤 것을 가장 중요하게 생각하셨나요? [랜덤]

    ① 후보의 소속정당(37.6)   ② 후보의 개인적 능력(16.9)

    ③ 후보의 도덕성(8.9)   ④ 후보의 정책과 공약(27.8)

    ⑤ 기타(7.1) [랜덤고정]   ⑨⑨ 모름/무응답(1.8)(읽지 마시오)

〈문 11-1〉 지난 번 조사와 지지 후보 소속정당이 달라지셨네요. 그 이유는 무엇인가요?

    ① 새로 마음에 드는 후보가 생겨서(37.5)

    ② 새로 마음에 드는 정당이 생겨서(4.2)

    ③ 전에 지지한 후보에 실망해서(20.8)

    ④ 전에 지지한 후보의 소속정당에 실망해서(8.3)

    ⑤ 기타(25.0)

    ⑨⑨ 모름/무응답(4.2)(읽지 마시오)

    [1차 조사의 〈문 4〉 ①~⑥ 응답자 가운데 변경이 있는 응답자만 〈문 11-1〉 응답]

〈문 11-2〉 그럼 이번 선거에서 (   )후보를 지지하게 된 이유는 무엇인가요?

① 마음에 드는 후보가 생겨서(25.0)

② 마음에 드는 정당이 생겨서(21.5)

③ 싫어하는 후보가 생겨서(3.5)

④ 싫어하는 정당이 생겨서(16.7)

⑤ 기타(29.9)

⑨⑨ 모름/무응답(3.5)(읽지 마시오)

[1차 조사의 〈문 4〉 ⑦, ⑧, ⑨⑨ (미결정, 기권, 모름/무응답층) 응답자 가운데, 2차 〈문 2〉에 ①(투표를 했다) 선택한 응답자만 〈문 11-2〉 응답]

〈문 12〉 이번 선거에서는 서울시의원 비례대표 선출을 위한 정당투표도 하였습니다. 선생님께서는 서울시의원 비례대표를 위해 어느 정당에 투표하셨습니까?

① 새누리당(41.1)　　　　　　② 새정치민주연합(41.4)

③ 통합진보당(2.7)　　　　　　④ 정의당(7.7)

⑤ 기타 다른 정당(2.1)　　　　⑨⑨ 모름/무응답(5.0)(읽지 마시오)

• 서울

〈문 13〉 선생님께서는 이번 교육감선거에서 어느 후보에게 투표하셨습니까? [랜덤]

① 고승덕(16.6)　　　　　　　② 문용린(26.9)

③ 이상면(2.4)　　　　　　　　④ 조희연(48.2)

⑨⑨ 모름/무응답(5.9)(읽지 마시오)

〈문 14〉 선생님께서는 교육감 후보를 선택하는데 있어 어떤 것을 가장 중요하게 생각하셨나요? [랜덤]

① 후보의 도덕성(21.3)　　　　② 후보의 능력(18.9)

③ 후보의 이념성향(18.9)　　　④ 후보의 정책과 공약(27.2)

⑤ 기타(10.7) [랜덤고정]　　　⑨⑨ 모름/무응답(3.0)(읽지 마시오)

〈문 15〉 이번 지방선거에서 선택하신 후보나 정당에 대해 전체적으로 얼마나 만족하십니까?

① 매우 만족한다(18.9)　　　　② 다소 만족한다(65.7)

③ 다소 불만족한다(14.2)　　　④ 매우 불만족한다(1.2)

〈문 16〉 선생님께서는 서울시에서 결정하는 일들이 선생님에게 얼마나 영향을 미친다고
생각하십니까?
① 매우 영향을 미친다(16.6)
② 어느 정도 영향을 미친다(48.8)
③ 별로 영향을 미치지 않는다(23.7)
④ 전혀 영향을 미치지 않는다(4.7)
⑤ 잘 모르겠다(6.2)

〈문 17〉 선생님께서는 선생님께서 거주하는 지역의 구에서 결정하는 일들이 선생님에게
얼마나 영향을 미친다고 생각하십니까?
① 매우 영향을 미친다(13.6)
② 어느 정도 영향을 미친다(45.0)
③ 별로 영향을 미치지 않는다(30.5)
④ 전혀 영향을 미치지 않는다(4.7)
⑤ 잘 모르겠다(6.2)

[후보요인 및 후보인지도]

〈문 18〉 선생님께서는 다음 후보들의 서울시정 운영능력에 대해 어떻게 평가하십니까?
시정(도정)운영능력이 매우 부족하다를 0, 보통이다 5, 매우 충분하다를 10이라
고 할 때, 각 후보별로 0에서 10 사이의 숫자로 말씀해주세요.

	매우 부족	←────────── 보통 ──────────→								매우 충분	모름/무응답 (읽지 마시오)
	0	1	2	3	4	5	6	7	8	9	10	㉟
1) 정몽준	(9.2)	(2.1)	(4.4)	(11.2)	(5.9)	(27.2)	(6.2)	(11.5)	(8.9)	(3.0)	(5.3)	(5.0)
2) 박원순	(2.7)	(0.9)	(1.2)	(2.1)	(3.6)	(15.4)	(9.2)	(18.6)	(22.2)	(11.8)	(9.5)	(3.0)

〈문 19〉 선생님께서는 투표하기 전에 이번 지방선거에 출마한 구청장 후보들에 대해서
어느 정도 알고 계셨습니까?
① 2명 이상 알고 있었다(44.7)　　② 1명 정도 알고 있었다(29.3)
③ 아무도 몰랐다(26.0)　　⑨⑨ 모름/무응답(0.0)(읽지 마시오)

〈문 20〉 선생님께서는 투표하기 전에 이번 지방선거에 출마하는 선생님 지역의 서울시의원
후보들에 대해서 어느 정도 알고 계셨습니까?
① 2명 이상 알고 있었다(32.8)　　② 1명 정도 알고 있었다(18.3)
③ 아무도 몰랐다(48.2)　　⑨⑨ 모름/무응답(0.6)(읽지 마시오)

〈문 21〉 선생님께서는 투표하기 전에 이번 지방선거에 출마하는 선생님 지역의 구의원
후보들에 대해서 어느 정도 알고 계셨습니까?
① 2명 이상 알고 있었다(28.4)　　② 1명 정도 알고 있었다(21.9)
③ 아무도 몰랐다(49.4)　　⑨⑨ 모름/무응답(0.3)(읽지 마시오)

〈문 22〉 선생님께서는 현직 구청장이 누구인지 알고 계십니까?
① 그렇다(61.5)　　② 아니다(37.6)　　⑨⑨ 무응답(0.9)(읽지 마시오)

[지방선거의 의미와 전망]

〈문 23〉 선생님께서는 박근혜 대통령의 국정운영에 대해 어떻게 평가하십니까?
① 잘하고 있다(37.0)　　② 못하고 있다(42.3)
③ 잘 모르겠다(20.7)

〈문 24〉 선생님께서는 이번 지방선거에 대한 다음 의견 중 어떤 의견에 가까우셨습니까?
① 안정적인 국정운영을 위해 여당인 새누리당을 밀어줘야 한다(37.6)
② 새누리당과 대통령의 독주를 막기 위해 야당을 밀어줘야 한다(37.3)
③ 둘 다 동의하지 않는다(23.7)
⑨⑨ 모름/무응답(1.5)(읽지 마시오)

〈문 25〉 선생님께서는 이번 선거결과의 승패에 대해 어떻게 평가하십니까?

① 여당이 승리한 선거였다(9.5)

② 야당이 승리한 선거였다(12.1)

③ 여당과 야당이 모두 선전한 선거였다(50.9)

④ 여당과 야당이 모두 패배한 선거였다(21.9)

㉙ 모름/무응답(5.6)(읽지 마시오)

[선거 아젠다와 이슈]

〈문 26〉 선생님께서는 이번 서울시장 선거에서 지지 후보를 결정하는 데에 다음 불러드리는 각각의 문제들을 얼마나 중요하게 고려하셨습니까?

	매우 중요	약간 중요	별로 중요치 않음	전혀 중요치 않음	모름/무응답 (읽지 마시오)
	①	②	③	④	㉙
1) 대중교통 확충 등 지역 교통문제	(38.8)	(37.6)	(18.9)	(2.7)	(2.1)
2) 저소득층 지원 등 지역 복지문제	(45.0)	(38.2)	(12.4)	(2.1)	(2.4)
3) 지역 일자리창출 문제	(54.1)	(30.8)	(12.4)	(0.9)	(1.8)
4) 임대주택 등 지역 주거문제	(40.2)	(41.1)	(16.0)	(1.2)	(1.5)
5) 부동산 등 지역개발문제	(32.0)	(34.6)	(26.3)	(4.4)	(2.7)

〈문 27〉 선생님께서는 정몽준 후보가 가장 중요하게 생각하는 지역현안이 무엇이었다고 보십니까? [랜덤]

① 대중교통 확충 등 지역 교통문제(5.3)

② 저소득층 지원 등 지역 복지문제(7.4)

③ 지역 일자리창출 문제(23.1)

④ 임대주택 등 지역 주거문제(7.4)

⑤ 부동산 등 지역개발문제(35.5)

⑥ 잘 모르겠다(21.3) [랜덤고정]

〈문 28〉 선생님께서는 박원순 후보가 가장 중요하게 생각하는 지역현안이 무엇이었다고
　　　　보십니까? [랜덤]
　　① 대중교통 확충 등 지역 교통문제(8.3)
　　② 저소득층 지원 등 지역 복지문제 (50.6)
　　③ 지역 일자리창출 문제(10.1)
　　④ 임대주택 등 지역 주거문제(8.9)
　　⑤ 부동산 등 지역개발문제(3.0)
　　⑥ 잘 모르겠다(19.2) [랜덤고정]

〈문 29〉 이번 지방선거에서 선생님의 투표결정에 '세월호 사건'이 얼마나 영향을 미쳤다고
　　　　생각하십니까?
　　① 매우 큰 영향을 미쳤다(25.1) → 〈문 29-1〉
　　② 약간 영향을 미쳤다(28.7) → 〈문 29-1〉
　　③ 별로 영향을 미치지 않았다(25.1) → 〈문 30〉
　　④ 전혀 영향을 미치지 않았다(19.8) → 〈문 30〉
　　㊉ 모름/무응답(1.2)(읽지 마시오)

〈문 29-1〉 그렇다면 구체적으로 투표결정에 어떻게 영향을 미쳤습니까?
　　① 지지하는 후보를 바꾸게 되었다(11.0)
　　② 지지하는 후보가 없어져 버렸다(7.7)
　　③ 기존의 지지 후보를 더 강하게 지지하게 되었다(66.5)
　　④ 지지 후보가 없었는데 지지 후보 선택에 도움이 되었다(14.8)

〈문 30〉 선생님께서는 이번 서울시장 선거에서 다음 중 어떤 이슈에 가장 관심이 있으셨습
　　　　니까? [랜덤]
　　① 학교급식과 농약 문제(13.0)　　　　　② 후보자의 이념성향 검증(34.9)
　　③ 네거티브 등 선거 캠페인 양상(21.6)　④ 세월호 사건(12.1)
　　⑤ 기타(13.6) [랜덤고정]　　　　　　　㊉ 모름/무응답(4.7)(읽지 마시오)

〈문 31〉 선생님께서는 현재 지지 정당이 있으십니까?
　　① 있다(53.3) → 〈문 31-1〉　　　　　② 없다(46.7) → 설문 종료

〈문 31-1〉 그 정당은 어느 정당입니까?
① 새누리당(58.3) ② 새정치민주연합(35.0)
③ 통합진보당(0.0) ④ 정의당(4.4)
⑤ 기타 다른 정당(1.1) ⑨ 모름/무응답(1.1)(읽지 마시오)

【 기권자용 】

〈문 3〉 투표하지 않겠다는 결정을 하신 건 언제쯤이었나요?
① 정당의 후보가 결정되기 전(15.6)
② 정당의 후보가 결정된 직후(3.1)
③ 선거운동기간 중(9.4)
④ 투표일 당일(59.4)
⑨ 모름/무응답(12.5)(읽지 마시오)

〈문 4〉 투표를 하지 않으신 이유는 무엇인가요?
① 개인적인 일로 시간이 없어서(56.3) → 〈문 4-1〉
② 맘에 드는 후보가 없어서(12.5) → 〈문 5〉
③ 후보자들을 잘 몰라서(9.4) → 〈문 5〉
④ 누가 되어도 마찬가지이기 때문에(9.4) → 〈문 5〉
⑤ 정치에는 관심이 없어서(6.3) → 〈문 5〉
⑨ 모름/무응답(6.3)(읽지 마시오)
[① 응답자만 〈문 4-1〉로, 나머지 응답자는 〈문 5〉로 이동]

〈문 4-1〉 만일 투표일에 시간이 가능했다면 투표하셨겠습니까?
① 그렇다(100.0) ② 아니다(0.0)

〈문 5〉 선생님께서 만약 투표를 했다면 서울시장(경기도지사, 인천시장) 후보들 가운데
어떤 후보가 조금이라도 더 나았다고 생각하십니까?
① 새누리당 정몽준 후보(25.0) ② 새정치민주연합 박원순 후보(53.1)
③ 통합진보당 정태홍 후보(0.0) ④ 새정치당 홍정식 후보(0.0)
⑨ 잘 모름/무응답(21.9)(읽지 마시오)

〈문 6〉 다음의 주장에 대해 어떻게 생각하십니까?

	매우 찬성	찬성 하는 편	약간 반대	매우 반대	모름/ 무응답 (읽지 말 것)
	①	②	③	④	⑨
1) 선거를 통해 정치를 바꿀 수 있다	(21.9)	(37.5)	(18.8)	(12.5)	(9.4)
2) 정치는 너무 복잡해서 이해하기가 힘들다	(18.8)	(28.1)	(31.3)	(9.4)	(12.5)
3) 나는 선거이외에 다른 방법으로 정치에 참여할 수 있다	(9.4)	(28.1)	(34.4)	(21.9)	(6.3)
4) 많은 사람이 투표하기 때문에 내 한 표는 별로 중요하지 않다	(9.4)	(12.5)	(28.1)	(40.6)	(9.4)

〈문 7〉 선생님께서는 서울시에서 결정하는 일들이 선생님에게 얼마나 영향을 미친다고 생각하십니까?
① 매우 영향을 미친다(21.9)   ② 어느 정도 영향을 미친다(40.6)
③ 별로 영향을 미치지 않는다(18.8)   ④ 전혀 영향을 미치지 않는다(12.5)
⑤ 잘 모르겠다(6.3)

〈문 8〉 선생님께서는 선생님께서 거주하는 지역의 구에서 결정하는 일들이 선생님에게 얼마나 영향을 미친다고 생각하십니까?
① 매우 영향을 미친다(15.6)   ② 어느 정도 영향을 미친다(34.4)
③ 별로 영향을 미치지 않는다(18.8)   ④ 전혀 영향을 미치지 않는다(15.6)
⑤ 잘 모르겠다(15.6)

[후보요인 및 후보인지도]

〈문 9〉 선생님께서는 다음 후보들의 서울시정 운영능력에 대해 어떻게 평가하십니까?
시정(도정)운영능력이 매우 부족하다를 0, 보통이다 5, 매우 충분하다를 10이라
고 할 때, 각 후보별로 0에서 10 사이의 숫자로 말씀해주세요.

	매우 부족				보통				매우 충분		모름/ 무응답 (읽지 마시오)
	0	1	2	3	4	5	6	7	8	9	10	⑨⑨
1) 정몽준	(9.4)	(6.3)	(0.0)	(3.1)	(6.3)	(34.4)	(12.5)	(9.4)	(6.3)	(3.1)	(3.1)	(6.3)
2) 박원순	(6.3)	(0.0)	(3.1)	(3.1)	(0.0)	(28.1)	(15.6)	(18.8)	(9.4)	(3.1)	(3.1)	(9.4)

〈문 10〉 선생님께서는 이번 지방선거에 출마한 구청장후보들에 대해서 어느 정도 알고
계셨습니까?
① 2명 이상 알고 있었다(18.8)　　② 1명 정도 알고 있었다(21.9)
③ 아무도 몰랐다(56.3)　　⑨⑨ 모름/무응답(3.1)(읽지 마시오)

〈문 11〉 선생님께서는 이번 지방선거에 출마하는 선생님 지역의 서울시의원 후보들에
대해서 어느 정도 알고 계셨습니까?
① 2명 이상 알고 있었다(28.1)　　② 1명 정도 알고 있었다(12.5)
③ 아무도 몰랐다(59.4)　　⑨⑨ 모름/무응답(0.0)(읽지 마시오)

〈문 12〉 선생님께서는 이번 지방선거에 출마하는 선생님 지역의 구의원 후보들에 대해서
어느 정도 알고 계셨습니까?
① 2명 이상 알고 있었다(18.8)　　② 1명 정도 알고 있었다(12.5)
③ 아무도 몰랐다(68.8)　　⑨⑨ 모름/무응답(0.0)(읽지 마시오)

〈문 13〉 선생님께서는 현직 구청장이 누구인지 알고 계십니까?
① 그렇다(34.4)　　② 아니다(65.6)　　⑨⑨ 무응답(0.0)(읽지 마시오)

[지방선거의 의미와 전망]

〈문 14〉 선생님께서는 박근혜 대통령의 국정운영에 대해 어떻게 평가하십니까?
  ① 잘하고 있다(25.0)   ② 못하고 있다(43.8)
  ③ 잘 모르겠다(31.3)

〈문 15〉 선생님께서는 이번 지방선거에 대한 다음 의견 중 어떤 의견에 가까우셨습니까?
  ① 안정적인 국정운영을 위해 여당인 새누리당을 밀어줘야 한다(21.9)
  ② 새누리당과 대통령의 독주를 막기 위해 야당을 밀어줘야 한다(21.9)
  ③ 둘 다 동의하지 않는다(53.1)
  ⑨⑨ 모름/무응답(3.1)(읽지 마시오)

〈문 16〉 선생님께서는 이번 선거결과의 승패에 대해 어떻게 평가하십니까?
  ① 여당이 승리한 선거였다(9.4)
  ② 야당이 승리한 선거였다(9.4)
  ③ 여당과 야당이 모두 선전한 선거였다(31.3)
  ④ 여당과 야당이 모두 패배한 선거였다(25.0)
  ⑨⑨ 모름/무응답(25.0)(읽지 마시오)

[선거 아젠다와 이슈]

〈문 17〉 선생님께서는 이번 서울시장 선거에서 지지 후보를 결정하는 데에 다음 불러드리는 각각의 문제들을 얼마나 중요하게 고려하셨습니까?

	매우 중요	약간 중요	별로 중요치 않음	전혀 중요치 않음	모름/무응답 (읽지 마시오)
	①	②	③	④	㊾
1) 대중교통 확충 등 지역 교통문제	(31.3)	(40.6)	(18.8)	(3.1)	(6.3)
2) 저소득층 지원 등 지역 복지문제	(37.5)	(34.4)	(18.8)	(3.1)	(6.3)
3) 지역 일자리창출 문제	(43.8)	(37.5)	(6.3)	(0.0)	(12.5)
4) 임대주택 등 지역 주거문제	(40.6)	(28.1)	(15.6)	(6.3)	(9.4)
5) 부동산 등 지역개발문제	(28.1)	(25.0)	(28.1)	(6.3)	(12.5)

〈문 18〉 선생님께서는 정몽준 후보가 가장 중요하게 생각하는 지역현안이 무엇이었다고 보십니까? [랜덤]
　① 대중교통 확충 등 지역 교통문제(3.1)
　② 저소득층 지원 등 지역 복지문제(3.1)
　③ 지역 일자리창출 문제(28.1)
　④ 임대주택 등 지역 주거문제(6.3)
　⑤ 부동산 등 지역개발문제(12.5)
　⑥ 잘 모르겠다(46.9) [랜덤고정]

〈문 19〉 선생님께서는 박원순 후보가 가장 중요하게 생각하는 지역현안이 무엇이었다고 보십니까? [랜덤]
　① 대중교통 확충 등 지역 교통문제(6.3)
　② 저소득층 지원 등 지역 복지문제(25.0)
　③ 지역 일자리창출 문제(12.5)
　④ 임대주택 등 지역 주거문제(15.6)
　⑤ 부동산 등 지역개발문제(3.1)
　⑥ 잘 모르겠다(37.5) [랜덤고정]

〈문 20〉 이번 지방선거에서 선생님이 기권하기로 결정하는데 '세월호 사건'이 얼마나
　　　　영향을 미쳤다고 생각하십니까? [랜덤]
　　　① 매우 큰 영향을 미쳤다(12.5)　　　② 약간 영향을 미쳤다(12.5)
　　　③ 별로 영향을 미치지 않았다(25.0)　④ 전혀 영향을 미치지 않았다(50.0)
　　　㉨ 모름/무응답(0.0)(읽지 마시오)

〈문 21〉 선생님께서는 이번 서울시장 선거에서 다음 중 어떤 이슈에 가장 관심이 있으셨
　　　　습니까? [랜덤]
　　　① 학교급식과 농약 문제(3.1)　　　② 후보자의 이념성향 검증(34.4)
　　　③ 네거티브 등 선거 캠페인 양상(12.5)　④ 세월호 사건(15.6)
　　　⑤ 기타(25.0) [랜덤고정]　　　㉨ 모름/무응답(9.4)(읽지 마시오)

〈문 22〉 선생님께서는 현재 지지 정당이 있으십니까?
　　　① 있다(18.8) → 〈문 22-1〉　　　② 없다(81.3) → 설문종료

〈문 22-1〉 그 정당은 어느 정당입니까?
　　　① 새누리당(83.3)　　　② 새정치민주연합(16.7)
　　　③ 통합진보당(0.0)　　　④ 정의당(0.0)
　　　⑤ 기타 다른 정당(0.0)　　　㉨ 모름/무응답(0.0)(읽지 마시오)

2014 지방선거 수도권 패널조사 2차 최종 설문지 _인천

안녕하세요? 저는 여론조사 전문회사인 한국리서치 면접원 _____입니다.
저희는 요즘 우리 사회의 여러 가지 문제와 지방선거에 대한 여러분의 의견을 알아
보고 있습니다. 이번조사는 2차 조사로, 1차 조사에 참여해 주신 분들께 한 번 더
의견을 여쭙고 있습니다.
잠시만 시간을 내어 협조하여 주십시오. 감사합니다.

- 주관기관: 서강대학교 현대정치연구소   ■ 조사기관: (주) 한국리서치
- 문 의 처: 한국리서치 (02) 3014-1015

〈선문 1〉 1차 조사에 참여해 주셨던 ○○○ 선생님이 맞으십니까?
　　① 맞다(100.0) → 〈문 1〉　　　　　② 아니다(0.0) → 〈선문 1-1〉

〈선문 1-1〉 ○○○ 선생님을 바꿔주실 수 있으십니까? 지금 통화가 어려우시다면 언제
　　다시 연락드리면 될까요?
　　① 연결성공 → 〈문 1〉　　　　　② 연결실패 → 설문 종료

〈문 1〉 선생님께서는 6월 4일에 실시된 지방선거에 얼마나 관심이 있으셨습니까? 다음
　　각각에 대해 말씀하여 주십시오.

	매우 관심이 있었다	대체로 관심이 있었다	별로 관심이 없었다	전혀 관심이 없었다	모름/무응답 (읽지 마시오)
	①	②	③	④	㊾
1) 인천시장 선거	(51.2)	(39.9)	(7.6)	(1.2)	(0.0)
2) 구청장, 군수선거	(34.5)	(39.7)	(23.4)	(2.2)	(0.2)

〈문 2〉 선생님께서는 이번 지방선거에서 투표를 하셨나요?
　　① 투표를 했다(92.1) → 투표자용 설문 〈문 3〉
　　② 투표를 하지 않았다(7.9) → 기권자용 설문 〈문 3〉

【투표자용】

〈문 3〉 선생님께서는 혹시 5월 30~31일에 사전투표를 하셨습니까?
① 그렇다(22.7) → 〈문 3-1〉   ② 아니다(77.3) → 〈문 4〉

〈문 3-1〉 혹시 사전투표제가 없었다면 6월 4일에 투표를 하셨을까요? 못하셨을까요?
① 했을 것이다(75.3)   ② 못했을 것이다(24.7)

[선거지지와 투표요인 전망]

〈문 4〉 이번에 인천시장 선거에서 지지 후보를 몇 번이나 바꾸셨습니까?
① 한 번도 바꾸지 않았다(84.8)   ② 1번 바꾸었다(12.8)
③ 2번 바꾸었다(1.9)   ④ 3번 이상 바꾸었다(0.5)

〈문 5〉 선생님께서는 인천시장 선거에서 다음 중 어느 후보에게 투표를 하셨습니까?
① 새누리당 유정복 후보(47.3)   ② 새정치민주연합 송영길 후보(49.7)
③ 통합진보당 신창현 후보(0.5   ⑨⑨ 잘 모름/무응답(2.4)(읽지 마시오)
[1차 조사의 〈문 3〉 ①, ②, ③, ④ 응답자 가운데 변경이 있는 응답자는 〈문 6〉,
〈문 7〉 응답 후 〈문 8-1〉로 이동]
[1차 조사의 〈문 3〉 ⑤, ⑥, ⑨⑨(미결정, 기권, 모름/무응답층) 응답자 가운데, 2차
〈문 2〉에 ①(투표를 했다) 선택한 응답자는 〈문 6〉, 〈문 7〉 응답 후 〈문 8-2〉로 이동]

〈문 6〉 선생님께서는 인천시장 후보를 선택하는데 있어 어떤 것을 가장 중요하게 생각하
셨나요? [랜덤]
① 후보의 소속정당(31.6)   ② 후보의 개인적 능력(19.0)
③ 후보의 도덕성(7.2)   ④ 후보의 정책과 공약(38.0)
⑤ 기타(4.0) [랜덤고정]   ⑨⑨ 모름/무응답(0.3)(읽지 마시오)

〈문 7〉 선생님께서 인천시장 후보에게 투표하신 이유는 다음 중 어느 쪽에 더 가까우신
가요?
① 좋아하는 후보의 당선을 위해서(78.3)
② 싫어하는 후보의 당선을 막기 위해서(21.7)

〈문 8-1〉 지난 번 조사와 지지 후보가 달라지셨네요. 그 이유는 무엇인가요?
　　① 새로 마음에 드는 후보가 생겨서(29.0)
　　② 새로 마음에 드는 정당이 생겨서(6.5)
　　③ 전에 지지한 후보에 실망해서(29.0)
　　④ 전에 지지한 후보의 소속정당에 실망해서(16.1)
　　⑤ 기타(19.4)
　　⑨⑨ 모름/무응답(0.0)(읽지 마시오)
　　[1차 조사의 〈문 3〉 ①, ②, ③, ④ 응답자 가운데 변경이 있는 응답자만 〈문 8-1〉 응답]

〈문 8-2〉 그럼 이번 선거에서 (　)후보를 지지하게 된 이유는 무엇인가요?
　　① 마음에 드는 후보가 생겨서(35.9)　　② 마음에 드는 정당이 생겨서(20.6)
　　③ 싫어하는 후보가 생겨서(9.2)　　④ 싫어하는 정당이 생겨서(12.2)
　　⑤ 기타(19.8)
　　⑨⑨ 모름/무응답(2.3)(읽지 마시오)
　　[1차 조사의 〈문 3〉 ⑤, ⑥, ⑨⑨(미결정, 기권, 모름/무응답층) 응답자 가운데, 2차 〈문 2〉에 ①(투표를 했다) 선택한 응답자만 〈문 8-2〉 응답]

〈문 9〉 선생님께서는 구청장/군수선거에서 다음 중 어느 정당의 후보에게 투표를 하셨나요?
　　① 새누리당(45.5)　　② 새정치민주연합(41.7)
　　③ 통합진보당(1.1)　　④ 정의당(4.5)
　　⑤ 기타 다른 정당(0.8)　　⑥ 무소속(2.9)
　　⑨⑨ 모름/무응답(3.5)(읽지 마시오)
　　[1차 조사의 〈문 4 ①~⑥ 응답자 가운데 변경이 있는 응답자는 〈문 10〉 응답 후 〈문 11-1〉로 이동]
　　[1차 조사의 〈문 4〉 ⑦, ⑧, ⑨⑨(미결정, 기권, 모름/무응답층) 응답자 가운데, 2차 〈문 2〉에 ①(투표를 했다) 선택한 응답자만 〈문 10〉 응답 후 〈문 11-2〉로 이동]

〈문 10〉 선생님께서는 구청장/군수 후보를 선택하는데 있어 어떤 것을 가장 중요하게 생각하셨나요? [랜덤]
　　① 후보의 소속정당(41.2)　　② 후보의 개인적 능력(15.5)
　　③ 후보의 도덕성(8.3)　　④ 후보의 정책과 공약(29.9)
　　⑤ 기타(4.8) [랜덤고정]　　⑨⑨ 모름/무응답(0.3)(읽지 마시오)

〈문 11-1〉 지난 번 조사와 지지 후보 소속정당이 달라지셨네요. 그 이유는 무엇인가요?
① 새로 마음에 드는 후보가 생겨서(35.3)
② 새로 마음에 드는 정당이 생겨서(7.8)
③ 전에 지지한 후보에 실망해서(15.7)
④ 전에 지지한 후보의 소속정당에 실망해서(7.8)
⑤ 기타(31.4)
㉟ 모름/무응답(2.0)(읽지 마시오)
[1차 조사의 〈문 4〉 ①~⑥ 응답자 가운데 변경이 있는 응답자만 〈문 11-1〉 응답]

〈문 11-2〉 그럼 이번 선거에서 (   )후보를 지지하게 된 이유는 무엇인가요?
① 마음에 드는 후보가 생겨서(29.9)
② 마음에 드는 정당이 생겨서(25.7)
③ 싫어하는 후보가 생겨서(7.6)
④ 싫어하는 정당이 생겨서(13.9)
⑤ 기타(20.8)
㉟ 모름/무응답(2.1)(읽지 마시오)
[1차 조사의 〈문 4〉 ⑦, ⑧, ㉟(미결정, 기권, 모름/무응답층) 응답자 가운데, 2차 〈문 2〉에 ①(투표를 했다) 선택한 응답자만 〈문 11-2〉 응답]

〈문 12〉 이번 선거에서는 인천시의원 비례대표 선출을 위한 정당투표도 하였습니다. 선생님께서는 인천시의원 비례대표를 위해 어느 정당에 투표하셨습니까?
① 새누리당(43.0)   ② 새정치민주연합(42.8)
③ 통합진보당(2.4)   ④ 정의당(5.3)
⑤ 기타 다른 정당(1.9)   ㉟ 모름/무응답(4.5)(읽지 마시오)

〈문 13〉 선생님께서는 이번 교육감선거에서 어느 후보에게 투표하셨습니까? [랜덤]
① 김영태(17.9)   ② 안경수(15.8)
③ 이본수(22.7)   ④ 이청연(36.4)
㉟ 모름/무응답(7.2)(읽지 마시오)

〈문 14〉 선생님께서는 교육감 후보를 선택하는데 있어 어떤 것을 가장 중요하게 생각하셨나요? [랜덤]
① 후보의 도덕성(13.1)   ② 후보의 능력(16.8)
③ 후보의 이념성향(23.3)   ④ 후보의 정책과 공약(29.4)
⑤ 기타(12.6) [랜덤고정]   ㉟ 모름/무응답(4.8)(읽지 마시오)

〈문 15〉 이번 지방선거에서 선택하신 후보나 정당에 대해 전체적으로 얼마나 만족하십니까?

① 매우 만족한다(13.9)　　　　② 다소 만족한다(66.3)

③ 다소 불만족한다(17.9)　　　④ 매우 불만족한다(1.9)

〈문 16〉 선생님께서는 인천시에서 결정하는 일들이 선생님에게 얼마나 영향을 미친다고 생각하십니까?

① 매우 영향을 미친다(13.6)

② 어느 정도 영향을 미친다(48.4)

③ 별로 영향을 미치지 않는다(30.2)

④ 전혀 영향을 미치지 않는다(2.9)

⑤ 잘 모르겠다(4.8)

〈문 17〉 선생님께서는 선생님께서 거주하는 지역의 구나 군에서 결정하는 일들이 선생님에게 얼마나 영향을 미친다고 생각하십니까?

① 매우 영향을 미친다(16.8)　　　② 어느 정도 영향을 미친다(44.4)

③ 별로 영향을 미치지 않는다(30.2)　④ 전혀 영향을 미치지 않는다(3.7)

⑤ 잘 모르겠다(4.8)

[후보요인 및 후보인지도]

〈문 18〉 선생님께서는 다음 후보들의 인천시정 운영능력에 대해 어떻게 평가하십니까? 시정(도정)운영능력이 매우 부족하다를 0, 보통이다 5, 매우 충분하다를 10이라고 할 때, 각 후보별로 0에서 10 사이의 숫자로 말씀해주세요.

	매우 부족 ←———————— 보통 ————————→									매우 충분	모름/ 무응답 (읽지 마시오)
	0	1	2	3	4	5	6	7	8	9	10	⑨⑨
1) 유정복	(2.4)	(2.4)	(1.9)	(4.3)	(5.1)	(26.5)	(11.8)	(14.7)	(12.6)	(4.8)	(5.1)	(8.6)
2) 송영길	(2.9)	(0.0)	(2.7)	(6.1)	(8.6)	(25.9)	(13.4)	(17.6)	(12.3)	(2.9)	(4.0)	(3.5)

〈문 19〉 선생님께서는 투표하기 전에 이번 지방선거에 출마한 구청장이나 군수 후보들에
대해서 어느 정도 알고 계셨습니까?

   ① 2명 이상 알고 있었다(51.9)   ② 1명 정도 알고 있었다(27.8)

   ③ 아무도 몰랐다(20.1)   ⑨⑨ 모름/무응답(0.3)(읽지 마시오)

〈문 20〉 선생님께서는 투표하기 전에 이번 지방선거에 출마하는 선생님 지역의 인천시의원
후보들에 대해서 어느 정도 알고 계셨습니까?

   ① 2명 이상 알고 있었다(29.1)   ② 1명 정도 알고 있었다(27.5)

   ③ 아무도 몰랐다(43.3)   ⑨⑨ 모름/무응답(0.0)(읽지 마시오)

〈문 21〉 선생님께서는 투표하기 전에 이번 지방선거에 출마하는 선생님 지역의 구의원이나
군의원 후보들에 대해서 어느 정도 알고 계셨습니까?

   ① 2명 이상 알고 있었다(28.9)   ② 1명 정도 알고 있었다(22.5)

   ③ 아무도 몰랐다(48.7)   ⑨⑨ 모름/무응답(0.0)(읽지 마시오)

〈문 22〉 선생님께서는 현직 구청장이나 군수가 누구인지 알고 계십니까?

   ① 그렇다(59.9)   ② 아니다(39.6)   ⑨⑨ 무응답(0.5)(읽지 마시오)

[지방선거의 의미와 전망]

〈문 23〉 선생님께서는 박근혜 대통령의 국정운영에 대해 어떻게 평가하십니까?

   ① 잘하고 있다(40.4)   ② 못하고 있다(39.8)

   ③ 잘 모르겠다(19.8)

〈문 24〉 선생님께서는 이번 지방선거에 대한 다음 의견 중 어떤 의견에 가까우셨습니까?

   ① 안정적인 국정운영을 위해 여당인 새누리당을 밀어줘야 한다(38.2)

   ② 새누리당과 대통령의 독주를 막기 위해 야당을 밀어줘야 한다(38.0)

   ③ 둘 다 동의하지 않는다(23.5)

   ⑨⑨ 모름/무응답(0.3)(읽지 마시오)

〈문 25〉 선생님께서는 이번 선거결과의 승패에 대해 어떻게 평가하십니까?
    ① 여당이 승리한 선거였다(16.8)
    ② 야당이 승리한 선거였다(5.1)
    ③ 여당과 야당이 모두 선전한 선거였다(52.7)
    ④ 여당과 야당이 모두 패배한 선거였다(19.8)
    ⑨⑨ 모름/무응답(5.6)(읽지 마시오)

[선거 아젠다와 이슈]

〈문 26〉 선생님께서는 이번 인천시장 선거에서 지지 후보를 결정하는 데에 다음 불러드리는 각각의 문제들을 얼마나 중요하게 고려하셨습니까?

	매우 중요	약간 중요	별로 중요치 않음	전혀 중요치 않음	모름/무응답 (읽지 마시오)
	①	②	③	④	⑨⑨
1) 대중교통 확충 등 지역 교통문제	(41.7)	(39.0)	(15.5)	(1.6)	(2.1)
2) 저소득층 지원 등 지역 복지문제	(42.0)	(42.0)	(13.6)	(1.6)	(0.8)
3) 지역 일자리창출 문제	(50.0)	(36.1)	(11.2)	(1.1)	(1.6)
4) 임대주택 등 지역 주거문제	(33.2)	(40.6)	(21.7)	(2.7)	(1.9)
5) 부동산 등 지역개발문제	(39.3)	(34.8)	(18.2)	(4.3)	(3.5)

〈문 27〉 선생님께서는 유정복 후보가 가장 중요하게 생각하는 지역현안이 무엇이었다고 보십니까? [랜덤]
    ① 대중교통 확충 등 지역 교통문제(19.8)
    ② 저소득층 지원 등 지역 복지문제(11.8)
    ③ 지역 일자리창출 문제(18.2)
    ④ 임대주택 등 지역 주거문제(3.5)
    ⑤ 부동산 등 지역개발문제(22.5)
    ⑥ 잘 모르겠다(24.3) [랜덤고정]

〈문 28〉 선생님께서는 송영길 후보가 가장 중요하게 생각하는 지역현안이 무엇이었다고
　　　 보십니까? [랜덤]
　　① 대중교통 확충 등 지역 교통문제(8.0)
　　② 저소득층 지원 등 지역 복지문제(24.1)
　　③ 지역 일자리창출 문제(17.6)
　　④ 임대주택 등 지역 주거문제(6.1)
　　⑤ 부동산 등 지역개발문제(14.4)
　　⑥ 잘 모르겠다(29.7) [랜덤고정]

〈문 29〉 이번 지방선거에서 선생님의 투표결정에 '세월호 사건'이 얼마나 영향을 미쳤다
　　　 고 생각하십니까?
　　① 매우 큰 영향을 미쳤다(20.6) → 〈문 29-1〉
　　② 약간 영향을 미쳤다(24.3) → 〈문 29-1〉
　　③ 별로 영향을 미치지 않았다(34.2) → 〈문 30〉
　　④ 전혀 영향을 미치지 않았다(20.3) → 〈문 30〉
　　⑨⑨ 모름/무응답(0.5)(읽지 마시오)

〈문 29-1〉 그렇다면 구체적으로 투표결정에 어떻게 영향을 미쳤습니까?
　　① 지지하는 후보를 바꾸게 되었다(13.1)
　　② 지지하는 후보가 없어져 버렸다(10.1)
　　③ 기존의 지지 후보를 더 강하게 지지하게 되었다(54.8)
　　④ 지지 후보가 없었는데 지지 후보 선택에 도움이 되었다(22.0)

〈문 30〉 선생님께서는 이번 인천시장 선거에서 다음 중 어떤 이슈에 가장 관심이 있으셨습
　　　 니까? [랜덤]
　　① 인천시 부채 해결(52.7)　　　　② 아시안게임의 성공적 개최(12.6)
　　③ 해외투자유치(5.9)　　　　　　④ 측근 비리 등 후보자 도덕성(9.6)
　　⑤ 세월호 사건(8.6)　　　　　　⑥ 기타(8.0) [랜덤고정]
　　⑨⑨ 모름/무응답(2.7)(읽지 마시오)

〈문 31〉 선생님께서는 현재 지지 정당이 있으십니까?
　　① 있다(59.9) → 〈문 31-1〉　　　② 없다(40.1) → 설문 종료

〈문 31-1〉 그 정당은 어느 정당입니까?

① 새누리당(52.7)
② 새정치민주연합(42.4)
③ 통합진보당(0.4)
④ 정의당(4.0)
⑤ 기타 다른 정당(0.0)
⑨⑨ 모름/무응답(0.4)(읽지 마시오)

【기권자용】───────────────────────────

〈문 3〉 투표하지 않겠다는 결정을 하신 건 언제쯤이었나요?

① 정당의 후보가 결정되기 전(15.6)
② 정당의 후보가 결정된 직후(15.6)
③ 선거운동기간 중(25.0)
④ 투표일 당일(40.6)
⑨⑨ 모름/무응답(3.1)(읽지 마시오)

〈문 4〉 투표를 하지 않으신 이유는 무엇인가요?

① 개인적인 일로 시간이 없어서(50.0) → 〈문 4-1〉
② 맘에 드는 후보가 없어서(18.8) → 〈문 5〉
③ 후보자들을 잘 몰라서(0.0) → 〈문 5〉
④ 누가 되어도 마찬가지이기 때문에(21.9) → 〈문 5〉
⑤ 정치에는 관심이 없어서(9.4) → 〈문 5〉
⑨⑨ 모름/무응답(0.0)(읽지 마시오)
[① 응답자만 〈문 4-1〉로, 나머지 응답자는 〈문 5〉로 이동]

〈문 4-1〉 만일 투표일에 시간이 가능했다면 투표하셨겠습니까?

① 그렇다(100.0)
② 아니다(0.0)

〈문 5〉 선생님께서 만약 투표를 했다면 서울시장(경기도지사, 인천시장) 후보들 가운데 어떤 후보가 조금이라도 더 나았다고 생각하십니까?

① 새누리당 유정복 후보(25.0)
② 새정치민주연합 송영길 후보(43.8)
③ 통합진보당 신창현 후보(3.1)
⑨⑨ 잘 모름/무응답(28.1)(읽지 마시오)

〈문 6〉 다음의 주장에 대해 어떻게 생각하십니까?

	매우 찬성	찬성 하는 편	약간 반대	매우 반대	모름/ 무응답 (읽지 말 것)
	①	②	③	④	⑨
1) 선거를 통해 정치를 바꿀 수 있다	(18.8)	(18.8)	(37.5)	(21.9)	(3.1)
2) 정치는 너무 복잡해서 이해하기가 힘들다	(12.5)	(34.4)	(37.5)	(12.5)	(3.1)
3) 나는 선거이외에 다른 방법으로 정치에 참여할 수 있다	(9.4)	(21.9)	(43.8)	(21.9)	(3.1)
4) 많은 사람이 투표하기 때문에 내 한 표는 별로 중요하지 않다	(0.0)	(9.4)	(40.6)	(50.0)	(0.0)

〈문 7〉 선생님께서는 인천시에서 결정하는 일들이 선생님에게 얼마나 영향을 미친다고 생각하십니까?
① 매우 영향을 미친다(12.5)   ② 어느 정도 영향을 미친다(40.6)
③ 별로 영향을 미치지 않는다(28.1)   ④ 전혀 영향을 미치지 않는다(9.4)
⑤ 잘 모르겠다(9.4)

〈문 8〉 선생님께서는 선생님께서 거주하는 지역의 구나 군에서 결정하는 일들이 선생님에게 얼마나 영향을 미친다고 생각하십니까?
① 매우 영향을 미친다(18.8)   ② 어느 정도 영향을 미친다(34.4)
③ 별로 영향을 미치지 않는다(28.1)   ④ 전혀 영향을 미치지 않는다(9.4)
⑤ 잘 모르겠다(9.4)

[후보요인 및 후보인지도]

〈문 9〉 선생님께서는 다음 후보들의 인천시정 운영능력에 대해 어떻게 평가하십니까?
시정(도정)운영능력이 매우 부족하다를 0, 보통이다 5, 매우 충분하다를 10이라
고 할 때, 각 후보별로 0에서 10 사이의 숫자로 말씀해주세요.

	매우 부족	←─────────── 보통 ───────────→								매우 충분	모름/무응답 (읽지 마시오)
	0	1	2	3	4	5	6	7	8	9	10	⑨⑨
1) 유정복	(6.3)	(0.0)	(0.0)	(18.8)	(3.1)	(25.0)	(12.5)	(9.4)	(6.3)	(0.0)	(3.1)	(15.6)
2) 송영길	(6.3)	(0.0)	(3.1)	(15.6)	(3.1)	(21.9)	(12.5)	(12.5)	(9.4)	(3.1)	(0.0)	(12.5)

〈문 10〉 선생님께서는 이번 지방선거에 출마한 구청장이나 군수 후보들에 대해서
어느 정도 알고 계셨습니까?
① 2명 이상 알고 있었다(25.0)　　　　② 1명 정도 알고 있었다(40.6)
③ 아무도 몰랐다(31.3)　　　　　　　⑨⑨ 모름/무응답(3.1)(읽지 마시오)

〈문 11〉 선생님께서는 이번 지방선거에 출마하는 선생님 지역의 인천시의원 후보들에
대해서 어느 정도 알고 계셨습니까?
① 2명 이상 알고 있었다(12.5)　　　　② 1명 정도 알고 있었다(21.9)
③ 아무도 몰랐다(62.5)　　　　　　　⑨⑨ 모름/무응답(3.1)(읽지 마시오)

〈문 12〉 선생님께서는 이번 지방선거에 출마하는 선생님 지역의 구의원이나 군의원 후보
들에 대해서 어느 정도 알고 계셨습니까?
① 2명 이상 알고 있었다(9.4)　　　　② 1명 정도 알고 있었다(18.8)
③ 아무도 몰랐다(68.8)　　　　　　　⑨⑨ 모름/무응답(3.1)(읽지 마시오)

〈문 13〉 선생님께서는 현직 구청장이나 군수가 누구인지 알고 계십니까?
① 그렇다(21.9)　　② 아니다(78.1)　　⑨⑨ 무응답(0.0)(읽지 마시오)

[지방선거의 의미와 전망]

〈문 14〉 선생님께서는 박근혜 대통령의 국정운영에 대해 어떻게 평가하십니까?
　① 잘하고 있다(25.0)　　　　　　② 못하고 있다(50.0)
　③ 잘 모르겠다(25.0)

〈문 15〉 선생님께서는 이번 지방선거에 대한 다음 의견 중 어떤 의견에 가까우셨습니까?
　① 안정적인 국정운영을 위해 여당인 새누리당을 밀어줘야 한다(15.6)
　② 새누리당과 대통령의 독주를 막기 위해 야당을 밀어줘야 한다(40.6)
　③ 둘 다 동의하지 않는다(40.6)
　㉙ 모름/무응답(3.1)(읽지 마시오)

〈문 16〉 선생님께서는 이번 선거결과의 승패에 대해 어떻게 평가하십니까?
　① 여당이 승리한 선거였다(15.6)
　② 야당이 승리한 선거였다(3.1)
　③ 여당과 야당이 모두 선전한 선거였다(37.5)
　④ 여당과 야당이 모두 패배한 선거였다(21.9)
　㉙ 모름/무응답(21.9)(읽지 마시오)

[선거 아젠다와 이슈]

〈문 17〉 선생님께서는 이번 인천시장 선거에서 지지 후보를 결정하는 데에 다음 불러드
리는 각각의 문제들을 얼마나 중요하게 고려하셨습니까?

	매우 중요	약간 중요	별로 중요치 않음	전혀 중요치 않음	모름/ 무응답 (읽지 마시오)
	①	②	③	④	㉟
1) 대중교통 확충 등 지역 교통문제	(31.3)	(31.3)	(21.9)	(3.1)	(12.5)
2) 저소득층 지원 등 지역 복지문제	(50.0)	(34.4)	(3.1)	(0.0)	(12.5)
3) 지역 일자리창출 문제	(59.4)	(15.6)	(12.5)	(0.0)	(12.5)
4) 임대주택 등 지역 주거문제	(37.5)	(31.3)	(15.6)	(0.0)	(15.6)
5) 부동산 등 지역개발문제	(25.0)	(34.4)	(25.0)	(3.1)	(12.5)

〈문 18〉 선생님께서는 유정복 후보가 가장 중요하게 생각하는 지역현안이 무엇이었다고
보십니까? [랜덤]
① 대중교통 확충 등 지역 교통문제(12.5)
② 저소득층 지원 등 지역 복지문제(6.3)
③ 지역 일자리창출 문제(9.4)
④ 임대주택 등 지역 주거문제(3.1)
⑤ 부동산 등 지역개발문제(12.5)
⑥ 잘 모르겠다(56.3) [랜덤고정]

〈문 19〉 선생님께서는 송영길 후보가 가장 중요하게 생각하는 지역현안이 무엇이었다고
보십니까? [랜덤]
① 대중교통 확충 등 지역 교통문제(0.0)
② 저소득층 지원 등 지역 복지문제(18.8)
③ 지역 일자리창출 문제(12.5)
④ 임대주택 등 지역 주거문제(3.1)
⑤ 부동산 등 지역개발문제(12.5)
⑥ 잘 모르겠다(53.1) [랜덤고정]

〈문 20〉 이번 지방선거에서 선생님이 기권하기로 결정하는데 '세월호 사건'이 얼마나 영
　　　　향을 미쳤다고 생각하십니까? [랜덤]
　　　① 매우 큰 영향을 미쳤다(18.8)　　　② 약간 영향을 미쳤다(37.5)
　　　③ 별로 영향을 미치지 않았다(6.3)　　④ 전혀 영향을 미치지 않았다(31.3)
　　　⑨⑨ 모름/무응답(6.3)(읽지 마시오)

〈문 21〉 선생님께서는 이번 인천시장 선거에서 다음 중 어떤 이슈에 가장 관심이 있으셨습
　　　　니까? [랜덤]
　　　① 인천시 부채 해결(31.3)　　　　　② 아시안게임의 성공적 개최(12.5)
　　　③ 해외투자유치(3.1)　　　　　　　④ 측근 비리 등 후보자 도덕성(15.6)
　　　⑤ 세월호 사건(15.6)　　　　　　　⑥ 기타(9.4) [랜덤고정]
　　　⑨⑨ 모름/무응답(12.5)(읽지 마시오)

〈문 22〉 선생님께서는 현재 지지 정당이 있으십니까?
　　　① 있다(28.1) → 〈문 22-1〉　　　　② 없다(71.9) → 설문종료

〈문 22-1〉 그 정당은 어느 정당입니까?
　　　① 새누리당(33.3)　　　　　　　　② 새정치민주연합(22.2)
　　　③ 통합진보당(44.4)　　　　　　　④ 정의당(0.0)
　　　⑤ 기타 다른 정당(0.0)　　　　　　⑨⑨ 모름/무응답(0.0)(읽지 마시오)

2014 지방선거 수도권 패널조사 2차 최종 설문지 _경기

안녕하세요? 저는 여론조사 전문회사인 한국리서치 면접원 _____입니다.
저희는 요즘 우리 사회의 여러 가지 문제와 지방선거에 대한 여러분의 의견을 알아
보고 있습니다. 이번조사는 2차 조사로, 1차 조사에 참여해 주신 분들께 한 번 더
의견을 여쭙고 있습니다.
잠시만 시간을 내어 협조하여 주십시오. 감사합니다.

■ 주관기관: 서강대학교 현대정치연구소   ■ 조사기관: (주) 한국리서치
■ 문 의 처 : 한국리서치 (02) 3014-1015

〈선문 1〉 1차 조사에 참여해 주셨던 ○○○ 선생님이 맞으십니까?
　　① 맞다(99.4) → 〈문 1〉　　　　　　② 아니다(0.6) → 〈선문 1-1〉

〈선문 1-1〉 ○○○ 선생님을 바꿔주실 수 있으십니까? 지금 통화가 어려우시다면 언제
　　다시 연락드리면 될까요?
　　① 연결성공(100.0) → 〈문 1〉　　　　② 연결실패(0.0) → 설문 종료

〈문 1〉 선생님께서는 6월 4일에 실시된 지방선거에 얼마나 관심이 있으셨습니까? 다음
　　각각에 대해 말씀하여 주십시오.

	매우 관심이 있었다	대체로 관심이 있었다	별로 관심이 없었다	전혀 관심이 없었다	모름/무응답 (읽지 마시오)
	①	②	③	④	⑨⑨
1) 경기도지사선거	(46.3)	(38.1)	(11.9)	(2.8)	(0.9)
2) 시장, 군수선거	(43.8)	(35.2)	(16.8)	(3.4)	(0.9)

〈문 2〉 선생님께서는 이번 지방선거에서 투표를 하셨나요?
　　① 투표를 했다(92.9) → 투표자용 설문 〈문 3〉
　　② 투표를 하지 않았다(7.1) → 기권자용 설문 〈문 3〉

【투표자용】

〈문 3〉 선생님께서는 혹시 5월 30~31일에 사전투표를 하셨습니까?
　　① 그렇다(25.4) → 〈문 3-1〉　　　　　② 아니다(74.6) → 〈문 4〉

〈문 3-1〉 혹시 사전투표제가 없었다면 6월 4일에 투표를 하셨을까요? 못하셨을까요?
　　① 했을 것이다(79.5)　　　　　　② 못했을 것이다(20.5)

[선거지지와 투표요인 전망]

〈문 4〉 이번에 경기도지사선거에서 지지 후보를 몇 번이나 바꾸셨습니까?
　　① 한 번도 바꾸지 않았다(85.0)　　② 1번 바꾸었다(11.9)
　　③ 2번 바꾸었다(2.4)　　　　　　④ 3번 이상 바꾸었다(0.6)

〈문 5〉 선생님께서는 경기도지사선거에서 다음 중 어느 후보에게 투표를 하셨습니까?
　　① 새누리당 남경필 후보(44.0)　　② 새정치민주연합 김진표 후보(48.9)
　　⑨⑨ 잘 모름/무응답(7.0)(읽지 마시오)
　　[1차 조사의 〈문 3〉 ①, ②, ③, ④ 응답자 가운데 변경이 있는 응답자는 〈문 6〉,
　　〈문 7〉 응답 후 〈문 8-1〉로 이동]
　　[1차 조사의 〈문 3〉 ⑤, ⑥, ⑨⑨(미결정, 기권, 모름/무응답층) 응답자 가운데, 2차
　　〈문 2〉에 ①(투표를 했다) 선택한 응답자는 〈문 6〉, 〈문 7〉 응답 후 〈문 8-2〉로 이동]

〈문 6〉 선생님께서는 경기도지사 후보를 선택하는데 있어 어떤 것을 가장 중요하게 생각
　　　하셨나요? [랜덤]
　　① 후보의 소속정당(34.3)　　　② 후보의 개인적 능력(21.1)
　　③ 후보의 도덕성(11.3)　　　　④ 후보의 정책과 공약(29.4)
　　⑤ 기타(3.4) [랜덤고정]　　　　⑨⑨ 모름/무응답(0.6)(읽지 마시오)

〈문 7〉 선생님께서 경기도지사 후보에게 투표하신 이유는 다음 중 어느 쪽에 더 가까우신
　　　가요?
　　① 좋아하는 후보의 당선을 위해서(73.4)
　　② 싫어하는 후보의 당선을 막기 위해서(26.6)

〈문 8-1〉 지난 번 조사와 지지 후보가 달라지셨네요. 그 이유는 무엇인가요?
　① 새로 마음에 드는 후보가 생겨서(33.3)
　② 새로 마음에 드는 정당이 생겨서(5.6)
　③ 전에 지지한 후보에 실망해서(11.1)
　④ 전에 지지한 후보의 소속정당에 실망해서(11.1)
　⑤ 기타(38.9)
　㊄ 모름/무응답(0.0)(읽지 마시오)
　[1차 조사의 〈문 3〉 ①, ②, ③, ④ 응답자 가운데 변경이 있는 응답자만 〈문 8-1〉 응답]

〈문 8-2〉 그럼 이번 선거에서 (　)후보를 지지하게 된 이유는 무엇인가요?
　① 마음에 드는 후보가 생겨서(41.6)　　② 마음에 드는 정당이 생겨서(21.6)
　③ 싫어하는 후보가 생겨서(4.0)　　④ 싫어하는 정당이 생겨서(10.4)
　⑤ 기타(21.6)
　㊄ 모름/무응답(0.8)(읽지 마시오)
　[1차 조사의 〈문 3〉 ⑤, ⑥, ㊄(미결정, 기권, 모름/무응답층) 응답자 가운데, 2차
　〈문 2〉에 ①(투표를 했다) 선택한 응답자만 〈문 8-2〉 응답]

〈문 9〉 선생님께서는 군수/시장 선거에서 다음 중 어느 정당의 후보에게 투표를 하셨
　　　 나요?
　① 새누리당(42.2)　　　　　　② 새정치민주연합(48.0)
　③ 통합진보당(3.1)　　　　　　④ 정의당(0.0)
　⑤ 기타 다른 정당(0.3)　　　　⑥ 무소속(2.1)
　㊄ 모름/무응답(4.3)(읽지 마시오)
　[1차 조사의 〈문 4〉 ①~⑥ 응답자 가운데 변경이 있는 응답자는 〈문 10〉 응답 후
　〈문 11-1〉로 이동]
　[1차 조사의 〈문 4〉 ⑦, ⑧, ㊄(미결정, 기권, 모름/무응답층) 응답자 가운데, 2차
　〈문 2〉에 ①(투표를 했다) 선택한 응답자만 〈문 10〉 응답 후 〈문 11-2〉로 이동]

〈문 10〉 선생님께서는 군수/시장 후보를 선택하는데 있어 어떤 것을 가장 중요하게
　　　　 생각하셨나요? [랜덤]
　① 후보의 소속정당(31.5)　　　② 후보의 개인적 능력(21.1)
　③ 후보의 도덕성(13.1)　　　　④ 후보의 정책과 공약(28.1)
　⑤ 기타(5.5) [랜덤고정]　　　　㊄ 모름/무응답(0.6)(읽지 마시오)

〈문 11-1〉 지난 번 조사와 지지 후보 소속정당이 달라지셨네요. 그 이유는 무엇인가요?
　① 새로 마음에 드는 후보가 생겨서(24.3)
　② 새로 마음에 드는 정당이 생겨서(8.1)
　③ 전에 지지한 후보에 실망해서(18.9)
　④ 전에 지지한 후보의 소속정당에 실망해서(16.2)
　⑤ 기타(27.0)
　㉟ 모름/무응답(5.4)(읽지 마시오)
　[1차 조사의 〈문 4〉 ①~⑥ 응답자 가운데 변경이 있는 응답자만 〈문 11-1〉 응답]

〈문 11-2〉 그럼 이번 선거에서 ( )후보를 지지하게 된 이유는 무엇인가요?
　① 마음에 드는 후보가 생겨서(34.2)　　② 마음에 드는 정당이 생겨서(19.7)
　③ 싫어하는 후보가 생겨서(9.4)　　④ 싫어하는 정당이 생겨서(9.4)
　⑤ 기타(23.9)
　㉟ 모름/무응답(3.4)(읽지 마시오)
　[1차 조사의 〈문 4〉 ⑦, ⑧, ㉟(미결정, 기권, 모름/무응답층) 응답자 가운데, 2차 〈문 2〉에 ①(투표를 했다) 선택한 응답자만 〈문 11-2〉 응답]

〈문 12〉 이번 선거에서는 경기도의원 비례대표 선출을 위한 정당투표도 하였습니다. 선생님께서는 경기도의원 비례대표를 위해 어느 정당에 투표하셨습니까?
　① 새누리당(41.9)　　② 새정치민주연합(44.6)
　③ 통합진보당(4.0)　　④ 정의당(3.4)
　⑤ 기타 다른 정당(1.2)　　㉟ 모름/무응답(4.9)(읽지 마시오)

〈문 13〉 선생님께서는 이번 교육감선거에서 어느 후보에게 투표하셨습니까? [랜덤]
　① 김광래(8.9)　　② 박용우(6.1)
　③ 이재정(37.3)　　④ 정종희(3.7)
　⑤ 조전혁(19.9)　　⑥ 최준영(4.6)
　⑦ 한만용(4.9)　　㉟ 모름/무응답(14.7)(읽지 마시오)

〈문 14〉 선생님께서는 교육감 후보를 선택하는데 있어 어떤 것을 가장 중요하게 생각하셨 나요? [랜덤]
　① 후보의 도덕성(15.0)　　② 후보의 능력(13.5)
　③ 후보의 이념성향(22.0)　　④ 후보의 정책과 공약(31.5)
　⑤ 기타(10.7) [랜덤고정]　　㉟ 모름/무응답(7.3)(읽지 마시오)

〈문 15〉 이번 지방선거에서 선택하신 후보나 정당에 대해 전체적으로 얼마나 만족하십니까?

① 매우 만족한다(12.2)　　　② 다소 만족한다(67.9)

③ 다소 불만족한다(17.4)　　④ 매우 불만족한다(2.4)

〈문 16〉 선생님께서는 경기도에서 결정하는 일들이 선생님에게 얼마나 영향을 미친다고 생각하십니까?

① 매우 영향을 미친다(14.1)　　② 어느 정도 영향을 미친다(42.2)

③ 별로 영향을 미치지 않는다(32.4)　④ 전혀 영향을 미치지 않는다(4.6)

⑤ 잘 모르겠다(6.7)

〈문 17〉 선생님께서는 선생님께서 거주하는 지역의 군이나 시에서 결정하는 일들이 선생님에게 얼마나 영향을 미친다고 생각하십니까?

① 매우 영향을 미친다(14.1)　　② 어느 정도 영향을 미친다(45.3)

③ 별로 영향을 미치지 않는다(29.7)　④ 전혀 영향을 미치지 않는다(3.7)

⑤ 잘 모르겠다(7.3)

[후보요인 및 후보인지도]

〈문 18〉 선생님께서는 다음 후보들의 경기도정 운영능력에 대해 어떻게 평가하십니까? 시정(도정)운영능력이 매우 부족하다를 0, 보통이다 5, 매우 충분하다를 10이라고 할 때, 각 후보별로 0에서 10 사이의 숫자로 말씀해주세요.

	매우 부족	←──── 보통 ────→									매우 충분	모름/ 무응답 (읽지 마시오)
	0	1	2	3	4	5	6	7	8	9	10	㊞
1) 남경필	(2.4)	(0.6)	(2.8)	(4.6)	(3.7)	(30.6)	(9.2)	(45.6)	(11.3)	(2.4)	(7.3)	(8.6)
2) 김진표	(2.1)	(0.6)	(2.4)	(3.1)	(3.4)	(30.6)	(14.1)	(16.2)	(10.1)	(3.1)	(3.4)	(11.0)

〈문 19〉 선생님께서는 투표하기 전에 이번 지방선거에 출마한 군수나 시장 후보들에
대해서 어느 정도 알고 계셨습니까?
① 2명 이상 알고 있었다(71.9)　　　② 1명 정도 알고 있었다(16.8)
③ 아무도 몰랐다(11.0)　　　　　　⑨⑨ 모름/무응답(0.3)(읽지 마시오)

〈문 20〉 선생님께서는 투표하기 전에 이번 지방선거에 출마하는 선생님 지역의 경기도
의원 후보들에 대해서 어느 정도 알고 계셨습니까?
① 2명 이상 알고 있었다(41.3)　　　② 1명 정도 알고 있었다(24.5)
③ 아무도 몰랐다(33.6)　　　　　　⑨⑨ 모름/무응답(0.6)(읽지 마시오)

〈문 21〉 선생님께서는 투표하기 전에 이번 지방선거에 출마하는 선생님 지역의 시의원
이나 군의원 후보들에 대해서 어느 정도 알고 계셨습니까?
① 2명 이상 알고 있었다(36.1)　　　② 1명 정도 알고 있었다(26.0)
③ 아무도 몰랐다(37.6)　　　　　　⑨⑨ 모름/무응답(0.3)(읽지 마시오)

〈문 22〉 선생님께서는 현직 군수나 시장이 누구인지 알고 계십니까?
① 그렇다(79.5)　　　② 아니다(20.2)　　　⑨⑨ 무응답(0.3)(읽지 마시오)

[지방선거의 의미와 전망]

〈문 23〉 선생님께서는 박근혜 대통령의 국정운영에 대해 어떻게 평가하십니까?
① 잘하고 있다(37.3)　　　　　　② 못하고 있다(43.7)
③ 잘 모르겠다(19.0)

〈문 24〉 선생님께서는 이번 지방선거에 대한 다음 의견 중 어떤 의견에 가까우셨습니까?
① 안정적인 국정운영을 위해 여당인 새누리당을 밀어줘야 한다(37.0)
② 새누리당과 대통령의 독주를 막기 위해 야당을 밀어줘야 한다(41.0)
③ 둘 다 동의하지 않는다(21.1)
⑨⑨ 모름/무응답(0.9)(읽지 마시오)

〈문 25〉 선생님께서는 이번 선거결과의 승패에 대해 어떻게 평가하십니까?
   ① 여당이 승리한 선거였다(15.0)
   ② 야당이 승리한 선거였다(10.7)
   ③ 여당과 야당이 모두 선전한 선거였다(46.8)
   ④ 여당과 야당이 모두 패배한 선거였다(20.2)
   ⑨⑨ 모름/무응답(7.3)(읽지 마시오)

[선거 아젠다와 이슈]

〈문 26〉 선생님께서는 이번 경기도지사선거에서 지지 후보를 결정하는 데에 다음 불러드리는 각각의 문제들을 얼마나 중요하게 고려하셨습니까?

	매우 중요	약간 중요	별로 중요치 않음	전혀 중요치 않음	모름/ 무응답 (읽지 마시오)
	①	②	③	④	99
1) 대중교통 확충 등 지역 교통문제	(35.8)	(37.6)	(20.8)	(3.7)	(2.1)
2) 저소득층 지원 등 지역 복지문제	(46.5)	(37.9)	(12.5)	(2.8)	(0.3)
3) 지역 일자리창출 문제	(52.6)	(34.3)	(11.3)	(1.2)	(0.6)
4) 임대주택 등 지역 주거문제	(37.6)	(38.5)	(19.0)	(3.7)	(1.2)
5) 부동산 등 지역개발문제	(34.3)	(34.9)	(24.2)	(5.5)	(1.2)

〈문 27〉 선생님께서는 남경필 후보가 가장 중요하게 생각하는 지역현안이 무엇이었다고 보십니까? [랜덤]
   ① 대중교통 확충 등 지역 교통문제(18.7)
   ② 저소득층 지원 등 지역 복지문제(11.0)
   ③ 지역 일자리창출 문제(23.5)
   ④ 임대주택 등 지역 주거문제(4.9)
   ⑤ 부동산 등 지역개발문제(11.6)
   ⑥ 잘 모르겠다(30.3) [랜덤고정]

〈문 28〉 선생님께서는 김진표 후보가 가장 중요하게 생각하는 지역현안이 무엇이었다고
　　　　 보십니까? [랜덤]
　　　① 대중교통 확충 등 지역 교통문제(10.7)
　　　② 저소득층 지원 등 지역 복지문제(29.4)
　　　③ 지역 일자리창출 문제(20.8)
　　　④ 임대주택 등 지역 주거문제(4.6)
　　　⑤ 부동산 등 지역개발문제(6.1)
　　　⑥ 잘 모르겠다(28.4) [랜덤고정]

〈문 29〉 이번 지방선거에서 선생님의 투표결정에 '세월호 사건'이 얼마나 영향을 미쳤
　　　　 다고 생각하십니까?
　　　① 매우 큰 영향을 미쳤다(29.7) → 〈문 29-1〉
　　　② 약간 영향을 미쳤다(27.5) → 〈문 29-1〉
　　　③ 별로 영향을 미치지 않았다(26.3) → 〈문 30〉
　　　④ 전혀 영향을 미치지 않았다(15.6) → 〈문 30〉
　　　⑨⑨ 모름/무응답(0.9)(읽지 마시오)

〈문 29-1〉 그렇다면 구체적으로 투표결정에 어떻게 영향을 미쳤습니까?
　　　① 지지하는 후보를 바꾸게 되었다(16.6)
　　　② 지지하는 후보가 없어져 버렸다(5.9)
　　　③ 기존의 지지 후보를 더 강하게 지지하게 되었다(53.5)
　　　④ 지지 후보가 없었는데 지지 후보 선택에 도움이 되었다(24.1)

〈문 30〉 선생님께서는 이번 경기도지사선거에서 다음 중 어떤 이슈에 가장 관심이 있으셨
　　　　 습니까? [랜덤]
　　　① 보육교사 처우개선 등 아동 보육의 질 향상 정책(21.7)
　　　② 경기도내 교통문제 해결(15.9)
　　　③ 부동산 투기 등 후보자 도덕성(18.0)
　　　④ 통합진보당 후보 사퇴(7.0)
　　　⑤ 세월호 사건(20.8)
　　　⑥ 기타(11.6) [랜덤고정]
　　　⑨⑨ 모름/무응답(4.9)(읽지 마시오)

〈문 31〉 선생님께서는 현재 지지 정당이 있으십니까?
　　　① 있다(59.3) → 〈문 31-1〉　　　　　　② 없다(40.7) → 설문 종료

〈문 31-1〉 그 정당은 어느 정당입니까?
    ① 새누리당(49.0)   ② 새정치민주연합(43.3)
    ③ 통합진보당(3.1)   ④ 정의당(3.1)
    ⑤ 기타 다른 정당(0.0)   ⑨⑨ 모름/무응답(1.5)(읽지 마시오)

【기권자용】

〈문 3〉 투표하지 않겠다는 결정을 하신 건 언제쯤이었나요?
    ① 정당의 후보가 결정되기 전(32.0)
    ② 정당의 후보가 결정된 직후(8.0)
    ③ 선거운동기간 중(16.0)
    ④ 투표일 당일(32.0)
    ⑨⑨ 모름/무응답(12.0)(읽지 마시오)

〈문 4〉 투표를 하지 않으신 이유는 무엇인가요?
    ① 개인적인 일로 시간이 없어서(48.0) → 〈문 4-1〉
    ② 맘에 드는 후보가 없어서(4.0) → 〈문 5〉
    ③ 후보자들을 잘 몰라서(12.0) → 〈문 5〉
    ④ 누가 되어도 마찬가지이기 때문에(28.0) → 〈문 5〉
    ⑤ 정치에는 관심이 없어서(8.0) → 〈문 5〉
    ⑨⑨ 모름/무응답(0.0)(읽지 마시오)
    [① 응답자만 〈문 4-1〉로, 나머지 응답자는 〈문 5〉로 이동]

〈문 4-1〉 만일 투표일에 시간이 가능했다면 투표하셨겠습니까?
    ① 그렇다(75.0)   ② 아니다(25.0)

〈문 5〉 선생님께서 만약 투표를 했다면 서울시장(경기도지사, 인천시장) 후보들 가운데 어떤 후보가 조금이라도 더 나았다고 생각하십니까?
    ① 새누리당 유정복 후보(28.0)
    ② 새정치민주연합 송영길 후보(36.0)
    ⑨⑨ 잘 모름/무응답(36.0)(읽지 마시오)

〈문 6〉 다음의 주장에 대해 어떻게 생각하십니까?

	매우 찬성	찬성 하는 편	약간 반대	매우 반대	모름/ 무응답 (읽지 말 것)
	①	②	③	④	⑨
1) 선거를 통해 정치를 바꿀 수 있다	(20.0)	(40.0)	(24.0)	(12.0)	(4.0)
2) 정치는 너무 복잡해서 이해하기가 힘들다	(16.0)	(40.0)	(32.0)	(4.0)	(8.0)
3) 나는 선거이외에 다른 방법으로 정치에 참여할 수 있다	(8.0)	(28.0)	(32.0)	(32.0)	(0.0)
4) 많은 사람이 투표하기 때문에 내 한 표는 별로 중요하지 않다	(12.0)	(16.0)	(44.0)	(28.0)	(0.0)

〈문 7〉 선생님께서는 경기도에서 결정하는 일들이 선생님에게 얼마나 영향을 미친다고 생각하십니까?
① 매우 영향을 미친다(4.0)　　② 어느 정도 영향을 미친다(36.0)
③ 별로 영향을 미치지 않는다(32.0)　　④ 전혀 영향을 미치지 않는다(4.0)
⑤ 잘 모르겠다(24.0)

〈문 8〉 선생님께서는 선생님께서 거주하는 지역의 군이나 시에서 결정하는 일들이 선생님에게 얼마나 영향을 미친다고 생각하십니까?
① 매우 영향을 미친다(8.0)　　② 어느 정도 영향을 미친다(32.0)
③ 별로 영향을 미치지 않는다(40.0)　　④ 전혀 영향을 미치지 않는다(4.0)
⑤ 잘 모르겠다(16.0)

[후보요인 및 후보인지도]

〈문 9〉 선생님께서는 다음 후보들의 경기도정 운영능력에 대해 어떻게 평가하십니까?
시정(도정)운영능력이 매우 부족하다를 0, 보통이다 5, 매우 충분하다를 10이라
고 할 때, 각 후보별로 0에서 10 사이의 숫자로 말씀해주세요.

	매우 부족	←------------------- 보통 -------------------→								매우 충분	모름/ 무응답 (읽지 마시오)
	0	1	2	3	4	5	6	7	8	9	10	99
1) 남경필	(4.0)	(0.0)	(4.0)	(12.0)	(0.0)	(28.0)	(4.0)	(20.0)	(8.0)	(0.0)	(0.0)	(20.0)
2) 김진표	(4.0)	(0.0)	(4.0)	(12.0)	(4.0)	(24.0)	(8.0)	(12.0)	(0.0)	(4.0)	(4.0)	(24.0)

〈문 10〉 선생님께서는 이번 지방선거에 출마한 군수나 시장 후보들에 대해서 어느 정도
알고 계셨습니까?
① 2명 이상 알고 있었다(36.0)   ② 1명 정도 알고 있었다(24.0)
③ 아무도 몰랐다(40.0)   ⑨⑨ 모름/무응답(0.0)(읽지 마시오)

〈문 11〉 선생님께서는 이번 지방선거에 출마하는 선생님 지역의 경기도의원 후보들에
대해서 어느 정도 알고 계셨습니까?
① 2명 이상 알고 있었다(16.0)   ② 1명 정도 알고 있었다(24.0)
③ 아무도 몰랐다(60.0)   ⑨⑨ 모름/무응답(0.0)(읽지 마시오)

〈문 12〉 선생님께서는 이번 지방선거에 출마하는 선생님 지역의 시의원이나 군의원 후보
들에 대해서 어느 정도 알고 계셨습니까?
① 2명 이상 알고 있었다(8.0)   ② 1명 정도 알고 있었다(32.0)
③ 아무도 몰랐다(60.0)   ⑨⑨ 모름/무응답(0.0)(읽지 마시오)

〈문 13〉 선생님께서는 현직 시장/군수가 누구인지 알고 계십니까?
① 그렇다(44.0)   ② 아니다(56.0)   ⑨⑨ 무응답(0.0)(읽지 마시오)

[지방선거의 의미와 전망]

〈문 14〉선생님께서는 박근혜 대통령의 국정운영에 대해 어떻게 평가하십니까?
　　① 잘하고 있다(20.0)　　　　　　　　② 못하고 있다(48.0)
　　③ 잘 모르겠다(32.0)

〈문 15〉선생님께서는 이번 지방선거에 대한 다음 의견 중 어떤 의견에 가까우셨습니까?
　　① 안정적인 국정운영을 위해 여당인 새누리당을 밀어줘야 한다(20.0)
　　② 새누리당과 대통령의 독주를 막기 위해 야당을 밀어줘야 한다(24.0)
　　③ 둘 다 동의하지 않는다(56.0)
　　㊙ 모름/무응답(0.0)(읽지 마시오)

〈문 16〉선생님께서는 이번 선거결과의 승패에 대해 어떻게 평가하십니까?
　　① 여당이 승리한 선거였다(8.0)
　　② 야당이 승리한 선거였다(20.0)
　　③ 여당과 야당이 모두 선전한 선거였다(36.0)
　　④ 여당과 야당이 모두 패배한 선거였다(16.0)
　　㊙ 모름/무응답(20.0)(읽지 마시오)

[선거 아젠다와 이슈]

〈문 17〉 선생님께서는 이번 경기도지사선거에서 지지 후보를 결정하는 데에 다음 불러드리는 각각의 문제들을 얼마나 중요하게 고려하셨습니까?

	매우 중요	약간 중요	별로 중요치 않음	전혀 중요치 않음	모름/ 무응답 (읽지 마시오)
	①	②	③	④	㉟
1) 대중교통 확충 등 지역 교통문제	(36.0)	(48.0)	(8.0)	(4.0)	(4.0)
2) 저소득층 지원 등 지역 복지문제	(56.0)	(28.0)	(8.0)	(0.0)	(8.0)
3) 지역 일자리창출 문제	(48.0)	(36.0)	(8.0)	(0.0)	(8.0)
4) 임대주택 등 지역 주거문제	(56.0)	(16.0)	(20.0)	(4.0)	(4.0)
5) 부동산 등 지역개발문제	(32.0)	(32.0)	(28.0)	(4.0)	(4.0)

〈문 18〉 선생님께서는 남경필 후보가 가장 중요하게 생각하는 지역현안이 무엇이었다고 보십니까? [랜덤]
　① 대중교통 확충 등 지역 교통문제(8.0)
　② 저소득층 지원 등 지역 복지문제(16.0)
　③ 지역 일자리창출 문제(8.0)
　④ 임대주택 등 지역 주거문제(4.0)
　⑤ 부동산 등 지역개발문제(4.0)
　⑥ 잘 모르겠다(60.0) [랜덤고정]

〈문 19〉 선생님께서는 김진표 후보가 가장 중요하게 생각하는 지역현안이 무엇이었다고 보십니까? [랜덤]
　① 대중교통 확충 등 지역 교통문제(0.0)
　② 저소득층 지원 등 지역 복지문제(12.0)
　③ 지역 일자리창출 문제(8.0)
　④ 임대주택 등 지역 주거문제(8.0)
　⑤ 부동산 등 지역개발문제(12.0)
　⑥ 잘 모르겠다(60.0) [랜덤고정]

〈문 20〉 이번 지방선거에서 선생님이 기권하기로 결정하는데 '세월호 사건'이 얼마나
　　　　 영향을 미쳤다고 생각하십니까? [랜덤]
　　　① 매우 큰 영향을 미쳤다(48.0)　　　② 약간 영향을 미쳤다(28.0)
　　　③ 별로 영향을 미치지 않았다(8.0)　　④ 전혀 영향을 미치지 않았다(16.0)
　　　㉙ 모름/무응답(0.0)(읽지 마시오)

〈문 21〉 선생님께서는 이번 경기도지사선거에서 다음 중 어떤 이슈에 가장 관심이 있으셨
　　　　 습니까? [랜덤]
　　　① 보육교사 처우개선 등 아동 보육의 질 향상 정책(8.0)
　　　② 경기도내 교통문제 해결(16.0)
　　　③ 부동산 투기 등 후보자 도덕성(28.0)
　　　④ 통합진보당 후보 사퇴(0.0)
　　　⑤ 세월호 사건(36.0)
　　　⑥ 기타(8.0) [랜덤고정]
　　　㉙ 모름/무응답(4.0)(읽지 마시오)

〈문 22〉 선생님께서는 현재　 지지 정당이 있으십니까?
　　　① 있다(20.0) → 〈문 22-1〉　　　　　② 없다(80.0) → 설문종료

〈문 22-1〉 그 정당은 어느 정당입니까?
　　　① 새누리당(80.0)　　　　　　　　　② 새정치민주연합(20.0)
　　　③ 통합진보당(0.0)　　　　　　　　　④ 정의당(0.0)
　　　⑤ 기타 다른 정당(0.0)　　　　　　　㉙ 모름/무응답(0.0)(읽지 마시오)

참고문헌

가상준. 2009. "지방선거에서 정당공천제: 새로운 변화를 위한 올바른 선택." 『OUGHTOPIA』 제24권 1호, 207-232.

강우진. 2013. "18대 대선과 경제투표." 『한국정치학회보』 제47집 5호, 213-233.

고선규. 2006. "2006년 지방선거에서 중선거구제 도입과 정치적 효과." 『한국정치연구』 제15집 2호, 122-145.

길승흠. 1985. "한국인의 정치의식구조변화: 1978년과 1985년." 『한국정치학회 제6회 합동학술대회논문집』, 55-74.

길승흠 외. 1987. 『한국선거론』. 서울: 다산출판사.

김 욱. 1999. "거주지 규모와 연령이 투표 참여에 미치는 영향." 조중빈 편. 『한국의 선거 III: 1998년 지방선거를 중심으로』. 서울: 푸른길.

김용철. 2006. "선거제도의 변화와 5·31 지방선거: 광주·전남지역 지방의원의 충원 양상." 『한국정당학회보』 제5권 제2호, 59-88.

김원홍·김혜영·김은경. 2002. 『선거구조 개혁과 여성의 대표성 확보방안』. 한국여성개발원.

김헌수·김경아. 2013. 『우리나라 가구의 자산보유 실태와 자산형성 요인 분석』. 국민연금연구원.

김현희. 2006. "여성유권자들의 투표는 어느 정도 독립적인가?: 1990년대 선거를 중심으로." 『동향과 전망』 66호, 162-190.

김형준. 2010. "6·2 지방선거 분석: 집합자료 결과와 유권자 투표 행태를 중심으로." 『국제정치연구』 제13권 2호, 203-229.

노현곤·김희규·김예구. 2014. 『2014 한국 부자 보고서』. KB금융지주 경영연구소.

박원호. 2009. "부동산 가격 변동과 2000년대의 한국선거: 지역주의 "이후"의 경제투표에 대한 방법론적 탐색." 『한국정치연구』 제18집 3호, 1-28.

박재욱. 2007. "2006년 이후 지방자치제도 변화의 정치적 효과." 『21세기정치학회보』 제17집 3호, 281-309.

서복경·한영빈. 2014. "계층인식이 정책선호 및 투표선택에 미치는 영향: '계층 거리감'변수의 적실성 검토." 이현우 편. 『한국의 정치균열 구조: 지역, 계층, 세대 및 이념』. 서울: 도서출판 오름.

손낙구. 2008. 『대한민국 정치사회지도: 수도권편』. 서울: 후마니타스.

_____. 2010. 『대한민국 정치사회지도』. 서울: 후마니타스.

송광운. 2008. "한국 지방선거 정당공천제의 한계와 과제." 『동북아연구』 제23권 2호, 119-137.

안청시·이승민. 2006. "5·31 지방선거와 한국의 지방정치: 2006년 제4회 지방선거 결과분석." 『한국정치연구』 제15집 2호, 85-120.

윤천주. 1994. 『투표참여와 정치발전』. 서울: 서울대학교 출판부.

이갑윤·이지호·김세걸. 2013. "재산이 계급의식과 투표에 미치는 영향." 『한국정치연구』 제22집 2호, 1-25.

이남영. 1985. "산업화와 정치문화: 민주의식 변화를 중심으로: 1974년과 1984년의 비교분석." 『한국정치학회보』 제19집, 77-95.

_____. 1995. "성별이 투표행위에 미치는 영향: 제14대 대통령선거결과를 중심으로." 『한국과 국제정치』 제11권 제1호, 33-52.

이상묵. 2007. "지방선거제도 변화의 정치적 효과 분석." 『한국지방자치학회보』 19권 1호, 53-70.

_____. 2008. "지방선거제도 변화와 지방정치엘리트의 충원양상." 『한국행정학보』 제42권 제1호, 123-147.

이소영. 2013. "한국 여성 유권자의 정치적 정향과 투표행태." 『한국정치학회보』 제47집 5호, 255-276.

이정전·김윤상·이정우·전강수·정준호. 2009. 『위기의 부동산: 시장 만능주의를 넘어서』. 서울: 후마니타스.

이준한. 2011. "2010년 기초의원 선거결과와 무소속 당선자의 착시효과." 『국제정치연구』 제14권 2호, 107-136.

이현우. 1999. "동시선거제도와 유권자의 선택." 조중빈 편. 『한국의 선거 III』. 서울: 푸른길.

_____. 2011. "제5회 지방선거의 주요 이슈와 유권자 평가."『선거연구』제1권 제1
호, 37-64.

_____. 2014. "2014년 지방선거에 세월호 사건이 미친 영향."『민주주의의 질과 지
방선거』. 내일신문, 서강대학교 SSK 좋은정부연구단 주최 세미나 발표논문
(서강대학교, 2014년 10월 2일).

이현우·황아란. 1999. "선거제도에 따른 지역주의 효과의 변화."『한국과 국제정치』
제15권 제2호, 89-118.

전용주·차재권·임성학·김성우. 2011. "한국 지방 정치엘리트와 지방 정부 충원:
2010년 지방선거 후보자와 당선자의 인구학적 배경 분석을 중심으로."『한
국정당학회보』제10권 제1호, 35-69.

전재섭. 2008. "한국유권자의 투표행태에 관한 연구." 서울시립대학교 행정학과 대학
원 박사학위 논문.

정영태. 1999. "지방자치가 정당정치에 미치는 영향." 조중빈 편.『한국의 선거 III』,
73-75. 서울: 푸른길.

정준표. 2007. "5·31 기초의원선거에서 나타난 선거제도의 효과: 도시와 농촌의 차
이."『한국정당학회보』제6권 제2호, 29-63.

조기숙. 2002. "한국 여성의 투표행태와 여성정책."『의정연구』제8권 제1호, 198-
226.

조성대. 2003. "지방선거와 정당참여: 지역주의 정당경쟁과 광역의회의 활동."『21세
기 정치학회보』제13집 1호, 259-274.

조성찬. 2010. "거품 의존형 오너십 소사이어티(Ownership Society) 전략과 전세대
란의 인과관계 연구."『공간과사회』34권, 87-110.

중앙선거관리위원회. 2014.『제6회 전국동시지방선거 투표율 분석』. 중앙선거관리
위원회.

한국갤럽. 2014.『한국갤럽 데일리 오피니언』제136호(2014년 10월 4주), 3.

한배호·어수영. 1987.『한국의 정치문화』. 서울: 법문사.

황아란. 2006. "정당경쟁과 한국지방선거의 구조화."『한국과 국제정치』제22권 제2
호, 1-28.

_____. 2007. "기초 지방의원 선거의 중선거구제 개편과 정치적 효과."『지방정부연
구』제11권 1호, 209-225.

_____. 2010a. "지방선거와 정당공천: 비교론적 시각에서."『지방행정연구』제24권
제1호, 37-65.

_____. 2010b. "지방선거의 정당공천제와 중앙정치의 영향."『21세기 정치학회보』

제20집 2호, 31-53.

_____. 2011. "기초단체 지방선거 투표율의 결정요인 분석: 2010년 지방선거의 특징과 변화." 『한국지방자치학회보』 제23권 제1호, 5-24.

_____. 2012. "지방선거와 현직효과: 2010년 지방선거를 중심으로." 『지방행정연구』 제26권 제4호, 3-26.

_____. 2013. "2000년대 지방선거의 변화와 지속성." 『한국정치학회보』 제47집 5호, 277-295.

황아란·서복경. 2011. "여성의 정치적 대표성과 선거제도 효과." 『선거연구』 제1권 제1호, 99-128.

Aitken, Andrew. 2014. "Do housing wealth shocks affect voting behaviour? Evidence from the UK." 2014 The European Association of Labour Economists Conference paper. http://www.eale.nl/Conference2014/Program/papers/Poster%20III/3.1.3.Aitken.pdf

Aldrich, J. 1995. *Why Parties?* Chicago: University of Chicago.

Ansolabehere, S., J. Snyder, and C. Stewart. 2000. "Old Voters, New Voters, and the Personal Vote: Using Redistricting to Measure the Incumbency Advantage." *American Journal of Political Science* 44(1): 17-34.

Ansolabehere, Stephen, Marc Meredith, and Erik Snowberg. 2012. "Mecro-Economic Voting: Local Information and Micro-Perceptions of the Macro-Economy." http://people.hss.caltech.edu/~snowberg/papers/Ansolabehere%-20Meredith%20Snowberg%20Mecroecoromic%20Voting4.pdf

Ashworth, S., and E. Bueno de Mesquita. 2008. "Electral Selection, Strategic Challenger Entry, and the Incumbency Advantage." *Journal of Politics* 70(4): 1009-1025.

Banks, J., and R. Kiewiet. 1989. "Explaining Patterns of Candidate Competition in Congressional Elections." *American Journal of Political Science* 33(4): 997-1015.

Blondel, Jean. 1970. *Votes, Parties and Leaders.* London: Penguin.

Cain, B., J. Ferejohn, and M. Fiorina. 1987. *The Personal Vote.* Cambridge, MA: Harvard University Press.

Calvert, R., and J. Ferejohn. 1983. "Coattail Voting in Recent Presidential Elections." *American Political Science Review* 77: 407-416.

Campbell, A., P. Converse, W. Miller, and D. Stokes. 1960. *The American Voter*. N.Y.: John Wiley & Sons.

Campbell, J. 1986. "Presidential Coattails and Midterm Losses in State Legislative Elections." *American Political Science Review* 80: 45-63.

Choi, Jae-in, & Won-ho Park. 2012. "Conditional Pocketbook Voting and Clarity of Responsibility in Korea: Electoral Responses to the New Town Renovation Project." *Korean Political Science Review* 46(6): 85-107.

Conover, Pamela Johnston. 1994. "Feminists and the Gender Gap." In *Different Roles, Different Voices: Women and Politics in the United States and Europe*. Marianne Githens, Pippa Norris and Joni Lovenduski, eds. New York: HarperCollins.

Cox, G., and J. Katz. 1996. "Why Did the Incumbency Advantage in U.S. House Elections Grow?" *American Journal of Political Science* 40(2): 478-497.

Dehring, Carolyn A., Craig A. Depken II, Michael R. Ward. 2008. "A direct test of the homevoter hypothesis." *Journal of Urban Economics* 64: 155-170.

Denver, David. 1994. *Elections and Voting Behaviour in Britain*. London: Harvester Wheatsheaf.

DeVaus, David, and Ian McAllister. 1989. "The Changing Politics of Women: Gender and Political Alignments in 11 Nations." *European Journal of Political Research* 17(3): 241-262.

DiPasquale, D., E.L. Glaeser. 1999. "Incentives and social capital: are homeowners better citizens?" *Journal of Urban Economics* 45: 354-384.

Dunleavy, P. 1979. "The urban basis of political alignment: social class, domestic property ownership and state intervention in consumption processes." *British Journal of Political Science* 9(4): 409-443.

Duverger, Maurice. 1955. *The Political Role of Women*. Paris: UNESCO.

Engels, Friedrich. 1972. *The Housing Question*. London: Martin Lawrence.

Evans, Geoffrey, and Pippa Norris, eds. 1999. *Critical Elections: Voters and Parties in Long-term Perspective*. London: Sage.

Fiorina, M. 1977. "The Case of the Vanishing Marginals: The Bureaucracy Did It." *American Political Science Review* 71(1): 177-181.

_____. 1981. *Retrospective Voting in American National Elections*. New

Haven: Yale University.

_____. 1989. *Congress, Keystone of the Washington Establishment.* 2nd ed. New Haven: Yale University Press.

Fischel, W. 2001. *The Homevoter Hypothesis.* Cambridge, MA: Harvard University Press.

Garrett, G. 1992. "The political consequences of Thatcherism." *Political Behavior* 14(4): 361-382.

Gomez, Brad T., and J. Matthew Wilson. 2006. "Cognitive Heterogeneity and Economic Voting: A Comparative Analysis of Four Democratic Electorates." *American Journal of Political Science* 50: 127-145.

Gordon, S., G. Huber, and D. Landa. 2007. "Challenger Entry and Voter Learning." *American Political Science Review* 101(1): 303-320.

Hajnal, Z., and P. Lewis. 2003. "Municipal Institutions and Voter Turnout in Local Elections." *Urban Affairs Review* 38(5): 645-668.

Harrop, M., and William Miller. 1987. *Elections and Voters: A Comparative Introduction.* London: Macmillan.

Hayes, Bernadette C., and Ian McAllister. 1997. "Gender, Party Leaders and Election Outcomes in Australia, Britain and the United States." *Comparative Political Studies* 30(1): 3-26.

Heath, A., J. Curtice, G. Evans, J. Field, R. Jowell, S. Witherspoon. 1991. *Understanding Political Change: The British Voter, 1964~1987.* London: Pergamon Press.

Heath, Anthony, Roger Jowell, and John Curtice. 1985. *How Britain Votes.* Oxford: Pergamon Press.

Hollian, Matthew J. 2011. "Homeownership, dissatisfaction and voting." *Journal of Housing Economics* 20: 267-275.

Huberty, Mark. 2011. "Testing the ownership society: Ownership and voting." *Britain Electoral Studies* 30: 784-794.

Inglehart, Ronald. 1977. *The Silent Revolution: Changing Values and Political Styles Among Western Publics.* Princeton, N.J: Princeton University Press.

Inglehart, Ronald, and Pippa Norris. 1998. "The Global Gender-Generation Gap." Paper for the American Political Science Association Annual Meeting,

Boston, MA.

Jacobson, G. 1989. "Strategic Politicians and the Dynamics of House Elections, 1946-86." *American Political Science Review* 83(3): 773-793.

Karnig, A., and B. Walter. 1977. "Municipal Elections: Registration, Incumbent Success, and Voter Participation." *The Municipal Yearbook 1977.* Washington, DC: International City Management Association.

Kim, C. 1980. "Political Participation and Mobilized Voting." C. Kim, ed. *Political Participation in Korea: Democracy, Mobilization and Stability.* Santa Barbara, C.A.: Clio Books.

Kim., J., and B. Koh. 1972. "Electoral Behavior Social Development in South Korea: An Aggregate Data Analysis of Presidential Election." *Journal of Politics* 34(3): 825-859.

Lijphart, Arend. 1994. *Electoral Systems and Party Systems.* Oxford: Oxford University Press.

Lovenduski, Joni, and Pippa Norris. 1996. *Women in Politics.* Oxford: Oxford University Press.

Mahyew, D. 1974. "Congressional Elections: The Case of the Vanishing Marginals." *Polity* 6(3): 295-317.

McAllister, I. 1984. "Housing tenure and party choice in Australia, Britain and the United States." *British Journal of Political Science* 14(4): 509-522.

Miller, Warren, and Merrill Shanks. 1996. *The New American Voter.* Cambridge: Harvad University Press.

Mueller, Carole, ed. 1988. *The Politics of the Gender Gap.* London: Sage.

Norris, Pippa. 1985. "The Gender Gap in America and Britain." *Parliamentary Affairs* 38(2): 192-201.

Norris, Pippa. 1988. "The Gender Gap: A Cross National Trend?" Carol Mueller, Beverly Hills, eds. *The Politics of the Gender Gap.* CA: Sage.

_____. 1996. "Gender Realignment in Comparative Perspective." Marian Simms, ed. *The Paradox of Parties.* Australia: Allen & Unwin.

_____. 1996. "Legislative Recruitment." Richard Niemi and Pippa Norris, eds. *Comparing Democracies.* CA: Sage.

_____. 2000. "Women's Representation in Electoral systems." Richard Rose, ed. *Encyclopedia of Electoral Systems.* Washington, DC: CQ Press.

Oskarson, Maria. 1995. "Gender Gaps in Nordic Voting Behaviour." Lauri Karvonen and Per Selle, eds. *Women in Nordic Politics*. Aldershot: Dartmouth.

Plissner, Martin. 1983. "The Marriage Gap?" *Public Opinion* 6: 46-68.

Popkin, S. 1994. *The Reasoning Voter*. 2nd ed. Chicago: University of Chicago Press.

Randall, Vicky. 1982. *Women and Politics: An International Perspective*. London: Macmillan.

Rex, John, and Robert Moore. 1967. *Race, Community and Conflict: A Study of Sparkbrook*. Oxford: Oxford University Press.

Rose, Richard, and Ian McAllister. 1990. *The Loyalties of Voters*. London: Sage.

Ross, James F. S. 1955. *Elections and Electors: Studies in Democratic Representation*. London: Eyre & Spottiswoode.

Rule, Wilma, and Joseph Zimmerman. 1992. *United States Electoral System: Their Impact on Women and Minorities*. New York: Praeger.

Schaffner, B., M. Streb, and G. Wright. 2001. "Teams without Uniform: The Nonpartisan Ballot in State and Local Elections." *Political Research Quarterly* 54(2): 7-30.

Seltzer, Richard A., Jody Newman, and Melissa V. Leighton. 1997. *Sex As a Political Variable*. Boulder, Co.: Lynne Reinner.

Smith, Eric, and Richard Fox. 2001. "The Electoral Fortunes of Women Candidates for Congress." *Political Research Quarterly* 54(1): 205-221.

Studlar, D.T., I. McAllister, A. Ascui. 1990. "Privatization and the British electorate: microeconomic policies, macroeconomic evaluations, and party support." *American Journal of Political Science* 34(4): 1077-1101.

Welch, S. 1978. "Election to the Legislature: Competition and Turnout." J. Comer and J. Johnson, eds. *Nonpartisanship in the Legislative Process: Essays on the Nebraska Legislature*. Washington, DC: University Press of American.

2013년 가계금융·복지조사 결과. 한국은행·금융감독원·한국은행, 2103.

한국토지주택공사 토지주택연구원. 2012년도 주거실태조사. 국토해양부, 2012.

서강대 현대정치연구소·내일신문. 2011년 자영업자 정치인식 조사.
_____. 2011년 한국사회 정치인식 조사.
_____. 2012년 한국사회 정치인식 조사.
_____. 2012년 대통령선거 사후조사.
_____. 2013년 한국사회 정치인식 조사.
_____. 2014년 자영업자 정치인식 조사.
_____. 2014년 지방선거 패널조사.

색 인

필자 소개(가나다순)

남봉우 • 내일신문 정치담당 편집위원

박종선 • 한국리서치 여론조사 사업3부 부장

서복경 • 서강대학교 현대정치연구소 전임연구원

이지호 • 서강대학교 현대정치연구소 전임연구원

이현우 • 서강대학교 정치외교학과 교수

최선아 • 한국리서치 여론조사 사업3부 대리

허신열 • (전) 내일신문 정치부 기자

황아란 • 부산대학교 공공정책학부 교수